TDAH

Un **cazador** en un mundo de **agricultores**

"En este libro auténticamente revolucionario, Thom Hartmann hace una contribución única a nuestra comprensión del TDAH. Al abordar este tema en un contexto netamente evolutivo, Thom fue el primero en señalar las ventajas de supervivencia del TDAH en sociedades de cazadores-recolectores y también el primero en identificar el vínculo entre el TDAH y la creatividad. Como tal, Thom será reconocido como un pionero que contribuyó a la reconceptualización del TDAH, que pasó de ser considerado solo un 'trastorno' a ser visto como un 'modo de pensamiento' caracterizado por una mayor flexibilidad y creatividad".

RICHARD SILBERSTEIN, CATEDRÁTICO EMÉRITO DE
NEUROCIENCIA COGNITIVA DE LA UNIVERSIDAD DE SWINBURNE

"Es realmente alentador encontrar un libro que ubique al TDAH en un marco fuera de la disfunción... La analogía de 'cazador en un mundo de agricultores' encaja muy bien con muchos de los jóvenes y adultos con TDAH con los que he trabajado".

MARGARET (PEG) DAWSON, Ed.D., NCSP, CODIRECTORA
DEL CENTER FOR LEARNING AND ATTENTION DISORDERS
(CENTRO DE TRASTORNOS DEL APRENDIZAJE Y LA ATENCIÓN)

"¿Por qué son tan comunes el trastorno por déficit de atención con hiperactividad y las afecciones relacionadas? ¿Podrían ser ventajosas de algún modo? Estas preguntas y algunas posibles respuestas se entretejen a lo largo de este libro, que proporciona información objetiva básica sobre el TDAH con una particularidad que ayuda a los lectores a reconocer el valor, a veces bastante único, de aquellos quienes lo tienen".

DALE E. HAMMERSCHMIDT, M.D., FACP, PROFESOR EMÉRITO
DE MEDICINA EN UNIVERSITY OF MINNESOTA

"Este libro hizo por nuestra familia lo que años de terapia no consiguieron. Nos ayudó a entender y apreciar esa forma única de hacer y ver las cosas que tenemos cada uno de nosotros".

JANIE BOWMAN, MADRE DE UN ADOLESCENTE CON TDAH

"Una visión clara y positiva de nuestros extraordinarios niños con consejos prácticos para los padres".

STEPHEN C. DAVIDSON, M.ED., MIEMBRO FUNDADOR
DE "SAFE KIDS" EN GEORGIA

"Recomiendo encarecidamente este libro a padres y educadores".

DR. JACK NEERINCX, PSICÓLOGO SUPERVISOR
DE GASTON COUNTY SCHOOLS, CAROLINA DEL NORTE

"Este libro me ayudó a entender mejor el TDAH y me dio estrategias prácticas sobre cómo tratar con estos niños en el aula".

ANNE BENNETT, PROFESORA DE EDUCACIÓN ESPECIAL

"Los TDAH no son anormales. Son individuos con un talento único de pleno derecho. Thom Hartmann describe estas ideas en un libro que debería estar en las manos de todo educador, consejero, médico y padre".

BOLETÍN SOBRE DIFICULTADES DE APRENDIZAJE

TDAH

Un **cazador** en un mundo de **agricultores**

THOM HARTMANN

Traducido por María Teresa Toro

Inner Traditions en Español
Rochester, Vermont

Inner Traditions en Español
One Park Street
Rochester, Vermont 05767
www.InnerTraditions.com

Inner Traditions en Español es un sello de Inner Traditions International

Título original: *ADHD: A Hunter in a Farmer's World*, publicado por Healing Arts Press, sello de Inner Traditions International.

Nota para el lector: *Este libro pretende ser una guía informativa. Los remedios, enfoques y técnicas que aquí se describen pretenden complementar, y no sustituir, la atención o el tratamiento médico profesional. No deben utilizarse para tratar una dolencia grave sin consultar previamente a un profesional cualificado.*

ISBN 979-8-88850-008-8 (impreso)
ISBN 979-8-88850-009-5 (libro electrónico)

Impreso y encuadernado en Estados Unidos por Lake Book Manufacturing.

10 9 8 7 6 5 4 3 2 1

Diseño de texto por Virginia Scott Bowman y maquetación por Mantura Kabchi Abchi. Este libro se ha transcrito en Garamond Premier Pro y Gill Sans, con Kapra Neue como fuentes de visualización.

Escanea el código QR y ahorra un 25 % en InnerTraditions.com. Explora más de 2.000 títulos en español e inglés sobre espiritualidad, ocultismo, misterios antiguos, nuevas ciencias, salud holística y medicina natural.

Dedicado a la memoria de
Carl y Jean Hartmann
y Gottfried Muller

¡Buena suerte al agricultor! Buena suerte a quien es dueño de este lugar, el hombre que trabaja, el hombre fiel y virtuoso. Puedo amarlo, venerarlo y envidiarlo; pero he pasado la mitad de mi vida intentando vivir la suya. Quise ser algo que no era. Llegué a querer ser un poeta y un hombre de clase media al mismo tiempo. Quise ser un artista y un hombre de fantasía, pero también quise ser un buen hombre, un señor de su casa. Prolongué este intento por mucho tiempo hasta que supe que una persona no puede ser ambos y no puede tener ambos. Entendí que soy nómada y no agricultor, un hombre que no conserva, sino que busca.

EXTRACTO DE *WANDERING: NOTES AND SKETCHES* DE HERMANN HESSE. TRADUCIDO POR JAMES WRIGHT CON AYUDA DE SU HIJO, FRANZ PAUL.

Índice

❖

PRIMERA PARTE
ENTENDER A CAZADORES Y AGRICULTORES

✦

SEGUNDA PARTE
VIVIR Y TRIUNFAR EN EL MUNDO DEL AGRICULTOR

Reafirmar el valor
de todos los seres humanos

Michael Popkin, Ph.D.

De vez en cuando aparece alguien que toma un cúmulo de conocimientos y los moldea de forma tal que emerge una nueva visión como un destello de esperanza y aliento. Thom Hartmann es una de esas personas y, por medio de este libro, ha ubicado el concepto de TDAH en un contexto que podemos estimar. Con 10% de niños en el mundo occidental de quienes se presume padecen de TDAH, a menudo me he preguntado cómo la naturaleza pudo cometer semejante error. ¿Será que se trata realmente de un error? ¿Estuvimos sobrediagnosticando, etiquetando a más niños con TDAH de lo necesario? La postura de Hartmann sobre este fenómeno ofrece una tercera alternativa, una que reafirma tanto la sabiduría de la naturaleza como el valor de todos los seres humanos.

Como autor y director de *Active Parenting Publishers*, he pasado las últimas tres décadas desarrollando programas para ayudar a padres. Cada uno de estos programas se basa en la idea de que el propósito de la crianza es "proteger y preparar a los niños para sobrevivir y desarrollarse a plenitud en el tipo de sociedad en la que van a vivir". Todas las habilidades que enseñamos a los padres en *Active Parenting*, desde disciplina hasta comunicación y estímulo, están diseñadas para inculcar en los niños aquellas cualidades que les permitirán desarrollarse en una sociedad democrática contemporánea. Abordar la tarea fundamental de ser padres sin considerar el mundo en el que vivirán nuestros hijos, así como las cualidades y habilidades necesarias para prosperar en él, tiene tan poco sentido como, por ejemplo, intentar cazar un oso salvaje en medio de un maizal.

Y así es como Thom Hartmann ha sido capaz de centrar la atención en el hecho de que esta es exactamente la situación actual de los niños y adultos con TDAH; en concreto, cazadores en una sociedad de agriculto-res. A pesar de que resulta tremendamente frustrante para la persona con TDAH, no hay nada innatamente defectuoso en esta condición, al menos tal y como se plantea en este libro. Se trata simplemente de poseer algunas habilidades adecuadas en el momento inadecuado.

También hay algo muy alentador en la forma en que el TDAH se presenta como un espectro (una continuidad) y no como un fenó-meno de esto o aquello. Los signos del TDAH, presentados de forma clara y congruente con la corriente actual defendida por la Asociación Americana de Psicología, se convierten en un espejo en el que, intuyo, muchos lectores se verán a sí mismos. El hecho de que se muestren estas características como fortalezas, así como áreas de oportunidad en una sociedad de agricultores, no solo ofrecerá aliento y soluciones prácticas a aquellos que se ven a sí mismos del lado de los cazadores, sino que ofre-cerá una visión fascinante de la evolución de la humanidad y la sociedad.

EL DOCTOR MICHAEL POPKIN, fundador y presidente de *Active Parenting Publishers*, con sede en Marietta (Georgia), desarrolló en 1983 los primeros pro-gramas de educación en formato video para padres. Desde entonces, Popkin ha escrito y producido más de treinta libros y programas sobre crianza, entre ellos *Taming the Spirited Child* (Simon & Schuster), y ha aparecido como invitado en cientos de programas de televisión y radio, como Oprah, Montel Williams y como habitual en la CNN. Antes de fundar *Active Parenting Publishers*, Popkin fue terapeuta familiar en Atlanta, Georgia.

Del daño cerebral mínimo a la hiperactividad y el TDAH

Toda noble tarea es imposible en sus inicios.

THOMAS CARLYLE
(*PAST AND PRESENT*, LIBRO III,
CAPÍTULO XI, "LABOUR," 1843)

En la primavera de 1980, me senté en el salón del apartamento del doctor Ben Feingold, con vistas al puente Golden Gate de San Francisco, para escucharle describir su búsqueda de una solución al problema de la hiperactividad. Por aquel entonces, yo era director ejecutivo de un centro residencial de tratamiento para niños maltratados y abandonados, y la mayoría de los remitidos habían sido diagnosticados de "hiperactividad" o "daño cerebral mínimo" (o DMC, término que más tarde se suavizó a "disfunción cerebral mínima"). Me interesaba mucho lo que el doctor Feingold tenía que decir.

Como alergólogo pediátrico, el doctor Feingold había observado a lo largo de los años que varios de sus pacientes con trastornos cutáneos (sobre todo psoriasis) presentaban alergias identificables. Cuando se eliminaban ciertos alimentos o aditivos alimentarios de la dieta de los niños, sobre todo los que contenían salicilatos (los compuestos similares a la aspirina que contienen algunos alimentos y muchos aditivos alimentarios), desaparecían las llagas y las costras cutáneas.

Sin embargo, esta forma de curar enfermedades de la piel tenía un extraño efecto secundario: el comportamiento de los niños también cambiaba. A muchos de los jóvenes pacientes del doctor Feingold, además de ser víctimas de enfermedades cutáneas, se les había diagnosticado hiperactividad o una disfunción cerebral mínima; pero cuando se eliminaban de sus dietas los alimentos o aditivos alimentarios causantes de las enfermedades cutáneas, la hiperactividad desaparecía o se reducía tan drásticamente que los padres y profesores notaban el cambio.

Sobre la base de estos hallazgos, el doctor Feingold construyó su teoría de que la disfunción cerebral mínima o la hiperactividad eran el resultado de una alergia a alimentos o aditivos alimentarios. Su primer libro, *Why Your Child is Hyperactive,* acabó desencadenando un movimiento nacional. Los "padres Feingold" crearon "grupos Feingold" para debatir formas de mantener a los niños alejados de los alimentos que contenían salicilatos y aditivos alimentarios. Se publicaron artículos, tanto a favor como en contra de Feingold, y en todo el país miles de padres informaron de cambios drásticos con su programa dietético.

Probamos la dieta Feingold en la institución que dirigía, con excelentes resultados en varios niños. Este primer ensayo institucional se convirtió en la base de un reportaje en el programa *All Things Considered* de la National Public Radio y de docenas de artículos en periódicos y revistas. Por mi parte, publiqué un artículo sobre nuestros resultados en *Journal of Orthomolecular Psychiatry.*

Sin embargo, había algunos niños con hiperactividad o disfunciones cerebrales mínimas (probablemente la mayoría) a los que la dieta de Feingold no les había ayudado. Esta preocupante incoherencia llevó a muchos profesionales a descartar por completo sus hipótesis, y el movimiento que lleva su nombre es ahora, años después de su muerte, apenas la sombra de lo que fue.

Ahora bien, el doctor Ben Feingold fue un pionero. Muchas personas opinan que descubrió la clave de una faceta de lo que más tarde se reconoció que no era solo una enfermedad (la disfunción cerebral mínima o síndrome hiperactivo), sino parte de todo un espectro de trastornos del comportamiento, entre ellos el trastorno por déficit de atención con hiperactividad, la hiperquinesia y trastornos del aprendizaje como la dislexia.

Desde la época de Feingold, la psiquiatría ha fusionado en gran medida la hiperactividad con el TDA, denominado actualmente TDAH.

La hiperactividad implica una actividad inquieta o excesiva (hiper-). A menudo se describe a los niños hiperactivos como si estuvieran "en llamas", como si tuvieran "hormigas en los pantalones". Feingold tomó nota de estas descripciones y observó que probablemente estaban teniendo la reacción normal a una alergia (un picor) en el cerebro.

El trastorno por déficit de atención, en cambio, puede darse sin presencia de un estado hiperactivo. El TDA se describe más claramente como la dificultad de una persona para centrarse en una sola cosa durante un período de tiempo significativo. Estas personas se describen como excesivamente sujetas a distracciones, impacientes, impulsivas y usualmente en búsqueda de gratificación inmediata. Suelen ignorar las consecuencias a largo plazo de sus acciones, concentrándose únicamente en el presente y sus recompensas. Suelen ser desorganizados y desordenados, pues van saltando de un proyecto a otro, demasiado impacientes para limpiar los restos de su última actividad (ya sea hacer la cama u organizar el escritorio). Ahora bien, aunque los niños con TDA suelen tener problemas con las tareas escolares, no van rebotando contra las paredes como sus compañeros hiperactivos.

Esta categoría moderna, "trastorno por déficit de atención con hiperactividad" (TDAH), representa a quienes padecen tanto TDA como hiperactividad. Incluye a la mayoría de los niños hiperactivos, aunque no a todos, y fue la primera categoría reconocida en medicina hace más de setenta y cinco años.

Aunque Ben Feingold creía haber encontrado una "cura" para la hiperactividad, le desconcertaba que su dieta no curara a los niños con déficit de atención. Los niños hiperactivos que trató ya no necesitaban restricciones ni fármacos, y algunos se volvieron bastante "normales" con su dieta, pero muchos seguían mostrando signos del síndrome de déficit de atención que no respondían a la dieta.

Al principio, había llegado a la conclusión de que los niños que no respondían tenían alergias alimentarias aún no descubiertas (como una alergia a la leche o al trigo, que son casi imposibles de evitar), o que sus sujetos de estudio estaban "haciendo trampa" en la dieta. Pero unos meses antes de morir, el doctor Feingold compartió conmigo su preocupación por esta aparente incoherencia de la teoría. Se preguntaba en voz alta si no habría varios trastornos diferentes agrupados en lo que él consideraba una única categoría.

Feingold, de nuevo un profeta, tenía razón. Ahora se reconoce cada vez más que el TDAH forma parte de un espectro que suele incluir la hiperactividad, algo que no suele "curarse" con cambios en la dieta, aparte de las modestas mejoras que pueden derivarse de un consumo moderado de azúcar.

Sin embargo, es interesante señalar que los niños y adultos con TDA suelen manifestar un deseo desmedido de azúcar y, ocasionalmente, presentan algunos síntomas de hipoglucemia. También pueden ser más sensibles a los efectos del azúcar, el alcohol, la cafeína y el consumo de drogas ilícitas (y pueden ver los beneficios de evitar esas sustancias). Pero, como veremos en un capítulo posterior, estas sensibilidades pueden tener poco o nada que ver con los síntomas de una "enfermedad". Es bastante probable que sean, en cambio, indicativos de una bioquímica idealmente adaptada a ciertas tareas fundamentales.

INTRODUCCIÓN

Cazadores y agricultores veinte años después

> *No debe haber barreras a la libertad de investigación. No hay lugar para el dogma en la ciencia. El científico es libre, y debe serlo, de formular cualquier pregunta, de dudar de cualquier afirmación, de buscar cualquier prueba, de corregir cualquier error.*
>
> J. Robert Oppenheimer
> (*Life*, 10 de octubre de 1949)

Este libro fue publicado por primera vez en inglés en 1993 y se actualizó en la década y media posterior. La nueva edición de 2019 incluye varios capítulos nuevos, así como algunas actualizaciones generales, pero, en general, mi hipótesis original sigue en pie y, si acaso, se ha visto solidificada y reforzada por el paso del tiempo y el descubrimiento de nueva ciencia, sobre todo en el campo de la genética.

En los más de veinte años transcurridos desde la primera publicación de este libro y mi presentación del concepto cazador/agricultor como una posible explicación de por qué existe el TDAH en nuestro acervo genético, se ha transformado el pensamiento de los investigadores. También se han producido muchos cambios en la visión global de los trastornos psiquiátricos y fisiológicos, en particular los que tienen una base genética.

La publicación de *Por qué enfermamos: la nueva ciencia de la medicina darwiniana*, por los doctores Randolph Nesse y George Williams, supuso un punto de inflexión en el pensamiento de muchos. El libro, minuciosamente investigado y brillantemente bien escrito, defiende de forma sólida y científicamente defendible que somos criaturas que vivimos fuera de nuestro elemento, seres humanos con cuerpos y cerebros diseñados para vivir en un entorno natural primitivo y que aún cargan con las herramientas físicas y psicológicas necesarias para dicho entorno. Por ejemplo, las náuseas matutinas, la fibrosis quística o la depresión. Nuestro estilo de vida moderno, que ha evolucionado en los últimos miles de años, no representa la norma de la vida humana, sino un brevísimo parpadeo en los 300.000 años de vida del *Homo sapiens* (gente como nosotros) en el planeta.

El libro de Robert Wright *El animal moral* lleva el modelo un paso más allá, al abordar el tema de la "psicología darwiniana" y señalar con dramático detalle cómo comportamientos que van de la depresión a la agresión, pasando por la infidelidad, fueron adaptativos y útiles en la historia muy reciente de la raza humana.

La edición del 25 de marzo de 1996 de la revista *Time* incluía un artículo de portada sobre las funciones del cerebro y las últimas investigaciones sobre por qué nuestros cerebros se comportan como lo hacen. Las nociones evolutivas del comportamiento desempeñaban un papel importante en ese artículo, incluido el reciente descubrimiento por parte de los investigadores de que las personas con más probabilidades de tener el gen que hace que el cerebro ansíe alimentos grasos y, por tanto, produzca obesidad, son también aquellas personas cuyos antepasados en los últimos diez mil años procedían de partes del mundo donde las hambrunas eran frecuentes. Lo que era un comportamiento adaptativo para los pueblos primitivos se ha convertido en lo contrario en un mundo donde la mayor parte de la "caza" se hace en el supermercado.

La publicación en 1996 del libro *Psiquiatría evolutiva: un nuevo comienzo,* de los psiquiatras y médicos Anthony Stevens y John Price, resumió gran parte de esta investigación y ha proporcionado una profunda mina de material para futuros investigadores. Por ejemplo, cuentan la historia de los ik, un grupo de cazadores-recolectores de Uganda, cuyas tasas de enfermedades psicológicas y físicas potencialmente mortales se dispararon cuando fueron desplazados a la fuerza de sus territorios naturales de caza y obligados a dedicarse a la agricultura. En esta obra bien documentada abundan otros ejemplos.

¿ADÓNDE SE FUERON TODOS LOS CAZADORES?

Además, los nuevos avances en antropología y paleontología han dado respuesta a una de las preguntas más inquietantes sobre la teoría del cazador/agricultor: ¿por qué el gen cazador/TDAH sobrante solo está presente en una minoría de nuestra población, y adónde han ido todos los cazadores?

En la literatura popular, Riane Eisler, autora de *El cáliz y la espada* y *Placer sagrado,* ha explorado las culturas primitivas y mostrado las diferencias fundamentales entre lo que ella denomina culturas "cooperantes" y "dominantes" (nosotros, en la civilización occidental, pertenecemos a esta última). De forma similar, Daniel Quinn, en sus libros *Ismael* y *La historia de B.* escribe sobre "los que dejan" y "los que toman" para describir una división cultural similar. Hace unos cinco mil años, estos cismas culturales prepararon el terreno para un exterminio masivo de pueblos cazadores-recolectores que continúa hasta nuestros días en zonas remotas de África, Asia y América.

Un brillante estudio publicado en el número de febrero de 1994 de la revista *Discover* detalló la respuesta exacta a la pregunta de cuándo y cómo ocurrió esto, y desde entonces ha sido corroborado por otros investigadores. Mediante un análisis de los patrones lingüísticos y ADN, los investigadores descubrieron que hace tres mil años África estaba poblada casi en su totalidad por miles de tribus diferentes (tanto en el aspecto genético como lingüístico) conformadas por cazadores-recolectores. La densidad de población era baja y, al parecer, las luchas eran mínimas.

Entonces, un grupo de agricultores de habla bantú del noroeste de África se infectó, al parecer, con lo que el profesor de estudios nativos americanos de la Universidad de California Jack Forbes denomina la "enfermedad mental cultural" del *wétiko* (término nativo americano para referirse al comportamiento amoral y depredador de los invasores europeos). *Wétiko* es el término que Forbes aplicó hace décadas para describir lo que Eisler y Quinn llaman hoy psicología cultural de masas "dominantes" y "tomadoras".

En su penetrante y sugerente libro *Colón y otros caníbales,* el profesor Forbes señala cómo el *wétiko*, al que denomina como una "forma altamente contagiosa de enfermedad mental", se originó en Mesopotamia hace unos cinco mil años. Desde allí se extendió por el Creciente Fértil y Siria, para acabar infectando el norte de África, Europa (a través de los conquistadores romanos portadores del *wétiko*), Asia y, con la llegada de Colón, las Américas.

Los agricultores de habla bantú del noroeste de África, contaminados culturalmente por las creencias *wétiko* sobre lo "acertado" del genocidio, se extendieron por todo el continente durante dos mil años, y destruyeron a todos los grupos que encontraban a su paso. El resultado es que ahora menos del 1% de la población de todo el continente africano es cazador-recolector, y las lenguas y culturas de miles de tribus (desarrolladas a lo largo de más de 200.000 años) se han perdido. Se eliminaron por completo de la faz de la Tierra a grupos étnicos enteros.

Es totalmente razonable suponer que ocurrieron hechos similares en la prehistoria de Asia, Europa y América. El surgimiento de las culturas dinásticas de agricultores aztecas, mayas e incas es evidente en el sur del hemisferio occidental, y la agricultura tiene una larga y profunda historia en China y en el subcontinente indio. En Europa y Rusia (que abarcan tanto Europa como Asia) solo los pueblos más septentrionales o remotos resistieron a los invasores agricultores, e incluso estos, como los noruegos, acabaron siendo conquistados y convertidos a la agricultura en los últimos milenios.

Son cuatro las razones por las cuales los agricultores *wétiko* tuvieron tanto éxito en su conquista de África, así como en Europa, Asia, Australia y América:

1. **La agricultura es más eficaz que la caza a la hora de producir alimentos.** Debido a que es unas diez veces más eficiente a la hora de extraer calorías del suelo, la densidad de población de las comunidades agrícolas tiende a ser unas diez veces mayor que la de las comunidades de cazadores; por eso sus ejércitos eran diez veces mayores.

2. **Los granjeros se vuelven inmunes a las enfermedades de sus propios animales.** El sarampión, la varicela, las paperas, la gripe y muchas otras enfermedades se originaron en los animales domesticados, y algunos siguen siendo portadores. Cuando los agricultores europeos llegaron por primera vez a las costas de América mataron a millones de nativos americanos por contagio accidental de estas enfermedades, frente a las cuales los cazadores locales no habían desarrollado inmunidad. (Esto se agravó más tarde con la infección deliberada de

tribus enteras por parte de los invasores infectados de *wétiko*, quienes se valieron de mantas infectadas de viruela).

3. **La agricultura es estable.** Los agricultores tienden a permanecer en un mismo sitio y eso da lugar a la especialización de funciones. Surgieron el carnicero, el panadero, el fabricante de velas y el fabricante de armas, y se formaron ejércitos. Las fábricas fueron una extensión lógica de las tecnologías agrícolas, y así los pueblos agricultores se volvieron aún más eficientes en la producción de armas y tecnologías de destrucción.

4. **La cultura *wétiko* enseñaba que la matanza podía justificarse por motivos religiosos.** Desde sus inicios en Mesopotamia, los *wétiko* enseñaban que la matanza de otros seres humanos no solo era aceptable, sino que incluso podía ser "algo bueno" porque estaba ordenada o sancionada por sus dioses. El caso más extraño de esto puede verse durante las Cruzadas, cuando los europeos masacraron a "paganos" para "salvar sus almas". Le sigue de cerca "la conquista del Oeste americano", en la que los estadounidenses (cuya Declaración de Independencia dice que el Creador dio a las personas el derecho a la vida, la libertad y la búsqueda de la felicidad) decretaron que el mismo Creador dio a los europeos blancos un "destino manifiesto" para apoderarse de todo el continente, y utilizaron este argumento religioso para justificar la matanza de decenas de millones de residentes "paganos" en el mayor genocidio de la historia mundial.

Aunque los pueblos cazadores indígenas a menudo tenían conflictos con sus vecinos por fronteras y territorios, estos servían para reforzar las identidades culturales e independientes de las dos tribus implicadas. La guerra *wétiko*, en la que se da muerte hasta al último miembro de la tribu "competidora", es algo que ningún antropólogo ha encontrado en la historia o comportamiento de ningún pueblo cazador-recolector pasado o moderno que no sea *wétiko*. Sin embargo, los agricultores *wétiko*, que consideran a los humanos no *wétiko* tan explotables como la tierra, tienen una historia plagada de genocidios, esclavitud y explotación.

Y así, durante los últimos cinco mil años, en todos los continentes y entre todos los pueblos, los cazadores-recolectores han sido aniquilados, desplazados, masacrados, exterminados y oprimidos por los agricultores/

industrialistas *wétiko*. Hoy en día, menos del 2% de la población humana mundial son pueblos cazadores-recolectores genéticamente puros, y solo un remanente de ellos se encuentra en nuestro acervo genético como resultado de la esclavización y la asimilación.

LOS QUE QUIEREN DESEMPODERAR PARA SU PROPIO BENEFICIO

La dominación *wétiko* continúa existiendo en nuestro mundo moderno.

Vivimos en una sociedad tan psicológicamente enferma que los capos de la mafia son los dueños de viviendas de lujo en localidades "exclusivas". Honramos a quienes han "alcanzado el éxito", aunque lo hagan vendiendo sustancias mortíferas como el tabaco o armas de guerra. Los multimillonarios que hicieron su dinero con los combustibles fósiles, los productos químicos tóxicos, o la depredadora industria bancaria, esencialmente poseen y dirigen nuestro gobierno, y ocupan posiciones altas y respetadas en la sociedad. La competencia despiadada es un cliché y una norma en nuestra cultura, y la idea de cooperar en lugar de dominar se considera pintoresca y "agradable", pero idealista e ineficaz. Se asume que para tener éxito en los negocios hay que mentir y engañar, y nuestros líderes políticos gozan de la confianza de una minoría tan lamentable de ciudadanos (menos del 20% en 1990) que es dudoso que pudieran seguir en el mando si no tuviesen el control sobre la policía, las prisiones y el aparato fiscal.

En medio de este entorno cultural encontramos a aquellos que ejercen las "profesiones de ayuda". La mayoría de los que entran en estos campos lo hacen por un deseo honesto y sincero de estar al servicio de los demás. Se hace mucho bien, se mejoran e incluso se salvan muchas vidas, y con razón les hemos asignado un lugar de honor en nuestra sociedad. Sin embargo, tanto dentro como al margen de estas profesiones, también existen explotadores que ofrecen consejos dudosos o tecnologías basadas en charlatanería. Estos tratamientos controvertidos van desde inyectar a los niños sustancias radiactivas antes de "escanear" sus cerebros, pasando por suplementos de hierbas enormemente caros acompañados de afirmaciones exageradas y hasta "terapias" de marcas caras y prolongadas (a menudo durante años).

El concepto de enfermedad es esencial para el éxito de los explotadores.

Es bien sabido en el mundo de los negocios que, si es posible convencer a la gente de que algo va mal, se puede ganar mucho dinero vendiéndoles un remedio. Se ha hecho con el vello facial, el olor corporal, el vello de las piernas, las arrugas, las varices, el "mal" aliento, los dientes amarillentos y docenas de las que solían ser partes normales de la condición humana. Convence a la gente de que hay algo malo o vergonzoso en sus funciones normales y podrás hacerte rico vendiéndoles enjuagues bucales, duchas vaginales, cremas depilatorias, eliminadores de arrugas, bronceadores, pastillas para adelgazar y muchos otros productos.

Del mismo modo, los explotadores al margen de la medicina dependen de la noción de enfermedad o anormalidad para vender su mercancía: lograr la venta depende de que logren convencerte de que hay algo en ti que es intolerable, algo que está mal, algo que tienes que cambiar. En este contexto, oímos a algunos oradores y autores hablar de la "importancia de tomarse en serio" el TDAH.

Su mensaje no es: "Si crees que tienes un problema, tengo un par de soluciones que pueden funcionar", sino: "Tú estás enfermo y yo no, y debes dejarte ayudar sin protestar".

Si estamos de acuerdo en que existe una necesidad, pero cuestionamos el tratamiento, nuestras intenciones quedan en entredicho: "¿Por qué me cuestionas cuando solo intento ayudarte a ti y a tu hijo?".

Seré de los primeros en decir que ser cazador en este mundo de agricultores está plagado de dificultades. Nadie puede negarlo. Los fracasos, evidentes en nuestras prisiones y escuelas y en la gente de la calle, son un claro testimonio de la gravedad del TDAH en la sociedad actual.

Sin embargo, afirmar: "Todo está bien en nuestra cultura y sociedad; así que debes ser *tú* el que está seriamente estropeado y necesita tratamiento", socava completamente a la persona, la despoja de su humanidad y dignidad, la subyuga. Esto es *wétiko*.

Yo prefiero un término medio racional, bien articulado por el doctor John Ratey, profesor asociado de psiquiatría de la Facultad de Medicina de Harvard, en el prólogo de mi libro de 1995 *ADD Success Stories*:

Tras los dos primeros libros de Thom Hartmann sobre el TDA, la metáfora del cazador empezó a proporcionar a muchos TDA una etiqueta aceptable para su rareza y una forma de verse a sí mismos llena de esperanza y permisos.

Del mismo modo que el diagnóstico de TDA suele ayudar a sustituir la culpa por la esperanza, una metáfora atractiva como la del cazador (que recuerda a Robin Hood y madame Curie) ayuda a muchas personas a encontrar un propósito y un camino.

Este tipo de mitología personal puede brindar una plataforma que mire a un futuro prometedor y tolerante; ello sin enmascarar nunca los problemas del cerebro con TDA, sino ofreciendo modelos que guíen a la persona con esta condición en un viaje más optimista y orientado al futuro.

Si bien es cierto que esta nueva versión replanteada de quiénes son realmente las personas con TDA nunca debe servir como excusa para falibilidades, ni tampoco debe abrir la puerta a la autoindulgencia, el hecho de que se les conceda permiso para ser quienes son a menudo impulsa a las personas a llegar a donde nunca lo habían intentado. Al quitarse ellos mismos los grilletes de la vergüenza son capaces de abordar el futuro con un punto de vista más limpio, nítido y enérgico.

¿CÓMO AVANZAMOS DESDE AQUÍ?

Y así, más de veinte años después de la primera publicación de este libro, nos quedan las preguntas de siempre: *¿Qué es el TDAH?, ¿de dónde viene?, ¿por qué lo tenemos y cómo seguir?*

Aunque los científicos aún no saben a ciencia cierta cuál es el mecanismo o la causa del TDAH, *sí* sabemos por numerosos estudios que, cuando describimos y definimos a las personas, lo más frecuente es que cumplan esa expectativa. Dile a un niño que es malo con la suficiente frecuencia y lo más probable es que se convierta en malo. Dile que es brillante y se esforzará por alcanzar la brillantez.

No solo buscamos cumplir con las expectativas que los demás nos dicen en voz alta sobre nosotros mismos, sino también con las suposiciones tácitas.

El ejemplo más famoso es el estudio en el que se dividió a un grupo de alumnos de primaria en dos grupos, equilibrados por los investigadores para que fueran idénticos en la medida de sus capacidades e inteligencia. A continuación, se dijo a los profesores que el grupo A era altamente inteligente y que el grupo B era de menor inteligencia.

Al final de un solo semestre, el grupo A había superado significativamente al grupo B desde el punto de vista académico. No se trataba solo de la nota que les ponía el profesor, sino de *su rendimiento real* en un examen estandarizado. Su rendimiento en la vida real se veía considerablemente afectado por lo que el profesor esperaba de ellos, incluso cuando este no se daba cuenta.

Los niños *sí pueden* encontrar y alcanzar lo mejor de sí mismos cuando los adultos que los rodean les ayudan.

Particularmente en la etapa de la niñez es cuando mejor respondemos a lo que los demás esperan de nosotros; cumplimos con las expectativas (sean buenas o malas) de aquello que se asume, y nuestro rendimiento (sea alto o bajo) irá acorde a lo que las demás personas y nosotros mismos creamos que somos capaces de hacer. Aunque nunca se ha realizado un estudio que correlacione positivamente las calificaciones escolares con el éxito psicológico o la adaptación en la vida adulta, sí se han realizado muchos que demuestran que la autoestima infantil es un indicador significativo y generalmente preciso de la competencia adulta. (El libro *Inteligencia emocional* de Daniel Goleman contiene muchas de estas investigaciones).

Así que, cuando diagnosticaron a mi hijo con TDA a sus 13 años y le dijeron que tenía una "enfermedad similar a la diabetes pero que, en vez de un páncreas defectuoso que ocasionaba insuficiencia de insulina, su cerebro estaba dañado y ocasionaba insuficiencia de neurotransmisores", pude darme cuenta de inmediato de que aquello era una narrativa terrible y desalentadora.

El mensaje no solo era: "No estás funcionando bien y somos los únicos que podemos arreglarte", sino que también estaba implícito: "No estás funcionando bien y nunca podrás ser *genuinamente* normal". En mi opinión, ese mensaje profana la sagrada verdad detrás de la vida y diversidad humana al ubicar a las personas en pequeñas categorías ordenadas (que, resulta, no son tan ordenadas) y al decirles que su futuro solo podrá ser bueno si se ciñen a los preceptos de quienes los han redefinido.

Esto está muy bien ilustrado en un breve relato semiautobiográfico de

Joe Parsons, un escritor que conocí en internet. Lo reproduzco a continuación, con su permiso:

"¡Papá! ¡Papá! Mira mi informe de calificaciones". Dejé que la puerta se cerrara detrás de mí y me puse delante de mi padre con mi informe de calificaciones, ahora arrugado. "¿Qué tienes ahí, Dave Jr.? ¿Las calificaciones? Déjame verlas". Les echó un vistazo: dos C, una D y un sobresaliente. Me miró con el ceño fruncido.

"¿Has visto los comentarios, papá? ¿Viste? ¡En matemática pasé de tener F a D! ¡Voy a aprobar! Y mira lo que han dicho mis profesores, papá". Había leído mi informe de calificaciones una y otra vez mientras corría a casa. Tres de mis profesores decían que tenía "buenos progresos" y mi profesor de inglés decía: "Dave Jr. tiene un punto de vista refrescante y creativo". Mi padre no dejaba de mirar mi boletín de notas y luego a mí. No dijo nada durante mucho tiempo.

Finalmente, me dijo: "Hijo, estas notas no son muy buenas, pero sé que lo haces lo mejor que puedes". Me sentó en el sofá y me miró. Parecía muy triste. "Déjame que te lo explique otra vez, hijo. ¿Sabes esas pastillas que tengo que obligarte a tomar?".

"Sí, papá, el Ritalin... para poder prestar más atención en clase. Me están ayudando mucho".

Parecía aún más triste. "Sí, hijo. Es un medicamento muy fuerte que tenemos que darte porque tienes una enfermedad muy grave llamada trastorno por déficit de atención". Lo dijo despacio, para asegurarse de que lo entendía. "Verás, tú no eres como los demás niños. Hay algo mal en tu cerebro que te hace diferente de los otros niños... normales...". Cuando la profesora dice que tienes un...", volvió a mirar el boletín de notas, "'punto de vista refrescante y creativo', lo que en realidad está diciendo es que no puedes entrar en la misma categoría de los demás niños ni expresarte como ellos".

"¿Y eso es malo, papá?".

Me puso la mano en la cabeza. "Lamento decirte que sí, hijo, pero tendremos que aceptar que eres... diferente".

"Pero mi profesora dijo que lo estaba haciendo mucho mejor, papá. ¡Dijo que era creativo! ¿Eso no es algo positivo, papá?".

Volvió a sonreírme, pero aún parecía triste. "Tu profesora solo busca que te sientas mejor, hijo. No se da cuenta de que tu enfermedad va a interferir y perjudicar todo lo que hagas en tu vida. Cuanto antes te des cuenta tú, más fácil te resultará. No quiero que te decepciones, hijo".

Yo también empecé a sentirme triste. Miré los zapatos de mi padre. "¿Qué voy a hacer, papá?".

"Hazlo lo mejor que puedas, hijo. Lo principal es que no te hagas ilusiones". Me pasó el brazo por los hombros. "Mientras siempre tengas presente que eres diferente de la gente normal que no está enferma como tú, serás mucho más feliz".

"De acuerdo, papá. Intentaré acordarme". Tomé el informe de calificaciones y me fui a mi habitación. Me senté en mi cama y leí las palabras una y otra vez: "Buen progreso... punto de vista refrescante y creativo".

Pronto las lágrimas empañaron las palabras y tiré la hoja al suelo. Sabía que papá tenía razón: siempre lo haría todo mal.

Me alegré de que me lo recordara.

Sé que este padre tenía buenas intenciones. Estaba haciendo lo mejor que sabía para responder a lo que le habían dicho sobre la situación de su hijo.

A diferencia del padre de esta historia, pasé el primer año tras el diagnóstico de mi hijo (y el sermón de su especialista en pruebas educativas de que no era "normal") tratando de encontrar una comprensión más profunda de lo que era esta cosa llamada TDA. Leí todo lo que pude encontrar y hablé con amigos y antiguos socios del sector de la puericultura. Aprendí que los tres indicadores cardinales del TDA son *la distracción*, *la impulsividad* y *el amor por la estimulación o el riesgo*. Si le añades el factor inhabilidad para permanecer quieto (hiperactividad), estás frente a un diagnóstico de TDAH. Si bien nunca lo había visto escrito, también usé mi intuición para darme cuenta de que las personas con TDAH tenían un sentido del tiempo diferente.

Y es que cuanto más lo analizaba, más me parecía que esta "enfermedad" también podía significar una ventaja en ciertas circunstancias.

Después de seis meses de exhaustiva investigación, me encontraba yo una noche cualquiera leyendo *Scientific American* para quedarme dormido. Resulta que el artículo trataba de cómo el final de la era glacial (que ocurrió hace doce mil años) provocó una mutación de las gramíneas que condujo a la primera aparición en la Tierra de lo que hoy conocemos como trigo y arroz. Estos primeros granos de cereal condujeron al desarrollo de la agricultura entre los humanos, y ese momento de la historia se conoce como la Revolución Agrícola.

A medida que el artículo entraba en más detalles sobre cómo la Revolución Agrícola transformó la sociedad humana, tuve un momento de "¡Eureka!" que fue tal sacudida que me senté derecho en la cama. "¡Las personas con TDAH son descendientes de cazadores!", le dije a mi mujer, Louise, que me miró desconcertada. "Son personas que tenían que estar rastreando constantemente su entorno, buscando comida y atentos a amenazas: eso es distracción; tenían que tomar decisiones instantáneas y actuar en consecuencia sin pensárselo dos veces cuando estaban persiguiendo o siendo perseguidos por el bosque o la selva, lo cual se traduce en impulsividad; y tenía que encantarles ese entorno de alta estimulación y riesgos, propio del mundo de caza".

"¿De qué estás hablando?", dijo ella.

"¡TDAH!", dije, agitando las manos. "¡Solo es considerado un defecto si te encuentras en una sociedad de agricultores!".

De ese concepto surgió lo que comenzó siendo solo una metáfora, una historia empoderadora que podría contar a mi hijo (para quien escribí originalmente este libro) y a otras personas para explicar su "diferencia" desde una perspectiva positiva. Desde entonces, hemos descubierto que este "relato" puede ser objetivamente exacto: la ciencia ha corroborado en gran medida muchas de las observaciones y teorías originales, incluso hasta en el aspecto genético.

Así pues, a partir de este punto debemos avanzar hacia un futuro en el que las personas con TDAH no se avergüencen de decir que son diferentes, en el que los niños reciban ayuda en las escuelas con intervenciones adecuadas y entornos educativos adaptados, y en el que los adolescentes y los adultos reconozcan de antemano que algunos trabajos, carreras o compañeros se adaptan bien a su temperamento y otros no. A partir de ese autoconocimiento todos los TDAH pueden tener más éxito en la vida.

Avanzamos como cazadores.

...

PRIMERA PARTE

Entender a
cazadores y agricultores

CAPÍTULO UNO

El TDAH como un estado de consciencia

Conoce el verdadero valor del tiempo; arrebata, aprovecha y disfruta cada momento de él. Ni ociosidad, ni pereza, ni postergación, nunca dejes para mañana lo que puedas hacer hoy.

LORD CHESTERFIELD
(*CARTAS A SU HIJO*, CARTA XCIX,
26 DE DICIEMBRE, O.S. 1749)

En algún lugar entre diez y cuarenta millones de hombres, mujeres y niños en los Estados Unidos tienen trastorno por déficit de atención con hiperactividad o TDAH*. En 2013, los Centros para el Control de Enfermedades (CDC) publicaron un documento concluyendo que "el 11% de los niños estadounidenses en edad escolar habían recibido un diagnóstico de TDAH por un proveedor de atención médica" y "el porcentaje de niños de 4 a 17 años que toman medicamentos para el TDAH, según información de los padres, aumentó en un 28% entre 2007 y 2011". (Los CDC no han actualizado estas cifras desde 2013, presumiblemente porque han sufrido muchos y graves recortes presupuestarios). La Asociación Americana de Psiquiatría, por su parte,

---

*En la versión de 1993, esta frase afirmaba que entre seis millones y veinte millones de hombres, mujeres y niños en Estados Unidos padecen TDAH.

dice que estiman la incidencia del TDAH en torno al 5% de la población infantil de Estados Unidos.

Millones de personas más tienen muchas de las características del TDAH, aunque hayan aprendido a manejarlo tan bien que no se consideren personas que sufren problemas de atención.

Si eres un adulto que ha experimentado problemas crónicos de inquietud, impaciencia, poca capacidad para escuchar o dificultades para realizar tareas "aburridas", como hacer el balance de la chequera, ya sabes lo que se siente al experimentar algunos de los desafíos asociados con el TDAH. Y si eres padre de un niño con TDAH, es muy probable que tú mismo tengas al menos algunos rasgos de esta condición.

Este libro es el primero que conozco que presenta la idea de que el TDAH no siempre es un trastorno, sino que puede ser un rasgo de personalidad y metabolismo; que proviene de una necesidad evolutiva específica en la historia de la humanidad; que puede ser en realidad una ventaja (dependiendo de las circunstancias); y que, a través de la comprensión del mecanismo que condujo a la presencia del TDAH en nuestro acervo genético podemos rediseñar nuestras escuelas y lugares de trabajo, no solo para acomodar a los individuos con TDAH, sino para permitirles volver a ser esos poderosos artífices del cambio cultural, político y científico que tan a menudo han protagonizado nuestra historia.

Te darás cuenta de que este estado mental ha evolucionado de forma natural. No se trata en absoluto de un mal funcionamiento. Al contrario, es una respuesta coherente y funcional a un tipo de mundo y sociedad distintos al que pertenecemos la mayoría de nosotros.

Si te ves reflejado al leer estas líneas, puede que este libro tenga el impacto de una revelación. He compartido esta información con muchos adultos con TDAH e invariablemente se sorprenden, se preocupan y, en última instancia, se alegran de comprender por fin una de las principales fuerzas que han moldeado sus vidas.

Este conocimiento les da la libertad de replantear la forma en que ven sus trabajos, sus relaciones, sus frustraciones (que suelen ser bastantes) y sus metas; les ayuda a trazar nuevos rumbos y direcciones capaces de conducirles a un mayor éxito en la vida que jamás se imaginaron; o bien les orienta hacia una terapia o medicación que les ayudará a adaptarse a la vida en un mundo y un lugar de trabajo sin TDAH.

Si eres padre o madre de un niño con TDAH, es muy probable que, como yo, tú también seas un adulto con TDAH, en cierta medida. Aunque durante mucho tiempo se ha considerado un trastorno que afecta sobre todo a los chicos (la prevalencia diagnosticada en niños es de aproximadamente 7:1 entre hombres y mujeres), algunas autoridades consideran que la tasa entre adultos es de 1:1 entre hombres y mujeres. Este diferencial de género puede estar sesgado por muchos factores, entre ellos el hecho de que las mujeres adultas son más propensas a buscar atención psiquiátrica y, por lo tanto, tienen una mayor tasa de diagnóstico. Por otra parte, según algunos estudios, los chicos de nuestra cultura están entrenados para ser más agresivos y francos que las chicas (por no mencionar el impacto de la testosterona). Si combinamos esto con el TDAH, podemos encontrarnos con una situación en la que los niños con esta condición se hacen más visibles que las niñas. Por lo tanto, al menos en la infancia, tienen más probabilidades de ser diagnosticados.

Este libro no aboga por el abandono de las herramientas tradicionales de diagnóstico o tratamiento, incluidos fármacos como el Ritalin y la terapia de modificación conductual para el TDAH. De hecho, verás argumentos sólidos a favor de la tesis que defiende estas herramientas como la salvación en muchos de los casos de las personas con TDAH.

Tengo la esperanza de que este libro nos ayude a eliminar ese estigma de "enfermedad" o "déficit" asociado con el diagnóstico de TDAH y afecciones relacionadas. Un segundo objetivo, igualmente importante, es brindar herramientas específicas para trabajar en torno al dilema de ser un cazador con TDAH en una sociedad contemporánea en gran medida estructurada por y para agricultores sin TDAH, un concepto que exploraremos en detalle.

Las personas con las que he compartido esta teoría la han encontrado positiva y transformadora. Este es el espíritu con el que se ofrece este libro, con la sincera esperanza de que pueda ayudar a más profesores, psicólogos, psiquiatras y padres a empoderar y capacitar, en lugar de etiquetar como enfermos o discapacitados, a los niños y adultos con TDAH.

CAPÍTULO DOS

Cómo reconocer el trastorno por déficit de atención con hiperactividad

Los genios de todo el mundo se toman de la mano y una conmoción de reconocimiento recorre todo el círculo.

HERMAN MELVILLE
(*HAWTHORNE Y SUS MUSGOS*, 1850)

El TDAH no es un diagnóstico de todo o nada. Parece existir una curva de comportamientos y tipos de personalidad, que va desde el "no TDAH" en extremo al TDAH extremadamente grave. Aunque todavía no se ha investigado lo suficiente en este campo para conocer cómo se comporta esta curva, probablemente se asemeje a una campana de Gauss, con la mayoría de los individuos "normales" en el centro, al mostrar algunas características similares al TDAH, y una minoría (quizás en torno al 20-30 por ciento de la población) dividida en los dos extremos del espectro.

Dado que un gran número de investigaciones indican que el TDAH es una afección hereditaria, la distribución de esta curva bien puede reflejar la mezcla a lo largo de los años del material genético de individuos con y sin TDAH, ya que difumina los bordes de ambos tipos de comportamientos. A lo largo del espectro de individuos con TDAH se encuentran personas que típicamente exhiben algunas o todas las siguientes características:

- **Se distraen con facilidad.** Las personas con TDAH vigilan constantemente el panorama. Se fijan en todo lo que ocurre y, sobre todo, en los cambios o las cosas que cambian rápidamente en su entorno. (Esta es la razón por la que, por ejemplo, es difícil mantener una conversación con personas con TDAH cuando hay una televisión encendida en la habitación. Su atención se desviará constantemente hacia la pantalla y sus constantes estímulos).

- **Capacidad de concentración corta, pero extraordinariamente intensa.** Curiosamente, esto no se puede definir en términos de minutos u horas: algunas tareas aburrirán a una persona con TDAH en treinta segundos; otros proyectos pueden mantener su atención embelesada durante horas, días o incluso meses. Los adultos con TDAH suelen tener dificultades para mantener un trabajo durante un período prolongado, no porque sean incompetentes, sino porque se aburren. Del mismo modo, los adultos con TDAH suelen tener varios matrimonios o relaciones "extremadamente intensas, pero cortas". Cuando se evalúa su capacidad de atención en una tarea aburrida y poco interesante, las personas con TDAH tienden a obtener puntuaciones significativamente más bajas que los demás.

- **Desorganización, acompañada de decisiones precipitadas.** Los niños y adultos con TDAH suelen ser crónicamente desorganizados. Sus habitaciones son un caos, sus escritorios están desordenados, sus archivos son incoherentes, sus zonas de estar o de trabajo parecen haber sido estallados por una bomba. Si bien esta pudiese ser una característica en común con personas que no padecen TDAH, posiblemente por motivos de educación o cultura, hay algo que suele separar a las personas con TDAH desordenadas de las que no lo padecen: las personas que no lo padecen suelen encontrar lo que necesitan en su desorden, mientras que las personas con TDAH no suelen encontrar nada. Una persona con TDAH puede estar trabajando en un proyecto, luego algo le distrae y toma la decisión instantánea de cambiar de prioridades y lanzarse al nuevo proyecto, así deje atrás los escombros del proyecto anterior. Un adulto con TDAH comentó: "Lo bueno de ser desorganizado es que constantemente hago descubrimientos emocionantes. A veces encuentro cosas que ni siquiera sabía que había perdido".

- **Distorsiones del sentido del tiempo.** La mayoría de las personas describen el tiempo como un flujo bastante consistente y lineal. Los individuos con TDAH, en cambio, tienen una exagerada sensación de urgencia, cuando están realizando una tarea, y una exagerada sensación de aburrimiento cuando sienten que no tienen nada que hacer. Esta sensación de aburrimiento suele llevar al abuso de sustancias como el alcohol y las drogas, que alteran la percepción del tiempo, mientras que la sensación de rapidez cuando se está en un proyecto lleva a la impaciencia crónica. Esta sensación elástica del tiempo también hace que muchos adultos con TDAH describan los altibajos emocionales como algo que les afecta profundamente. En particular, los bajones pueden parecer eternos, mientras que los subidones a menudo se perciben como un destello.

- **Dificultad para seguir instrucciones.** Tradicionalmente, esto se ha considerado un subconjunto de la característica de la persona con TDAH de no poder concentrarse en algo que considera aburrido, sin sentido o sin importancia. Mientras reciben instrucciones, las personas con TDAH a menudo están monitoreando su entorno, sin notar otras cosas, sin pensar en otras cosas y, en general, sin prestar atención. Las personas con TDAH suelen tener dificultades para seguir instrucciones porque no las han recibido ni comprendido en su totalidad.

   Otra teoría para explicar esto es que los TDAH son muy independientes y no les gusta que les digan lo que tienen que hacer. Prefieren pensar por sí mismos pueden dar menos importancia a las indicaciones de los demás.

   Sin embargo, la explicación más probable, según algunas autoridades en la materia, es que las personas con TDAH tienen dificultades para procesar información auditiva o verbal.

   Cuando le dices a una persona "normal": "Ve a la tienda y compra una botella de leche, una barra de pan y un jugo de naranja, luego ve a la gasolinera y llena el tanque de combustible de camino a casa", la persona "normal" creará una imagen mental de cada una de esas cosas a medida que las oye describir. Se imaginará la tienda, la leche, el pan, el jugo y la gasolinera. Esta congruencia de imágenes verbales y visuales hace que la memoria sea de alta calidad.

En cambio, una persona con TDAH puede que solo oiga las palabras, sin crear las imágenes mentales tan vitales para la memoria. Se dirige a la tienda, repitiéndose a sí misma: "Leche, pan, jugo, gasolina. Leche, pan, jugo, gasolina...", hasta que algo la distrae y pierde todo el recuerdo.

Este problema con el procesamiento auditivo está bastante bien documentado entre los niños con TDAH. Sin embargo, se desconoce el porcentaje de su prevalencia entre la población general que no lo padece. Puede ser que las personas con TDAH solo tengan una probabilidad ligeramente mayor de tener este problema o puede ser un síntoma o problema cardinal.

Un adulto con TDAH lo describió así: "Creo que puedo comprender notablemente mejor esta larga serie de palabras si van acompañadas de una imagen. Así mi cerebro puede absorber directamente el patrón. Si rompes ese patrón y lo traduces en una cadena lineal de palabras, me veo obligado a absorber la cadena y reconstruirlo".

Esto también puede explicar los informes de los padres de que sus hijos con TDAH son adictos a la televisión y odian leer. La lectura requiere el procesamiento de información auditiva (palabras que suenan dentro del cerebro y se convierten en imágenes internas), mientras que la televisión es puramente visualización externa. En el centro residencial de tratamiento que dirigí en New Hampshire, descubrimos que era útil retirar los televisores de las residencias. Al cabo de unos meses, los niños empezaron a leer y el hábito persistió tras la reintroducción de la televisión.

También existe un debate sobre la causa de las conexiones entre el TDAH y el problema de procesamiento auditivo.

Un sector afirma que es el resultado de un problema de cableado en el cerebro, el mismo problema de cableado incorrecto que causa otros síntomas del TDAH.

El otro bando teoriza que convertir la información auditiva en visual es un comportamiento aprendido, adquirido por la mayoría de las personas aproximadamente en el momento en que dominan el lenguaje, entre los dos y los cinco años. Dado que las personas con TDAH "no prestaban atención", es más probable que simplemente no hayan aprendido esta habilidad vital.

Dado que la capacidad de convertir palabras en imágenes puede enseñarse a las personas con TDAH con relativa facilidad, esta última teoría parece probable. Basta con decirle a un niño con TDAH: "¿Podrías visualizar eso?", y observar el movimiento de sus ojos hacia el techo, el cual suele significar que está creando una imagen mental. Si esto se hace cada vez que se dan instrucciones, con el tiempo (a menudo en cuestión de semanas) el niño aprenderá esta habilidad básica de procesamiento auditivo. (Para los adultos, el libro *The Memory Book* de Harry Lorayne es maravilloso, con su gran énfasis en varios métodos para enseñar esta habilidad, junto con lo que Lorayne llama "consciencia original", que no es más que un método indoloro para enseñarse a sí mismo a prestar atención).

- **Muestran síntomas ocasionales de depresión,** o sueñan despiertos más que otros. Las personas con TDAH que son relativamente conscientes de las cuestiones relacionadas con el metabolismo del azúcar y de los alimentos suelen informar que la depresión o el cansancio aparecen después de una comida o del consumo de alimentos azucarados. Esta reacción puede estar relacionada con las diferencias en el metabolismo de la glucosa (azúcar) entre las personas con TDAH y las que no lo tienen, de las que hablaremos con más detalle más adelante.

  Otra posibilidad es que las personas con TDAH simplemente se aburran más a menudo por la falta de retos que presentan nuestras escuelas, trabajos y cultura, y este aburrimiento se traduce para algunas personas en depresión.

- **Son arriesgados.** Los individuos con TDAH parecen tener fuertes oscilaciones de emoción y convicción, y toman decisiones más rápidamente que los tipos sin TDAH. Aunque este rasgo a menudo conduce al desastre (he hablado con varios psiquiatras que sugieren que, según su experiencia, las poblaciones carcelarias estadounidenses pueden estar compuestas hasta en un 90% por TDAH), también significa que los individuos con TDAH son con frecuencia las bujías de nuestra sociedad, los agitadores y los impulsores, las personas que provocan la revolución y el cambio. La doctora Edna Copeland, experta en TDAH, en un discurso que pronunció en Atlanta en 1992 al que asistí, hizo referencia a un estudio reciente que indica que aproximadamente la mitad de los empresarios tienen TDAH.

Existen pruebas fehacientes de que muchos de nuestros padres fundadores también padecían TDAH (consulta el capítulo 19, "El rasgo Edison: cazadores que han cambiado el mundo"). Si no lo hubieran sido, es posible que Estados Unidos de América nunca hubiera llegado a existir como nación. Posiblemente, el período de descubrimiento de América fue protagonizado por personas con TDAH ya que, gracias a su naturaleza temeraria, resultaban las más adecuadas para emprender el viaje a un nuevo continente y enfrentarse a lo desconocido.

- **Se frustran e impacientan con facilidad.** No hacer concesiones y siempre decir lo que piensan es una característica clásica del TDAH. Mientras que los demás pueden andarse con rodeos y buscar la diplomacia, un individuo con TDAH suele ser directo, y no puede entender por qué esa franqueza puede resultar ofensiva. Además, cuando las cosas no salen bien, el grito de guerra de una persona con TDAH es: "¡Haz algo al respecto!", incluso aunque ese "algo" se haga de forma errónea o descuidada.

LO QUE DICEN LOS EXPERTOS

El DSM 111-R de la Asociación Americana de Psiquiatría define que una persona padece trastorno por déficit de atención con hiperactividad si cumple ocho o más de los criterios que aquí se parafrasean. En el momento de escribir este libro, este era el único método "oficial" para diagnosticar el TDAH, tanto en niños como en adultos:

1. Cuando se le pide a la persona que permanezca sentada, tiene dificultades para hacerlo.
2. Se distrae fácilmente por estímulos ajenos a la tarea que se está realizando.
3. Le resulta difícil mantener la atención en una sola tarea o juego.
4. Usualmente salta de una actividad a otra, sin haber completado la anterior.
5. Se agita o retuerce (o se siente inquieto mentalmente).
6. No quiere o no puede esperar su turno cuando participa en actividades de grupo.

7. Antes de que la pregunta esté completamente formulada, suele interrumpir al interlocutor con una respuesta.

8. Tiene problemas con el seguimiento del trabajo o las tareas, y esta dificultad no se deriva de alguna otra discapacidad de aprendizaje o problemas de conducta.

9. Se le hace difícil jugar con tranquilidad y en calma.

10. Se lanza impulsivamente a actividades físicamente peligrosas sin sopesar las consecuencias. (Esto es diferente de la búsqueda de emociones comunes y corrientes, y lo vemos cuando un niño corre hacia la calle sin mirar primero).

11. Pierde con facilidad los objetos, como lápices, herramientas, papeles, que pueden ser necesarios para completar el trabajo escolar o de otro tipo.

12. Interrumpe a los demás de forma inapropiada, entrometiéndose cuando no se le invita.

13. Habla de forma impulsiva o excesiva.

14. Los demás suelen quejarse de que no parece escuchar cuando se le habla.

Las tres salvedades de estos criterios diagnósticos son que los comportamientos deben haber comenzado antes de los siete años, no representar otra forma de enfermedad mental clasificable y producirse con más frecuencia que la media de las personas de la misma edad. El término TDAH-ER, donde las siglas ER son para "estado residual", se utiliza para describir esta afección en adultos.

CONDICIONES QUE PUEDEN PARECERSE AL TDAH Y VICEVERSA

Varias afecciones pueden imitar ciertas características del TDAH, lo que provoca un diagnóstico inexacto. Entre ellas se incluyen:

- **Trastornos de ansiedad.** El TDAH puede causar ansiedad cuando las personas se encuentran en situaciones con las que no pueden lidiar. Difiere del trastorno de ansiedad común en tanto que este último suele ser episódico, mientras que el TDAH es continuo y para toda la vida. Si la ansiedad aparece y desaparece, probablemente no se trate de TDAH.

- **Depresión.** El TDAH también puede causar depresión, y a veces esta última causa un alto nivel de distracción, que se diagnostica como TDAH. Sin embargo, la depresión también suele ser episódica. Cuando a un paciente deprimido se les administra Ritalin u otros fármacos estimulantes (los cuales sí parecen ayudar a los pacientes con TDAH) es probable que este experimente un "subidón" a corto plazo seguido de una depresión de rebote aún más grave.

- **Enfermedad maniaco-depresiva.** El trastorno maniaco-depresivo, ahora llamado trastorno bipolar, no suele diagnosticarse como TDAH porque los síntomas clásicos del trastorno bipolar son muy graves. Un día una persona está alquilando un salón de baile en un hotel para entretener a todos sus amigos; al día siguiente tiene tendencias suicidas. Sin embargo, el TDAH suele diagnosticarse erróneamente como enfermedad maniaco-depresiva. Una visita a cualquier grupo de apoyo para adultos con TDAH suele producir varias historias en primera persona de adultos con TDAH que recibieron altas dosis de litio o algún otro fármaco inadecuado porque su TDAH fue diagnosticado erróneamente como enfermedad maniaco-depresiva.

- **Trastorno afectivo estacional.** Este trastorno, descubierto recientemente, parece estar relacionado con una deficiente exposición a la luz solar durante los meses de invierno y es más frecuente en las latitudes septentrionales. Los síntomas del trastorno afectivo estacional incluyen depresión, letargo y falta de concentración durante los meses de invierno. Históricamente es cíclico, predecible y actualmente, mediante la aplicación de un espectro y brillo de luz sobre una persona durante unos minutos u horas, a una hora concreta cada día, se engaña al cuerpo para que piense que han llegado los días más largos de la primavera y el verano. El trastorno afectivo estacional a veces se diagnostica erróneamente como TDAH, y viceversa, pero la estacionalidad es su rasgo distintivo.

CÓMO HACER UN DIAGNÓSTICO

Lo más probable es que, al consultar los criterios de la Asociación Americana de Psiquiatría, hayas identificado aspectos de ti mismo y de otros. Aunque existen numerosos libros y terapeutas que presentan pruebas elaboradas (y a veces caras) para detectar el TDA/TDAH, es importante recordar que, según la Asociación Americana de Psiquiatría, el único estándar de diagnóstico verdadero es "acertar" en sus criterios especificados, vistos a través de la lente de sus tres advertencias. Aunque estas largas y elaboradas listas pueden resultar interesantes y brindar información útil sobre otras facetas de la personalidad, ninguna de ellas cuenta con reconocimiento oficial de la Asociación Americana de Psiquiatría, que es el árbitro final sobre estos temas en los Estados Unidos.

Es importante que el consumidor se dé cuenta de esto, ya que algunos médicos o directores de clínicas afirman que se debe pagar una prueba para diagnosticar el TDAH. Esto no es cierto.

CRITERIOS HALLOWELL-RATEY

En 1992, los psiquiatras Edward M. Hallowell y John J. Ratey desarrollaron, tras años de práctica clínica, estudio y observación, su propio conjunto de criterios para detectar un probable TDAH, sobre todo en adultos. Aunque no se trata de un conjunto "oficial" de criterios diagnósticos, desde su primera aparición en su libro *Driven to Distraction* se ha convertido en uno de los estándares más comunes con los que tanto no profesionales como clínicos miden la probabilidad de que una persona tenga TDAH.

Al publicarlo, añadieron la siguiente advertencia: "Los siguientes criterios son solo sugerencias. Se basan en nuestra experiencia clínica y constituyen lo que consideramos los síntomas más frecuentes en adultos con trastorno por déficit de atención. Estos criterios no han sido validados mediante ensayos de campo y deben considerarse únicamente como una guía clínica. Considere que un criterio se cumple solo si el comportamiento es considerablemente más frecuente que el de la mayoría de las personas de la misma edad mental".

Según Hallowell y Ratey, el TDAH puede estar presente cuando observamos una alteración crónica en la que están presentes al menos doce de los siguientes criterios (citado de *Driven to Distraction: Recognizing and Coping with Attention Deficit Disorder from Childhood through Adulthood* con la amable autorización de los autores):

1. **La sensación de no haber logrado lo que uno se propone (independientemente de lo que haya conseguido).** Ponemos este síntoma en primer lugar porque es la razón más común por la que un adulto busca ayuda. "No puedo ponerme las pilas" es el estribillo más frecuente. La persona puede tener grandes logros según criterios objetivos, o puede estar dando tumbos, atascada en una sensación de estar perdida en un laberinto, incapaz de capitalizar su potencial innato.

2. **Dificultad para organizarse.** La organización es un problema importante para la mayoría de los adultos con TDA. Sin la estructura de la escuela, sin padres a su alrededor para organizarle sus cosas, el adulto puede tambalearse ante la demanda de organización que supone la vida cotidiana. Las supuestas "pequeñas cosas" pueden acumularse y crear enormes obstáculos. Por falta de ese eterno detalle (una cita perdida, un cheque extraviado, un plazo olvidado) su reino puede desmoronarse.

3. **Procrastinación crónica o problemas para empezar una tarea.** A menudo, debido a su miedo a no hacerlo bien, la posponen y la posponen, lo que, por supuesto, no hace sino aumentar la ansiedad en torno a la tarea.

4. **Muchos proyectos en marcha simultáneamente; problemas con el seguimiento.** Como consecuencia del punto número 3, cuando se pospone una tarea, se emprende otra. Al final del día, de la semana o del año, se han emprendido innumerables proyectos, pero pocos se han completado.

5. **Tendencia a decir lo que se le ocurre sin tener necesariamente en cuenta el momento o la idoneidad del comentario.** Al igual que el niño con TDAH en el aula, el adulto con TDAH se deja llevar por el entusiasmo. Surge una idea y hay que decirla: el tacto o la astucia ceden ante la exuberancia infantil.

6. **Una búsqueda impaciente de estimulación alta.** El adulto con TDAH está siempre a la búsqueda de algo novedoso, algo atractivo, algo en el mundo exterior que pueda ponerse a la altura del torbellino que se precipita en su interior.

7. **Tendencia a aburrirse con facilidad.** Como consecuencia del punto número seis, el aburrimiento está al acecho del adulto con TDAH como un sumidero, siempre listo para drenar la energía y dejar al individuo hambriento de más estímulos. Esto puede malinterpretarse fácilmente como una falta de interés. En realidad, se trata de una incapacidad relativa para mantener el interés a lo largo del tiempo. Por mucho que la persona se interese, su batería se agota rápidamente.

8. **Fácil distracción, dificultad para centrar la atención, tendencia a desconectar o a desviarse en medio de una página o una conversación, a menudo unida a una capacidad de hiperconcentración.** Es el síntoma característico del TDAH. La "desconexión" es involuntaria. Ocurre cuando la persona no está mirando, por así decirlo, y de un minuto a otro ya perdió la atención. También suele estar presente una capacidad de hiperfocalización, a menudo extraordinaria, lo que subraya que no se trata de un síndrome de déficit de atención, sino de inconsistencia en los patrones de atención.

9. **A menudo creativo, intuitivo, muy inteligente.** No es un síntoma, sino un rasgo digno de mención. Los adultos con TDAH suelen tener mentes inusualmente creativas. En medio de su desorganización y distracción, muestran destellos de brillantez. Conquistar ese "algo especial" es uno de los objetivos del tratamiento.

10. **Problemas para seguir los canales establecidos, mediante el procedimiento adecuado.** Contrariamente a lo que suele parecer, esto no se debe a un problema no resuelto con las figuras de autoridad. Se trata más bien de una manifestación de aburrimiento y frustración: aburrimiento por las formas rutinarias de hacer las cosas y entusiasmo por cualquier enfoque novedoso, lo que se suma a una frustración por no ser capaz de hacer las cosas como se supone que deben hacerse.

11. **Impaciente, con baja tolerancia a la frustración.** Cualquier tipo de frustración experimentada le recuerda al adulto con TDAH todos sus fracasos del pasado. "¡Ay, no!", piensa, "Aquí vamos de nuevo".

Así que se enfada o se retrae. La impaciencia tiene que ver con la necesidad de estimulación y puede llevar a los demás a pensar que el individuo es inmaduro o insaciable.

12. **Impulsivo, ya sea verbalmente o en acción.** Como en el gasto impulsivo de dinero, el cambio de planes, la promulgación de nuevos planes o planes de carrera, y similares. Este es uno de los síntomas en adultos más peligrosos o, según el impulso, uno de los más ventajosos.

13. **Tendencia a preocuparse innecesariamente, sin cesar; tendencia a buscar preocupaciones en el horizonte, alternando con desatención o desinterés por los peligros reales.** Cuando no se tiene la capacidad de centrarse en una tarea, la atención se convierte en preocupación.

14. **Sensación de fatalidad inminente, inseguridad, que alterna con una gran asunción de riesgos.** Este síntoma está relacionado tanto con la tendencia a preocuparse innecesariamente como con la tendencia a ser impulsivo.

15. **Cambios de humor, depresión, especialmente cuando se desvincula de una persona o un proyecto.** Los adultos con TDAH, más que los niños, son dados a estados de ánimo inestables. Gran parte de ello se debe a su experiencia de frustración y/o fracaso, mientras que otra parte se debe a la biología del trastorno.

16. **Inquietud.** Por lo general, no se observa en un adulto la hiperactividad plena que puede verse en un niño. En cambio, se observa lo que parece energía nerviosa: pasearse de un lado a otro, tamborilear con los dedos, cambiar de posición mientras se está sentado, abandonar la mesa o la habitación con frecuencia, sentirse nervioso mientras se está en reposo.

17. **Tendencia a un comportamiento adictivo.** La adicción puede ser a una sustancia como el alcohol o la cocaína, o a una actividad, como el juego o las compras o comer o trabajar en exceso.

18. **Problemas crónicos de autoestima.** Son el resultado directo e infeliz de años de condicionamiento: años en los que nos han dicho que somos unos torpes, unos inútiles, unos fracasados, unos vagos, unos raros, unos diferentes, unos fuera de serie y cosas por el estilo. Años de frustración, fracaso o simplemente de no hacerlo bien conducen a problemas

de autoestima. Lo impresionante es la capacidad de recuperación de la mayoría de los adultos, a pesar de todos los contratiempos.

19. **Autoobservación inexacta.** Las personas con TDAH se observan mal a sí mismas. No calibran con precisión el impacto que tienen en otras personas. Esto puede llevar a menudo a grandes malentendidos y a herir profundamente los sentimientos.

20. **Antecedentes familiares de TDAH o enfermedad maniaco-depresiva o depresión o abuso de sustancias u otros trastornos del control de los impulsos o del estado de ánimo.** Dado que el TDAH se transmite genéticamente y está relacionado con las otras afecciones mencionadas, es frecuente (pero no indispensable) encontrar antecedentes familiares de este tipo.

Además de exigir doce de veinte aciertos en esta prueba, los doctores Hallowell y Ratey añaden que, al igual que ocurre con los criterios del DSM, estas características deben incluir antecedentes infantiles de comportamientos similares y no ser explicables por otras afecciones médicas o psiquiátricas.

El DSM dice que un diagnóstico psiquiátrico no está justificado a menos que algo vaya mal, a menos que haya algún deterioro significativo de una función vital importante. Mi amigo y editor, Dave deBronkart, descubrió que cumplía los criterios del TDAH en las pruebas mencionadas. Cuando le dijo a un experto en TDAH que, a pesar de todo, tenía bastante éxito en su vida, la respuesta fue: "Probablemente hay algo que funciona mal en ti y ni siquiera lo sabes".

Esto es sintomático de lo obsesionada que se ha vuelto nuestra cultura con la patología, a menudo en perjuicio de las personas (sobre todo los niños) que se ven obligadas a llevar la etiqueta de "algo funciona mal".

Por el contrario, este libro ofrece nuevos puntos de vista, perspectivas y herramientas que muchos encuentran útiles y compatibles con la visión tradicional del TDAH.

Como médico, he trabajado entre sociedades de cazadores indígenas de otras partes del mundo, desde Asia hasta América. Una y otra vez veo entre sus adultos y niños la constelación de comportamientos que llamamos TDA.

Entre los miembros de las tribus del norte de Canadá, como los cazadores de caribúes de la cuenca del Mackenzie, estas características adaptativas como la exploración constante del entorno, rapidez en la toma de decisiones (impulsividad) y disposición a asumir riesgos, contribuyen cada año a la supervivencia de la tribu.

Sin embargo, estos mismos comportamientos suelen dificultar el éxito de los niños pertenecientes a las tribus de escuelas occidentales cuando intentamos imponerles nuestro plan de estudios.

DR. WILL KRYNEN (1985)

Cazadores en nuestras escuelas y oficinas

El origen del TDAH

Existe una pasión por la caza, algo profundamente implantado en el pecho humano.

CHARLES DICKENS (*OLIVER TWIST*, 1837)

Las primeras teorías sobre el trastorno por déficit de atención lo caracterizaban como una enfermedad que tenía que ver con daños o disfunciones cerebrales. En diversas ocasiones se ha agrupado con el síndrome alcohólico fetal, el retraso mental, diversas enfermedades mentales genéticas, trastornos psiquiátricos derivados de traumas tempranos o abusos en la infancia, y la teoría de que el tabaquismo de los padres provocaba la falta de oxígeno en el feto.

Antes de principios de la década de 1970, cuando el TDAH fue caracterizado por primera vez como un trastorno específico, se tildaba en gran medida a niños y adultos con esta condición como "malas personas" (a pesar de que los déficits de atención han sido reconocidos en la literatura psicológica desde 1905). Se trataba de los niños que siempre se metían en problemas, los James Dean del mundo, los adultos desarraigados e inquietos como el padre de Abraham Lincoln, el Llanero Solitario o John Dillinger.

Sin embargo, investigaciones más recientes han demostrado una alta incidencia del TDAH entre los padres de niños con esta condición. Este descubrimiento hizo que algunos psicólogos postularan que el TDAH era el resultado de crecer en una familia disfuncional. Sugirieron que podría seguir el mismo patrón que el maltrato infantil o conyugal, pasando de generación en generación como un comportamiento aprendido. Los defensores de la causa dietética sostenían que los niños siguen los hábitos alimentarios de sus padres, y esto explica los patrones generacionales del TDAH. Otros estudios sugieren que, al igual que el síndrome de Down o la distrofia muscular, el TDAH es una enfermedad genética, y un gen específico, la variante A1 del gen receptor de dopamina D2, ha sido identificado como el principal candidato.

Ahora bien, si el TDAH se trata en efecto de una enfermedad genética o una anomalía, está entonces bastante extendida, pues afecta posiblemente a unas veinticinco millones de personas en Estados Unidos. (Según algunas estimaciones, afecta al 20% de los hombres y al 5% de las mujeres. Hay otras estimaciones mucho más bajas, y se sitúan en 3% de los hombres y 0,5% de las mujeres). Con una distribución tan amplia entre nuestra población, ¿es razonable suponer que el TDAH es simplemente una rareza?, ¿que se trata de algún tipo de aberración causada por genes defectuosos o maltrato infantil?

Cuando la enfermedad está tan extendida, surgen preguntas inevitables: *¿Por qué? ¿De dónde viene el TDAH?* La respuesta es: las personas con TDAH son los cazadores sobrantes, aquellos cuyos antepasados evolucionaron y maduraron hace miles de años en sociedades cazadoras.

Existen numerosos precedentes de "enfermedades" genéticas que, de hecho, representan estrategias evolutivas de supervivencia. Se sabe, por ejemplo, que la anemia falciforme hace a sus víctimas menos susceptibles a la malaria. Cuando vivían en las selvas de África, donde la malaria es endémica, esta era una poderosa herramienta evolutiva. Por el contrario, en el entorno libre de malaria de Norteamérica, se convirtió en un lastre.

Lo mismo ocurre con la enfermedad de Tay-Sachs, un trastorno genético que afecta principalmente a los judíos de Europa del Este y les confiere una relativa inmunidad a la tuberculosis. Incluso la fibrosis quística, la mortal enfermedad genética común entre los caucásicos (uno de cada veinticinco estadounidenses blancos es portador del gen), puede representar una adaptación genética. Recientes investigaciones indican que el gen de la fibrosis quística ayuda a proteger a sus víctimas, a edades tempranas, de la muerte por enfermedades diarreicas, como el cólera que periódicamente asolaba Europa hace miles de años.

Al parecer, no es tan raro que los humanos contemos con una protección contra enfermedades locales y otras condiciones ambientales que se encuentra incorporada a nuestro material genético. Ciertamente, la teoría de la selección natural de Darwin aboga a favor de tales defensas corporales. Los individuos con inmunidad sobrevivirían para procrear y transmitir su material genético.

A medida que la raza humana avanzaba desde sus primeros antepasados, evolucionaron dos tipos básicos de culturas. En las zonas donde la vida vegetal y animal era exuberante y la densidad de población humana era baja, predominaban los cazadores y recolectores. En otras partes del mundo (sobre todo en Asia), evolucionaron las sociedades agrícolas.

CAZADORES DE ÉXITO

Ya fuera que les tocara perseguir búfalos en Norteamérica, cazar ciervos en Europa, perseguir ñus en África o recoger peces de un arroyo en Asia, estos cazadores necesitaban una serie de características físicas y mentales para tener éxito:

- **Vigilan constantemente su entorno.** Ese susurro en los arbustos podría ser un león o una serpiente enroscada. Si no se es plenamente consciente del entorno y no se percibe el leve sonido, la muerte puede ser rápida y dolorosa; o ese sonido o destello de movimiento podría ser el animal que el cazador estaba acechando, y darse cuenta de ello podría significar la diferencia entre tener la barriga llena y pasar hambre.

  He caminado por bosques y selvas con cazadores modernos en Estados Unidos, Europa, Australia y África Oriental, y siempre me ha llamado la atención que se fijan en todo: una piedra volteada, una huella diminuta, un sonido lejano, un olor extraño en el aire, la dirección en que apuntan las flores o crece el musgo. Todas estas cosas tienen un significado para los cazadores e, incluso cuando caminan deprisa, se fijan en *todo*.

- **Pueden lanzarse totalmente a la caza; el tiempo es elástico.** Otra característica de un buen cazador es la capacidad de concentrarse totalmente en el instante, al abandonar por completo toda consideración de cualquier otro momento o lugar. Cuando el cazador ve a su presa, la persigue a través de un barranco o una quebrada, por los campos o entre los árboles, sin pensar en los acontecimientos del día anterior, sin considerar el futuro, simplemente vive totalmente en ese momento puro y se sumerge en él. Cuando está inmerso en la caza, el tiempo parece acelerarse; cuando no lo está, el tiempo se ralentiza. Aunque la capacidad de concentración de un cazador en general puede ser baja, su capacidad para lanzarse totalmente a la caza en *ese momento* es asombrosa.

- **Son flexibles, capaces de cambiar de estrategia en un momento.** Si el jabalí desaparece entre la maleza y aparece un conejo, el cazador toma una nueva dirección. El orden no es especialmente importante para un cazador, pero la capacidad de tomar una decisión rápida y actuar en consecuencia es vital.

- **Pueden lanzar una increíble descarga de energía en la caza,** tanta que a menudo se lesionan o superan las capacidades "normales", sin darse cuenta hasta más tarde. Al igual que el cazador por excelencia, el león, tienen una energía increíble, pero no necesariamente mucha resistencia. Si le dieran a elegir entre la tortuga o la liebre de la famosa fábula de Esopo, un cazador siempre diría que es la liebre.

- **Piensan visualmente.** Los cazadores suelen describir sus acciones con imágenes, más que con palabras o sentimientos. Crean esquemas en su cabeza de dónde han estado y adónde van. (Aristóteles enseñaba un método de memoria como este, con el que una persona visualizaba las habitaciones de una casa y, a continuación, los objetos de las habitaciones. Cuando daba un discurso, simplemente pasaba de una habitación a otra en su memoria, y se fijaba en los objetos que había en ellas, que eran recordatorios de lo siguiente de lo que tenía que hablar). A los cazadores no les suelen interesar mucho las abstracciones o, en tal caso, prefieren llevarlas a un esquema visual lo antes posible. Suelen ser pésimos jugadores de ajedrez; desdeñan la estrategia porque prefieren ir directamente a la yugular.

- **Aman la caza, pero se aburren fácilmente con tareas mundanas** como tener que limpiar el pescado, aliñar la carne o rellenar el papeleo. El difunto Donald Haughey, un viejo amigo y antiguo alto ejecutivo de Holiday Inns, me contó la historia de cómo Kemmons Wilson, el legendario fundador de Holiday Inns, tenía un grupo de ejecutivos a los que llamaba "desolladores de osos". Wilson salía al mundo y disparaba al oso (negociar la ubicación de un nuevo hotel, conseguir nueva financiación, abrir una nueva división, etc.), y sus *bear skinners* (Don formaba parte del grupo) se encargaban de los detalles de "despellejar y limpiar" la presa.
- **Se enfrentarán a peligros que los individuos "normales" evitarían.** Un jabalí, un elefante o un oso heridos pueden matarte, y muchos cazadores han muerto a manos de sus presas. Si se extiende esta analogía a la guerra, donde los cazadores suelen ser la infantería de primera línea o los oficiales más agresivos, ocurre lo mismo. Los cazadores asumen riesgos. Si seguimos con esta metáfora: Patton era un cazador, Marshall un agricultor.
- **Son duros consigo mismos y con los que les rodean.** Cuando tu vida depende de decisiones tomadas en fracciones de segundo, tu umbral de frustración e impaciencia tiende necesariamente a ser bajo. No se puede tolerar a un compañero cazador que no se aparta del camino de un disparo, o a un soldado que desafía las órdenes y fuma en una noche oscura, con lo que muestra su posición al enemigo.

LAS PERSONAS CON TDAH DESCIENDEN DE CAZADORES

Entonces, la pregunta: ¿de dónde viene el TDAH? Si comparas la lista de síntomas clásicos del TDAH y la lista de características de un buen cazador, verás que coinciden casi a la perfección. En otras palabras, un individuo con el conjunto de características del TDAH sería un cazador extraordinariamente bueno; un fallo en cualquiera de esas características podría significar la muerte en el bosque o la selva.

CAPÍTULO CUATRO

Las personas "normales"

Los orígenes de la agricultura

Cuando comienza la labranza, le siguen otras artes. Los agricultores son, pues, los fundadores de la civilización humana.

DANIEL WEBSTER
(*SOBRE LA AGRICULTURA*, 13 DE ENERO DE 1840)

Dado que el TDAH es un conjunto de habilidades y predilecciones necesarias para el éxito y la supervivencia de un buen cazador, nos queda la pregunta: "¿qué pasa con las personas que no tienen TDAH?". ¿De dónde evolucionaron sus habilidades y por qué representan a la mayoría de las personas de nuestra cultura? La respuesta está en el segundo tipo básico de cultura humana que produjo el hombre primitivo: la sociedad agrícola. En este tipo de comunidad, los agricultores eran quienes proporcionaban el sustento y la supervivencia. Y las habilidades de un buen agricultor son muy diferentes de las de un buen cazador.

Para recorrer una lista paralela a las de un cazador, nos encontramos con que un buen agricultor:

- **No se distraen fácilmente con su entorno.** Les puede llevar tres o cuatro semanas plantar todas las semillas o brotes de arroz necesarios para una cosecha completa, y la ventana de buen tiempo puede ser muy limitada. Si el agricultor se distrajera mientras planta y se apartara de su cosecha para investigar un ruido en el bosque, o pasara días intentando descubrir por qué una planta es ligeramente más grande que otra, la cosecha no estaría lista y moriría de hambre.

- **Los agricultores mantienen un esfuerzo lento y constante** durante horas cada día, días cada semana, semanas cada mes. Aunque se podría argumentar que en la época de la cosecha se necesitan ráfagas de energía, la mayoría de los cazadores dirían que esas ráfagas no son nada comparadas con perseguir a un ciervo a una distancia de quince millas en el medio del bosque. Además, la energía del agricultor normalmente debería durar todo el día, usualmente durante días o semanas. Incluso a marchas forzadas, los esfuerzos de un agricultor se caracterizarían por ser rápidos y constantes.

- **Los agricultores planifican a largo plazo** y se atienen al plan. Aunque los experimentos discretos o delimitados pueden resultarles útiles, apostar con una nueva semilla a una cosecha entera puede conducir al desastre. Un agricultor no planifica en términos de cinco minutos o una hora (como un cazador), sino que debe proyectar el plan a los próximos años. ¿Cómo afectará este cultivo al suelo? ¿Qué impacto tendrá en la erosión? ¿Será suficiente para mantener a la familia o al pueblo durante el invierno? He visitado laderas en terrazas que sostienen arrozales u olivos, construidas por agricultores con visión de futuro en Israel, Grecia y China, que siguen cultivándose más de tres mil años después de su construcción: los agricultores tienen visión de futuro.

- **Los agricultores no se aburren fácilmente.** Llevan un ritmo de vida similar al que emplean en la agricultura. Durante el verano, cuando las cosas crecen, o durante el invierno, cuando no se puede hacer gran cosa, encuentran tareas constructivas para ocupar su tiempo, como construir muebles, cortar leña o desherbar el jardín. No les importan las tareas repetitivas o las cosas que llevan mucho tiempo realizar porque esa es la naturaleza de la agricultura. Según el modelo de Esopo, un agricultor se describiría a sí mismo como la tortuga que acaba ganando la carrera gracias a un esfuerzo lento y constante.

- **Los agricultores trabajan en equipo** y suelen ser muy sensibles a las necesidades y sentimientos de los demás. Como suelen vivir y trabajar juntos, sobre todo en comunidades agrícolas primitivas, deben cooperar. La sociedad japonesa es quizá el ejemplo más exagerado de ello, ya que evolucionó a partir de una base casi puramente agrícola. De este modo piensan en términos de nociones abstractas y sentimientos, toman como norte el futuro y el bien de la comunidad, y son pacientes jugadores de ajedrez. El trabajo en equipo es un poderoso activo del agricultor.

- **Los agricultores se ocupan de los detalles.** Un agricultor debe asegurarse de que se desgrane todo el trigo, que se ordeñen todas las vacas y se siembren todos los campos, o de lo contrario pudiera provocar un desastre para toda su comunidad. Si una vaca no se ordeña completamente, puede infectarse. Una cosecha sembrada en un terreno demasiado húmedo o demasiado seco puede pudrirse o marchitarse. La frase de Einstein, "Dios está en los detalles", podría ser el dicho favorito de un agricultor.

- **Los agricultores son precavidos.** La agricultura no suele exigir que una persona se enfrente a peligros a corto plazo. Por el contrario, aprenden a afrontar los peligros a largo plazo. Suelen ser mejores planificadores que luchadores.

- **Los agricultores son pacientes con los demás.** La paciencia que se necesita para ver crecer una planta durante cinco meses se traduce fácilmente en paciencia con un compañero de trabajo que quiere explicar un problema o una situación.

AGRICULTORES COMO INDIVIDUOS SIN TDAH

Una revisión rápida de las características del granjero (por supuesto simplificadas para fines explicativos), y una comparación con las habilidades del cazador, nos demuestra que podríamos fácilmente volver a caracterizar a las personas con y sin TDAH como cazadores y agricultores, respectivamente. Aunque la mayoría de las personas no encajan en categorías tan rígidas, sí podemos ver estos arquetipos en personas famosas.

Los cazadores casi puros se clasifican como los típicos TDAH. Los individuos que son agricultores casi puros, como lentos, cuidadosos, metódicos y, a veces, aburridos. Dado que se describe a los agricultores como menos propensos a ser arriesgados y peligrosos, no suelen ser clasificados por los psicólogos. Tampoco se meten en problemas y no suelen destacar en nuestra sociedad.

Sin embargo, si aceptamos la idea de que probablemente existe una curva de campana en estos comportamientos, podemos plantear una norma que incorpore tanto los comportamientos de cazador como los de agricultor, con oscilaciones en ambas direcciones, a ambos lados de la línea central.

Una interesante nota a pie de página de esta hipótesis es la observación de que los europeos suelen ver a los estadounidenses y australianos como "audaces y arriesgados". Los estadounidenses y australianos suelen ver a los europeos como "estirados y conservadores". Si aceptamos la noción de que el TDAH es un rasgo hereditario, piensa cómo sería el tipo de personas que arriesgarían la vida y la integridad física en un viaje a través del Atlántico en el siglo XVII: tendrían que ser agricultores desesperados o cazadores normales. Del mismo modo, la primera población blanca de Australia descendía a menudo de prisioneros enviados allí por Inglaterra: los inadaptados y descontentos de la sociedad británica. (Sospecho que un porcentaje muy elevado eran cazadores TDAH que no pudieron triunfar ante la imposición del modo de vida agrícola de la Revolución Industrial, el mercado laboral y la cultura británica).

El TDAH también parece ser una afección relativamente rara entre los japoneses, cuyos antepasados han vivido en una sociedad puramente agrícola durante al menos seis mil años.

Un último epílogo: algunas personas se han opuesto a los términos *cazador* y *agricultor*. Algunas personas afirman que la palabra "cazador" tiene connotaciones negativas: asesino, depredador, una amenaza en la noche. El término "agricultor" es igualmente negativo, ya que implica un tipo de persona aburrida y pasiva, y muchos agricultores (como se describe en este libro) están lejos de ser cualquiera de los dos.

Si te resulta más cómodo, quizá un conjunto alternativo de palabras sería *vigía* y *cultivador*. Ambos son necesarios para el bien común: ¿dónde estaría el cultivador sin el vigía, y viceversa?

Peor aún, piensa en el desastre que sería poner a uno en el puesto del otro. El cultivador no capta las pequeñas señales de la inminente invasión, y el vigía no puede prestar atención el tiempo suficiente para desherbar el jardín.

Sin embargo, eso es precisamente lo que le sucede a la mayoría de los vigías TDAH en las aulas y oficinas de hoy en día: si miran por la ventana (siguiendo su instinto), se les regaña por no ser agricultores buenos y atentos.

Un enfoque más acertado podría ser reconocer y hablar de las habilidades inherentes al rápido estado de ánimo del vigía. Esto puede requerir un cambio de punto de vista, pero no es difícil una vez que se ve la diferencia entre cazadores y agricultores.

Se dice que la vida pasa ante nuestros ojos cuando se acerca la muerte, pero sospecho que no es exactamente eso lo que ocurre. Más bien, puede que siempre tengamos a nuestra disposición todos esos momentos de nuestra vida, pero bloqueamos la mayoría de ellos.

Con esto en mente, durante décadas he tenido la necesidad de abrirme, de estar atento a todos los momentos de mi vida a la vez.

Una de las funciones de la consciencia puede ser tomar la totalidad del tiempo y fragmentarlo en una serie de momentos aparentemente inconexos, de modo que cada uno pueda tratarse por separado. Esto puede ser útil, pero tiene un precio: para ocuparse de un solo momento, se renuncia a estar presente en todos.

Puede haber buenas razones para que los cazadores tengan un sentido del tiempo distinto de lo que consideramos normal. El objetivo de la caza es reunir las cosas pertinentes a la vez. Lo importante es que el cazador, el arma y la presa converjan, por lo que se necesita la capacidad de sincronizar todas las señales. Los agricultores, en cambio, necesitan la capacidad de ver qué lleva a qué, en un futuro mucho más lejano.

A un cazador con mentalidad de "todo a la vez", puede parecerle una tontería intentar conseguir comida al poner semillas en la tierra y marcharse, pero para un agricultor, que vive el tiempo en una secuencia de "hacer esto conduce a aquello", es exactamente lo que hay que hacer.

Quizá la diferencia entre cazador y agricultor se deba, entre otras cosas, a la forma en que experimentamos el tiempo. El tiempo del agricultor hace énfasis en la paciencia y se rige por el dicho que reza "primero lo primero". Muchos cazadores ven las cosas como un "ahora" (como parte de este tiempo) o "ahora no"; y si expandes el "ahora" lo suficiente, experimentas la totalidad de tu vida todo al mismo tiempo.

DAVE deBRONKART (1986)

CAPÍTULO CINCO

Estados base
de consciencia

La imaginación secundaria... disuelve, difunde, disipa, para volver a crear; o cuando este proceso se hace imposible, aun así, lucha por idealizar y unificar. Es esencialmente vital, así como todos los objetos (en cuanto objetos) están esencialmente determinados y carecen de vida propia...

En efecto, la fantasía no es otra cosa que un modo de memoria emancipado del orden del tiempo y del espacio.

SAMUEL TAYLOR COLERIDGE
(*BIOGRAPHIA LITERARIA*, 1817)

Este capítulo especula sobre la naturaleza de los distintos estados de consciencia, cómo evolucionaron y cuál es la mejor forma de utilizarlos. ¿Cuáles son las diferencias entre cazadores y agricultores en cuanto a su forma de experimentar el mundo? ¿En qué se diferencian sus realidades? ¿Es un estado de consciencia mejor que el otro, en algún sentido global, o están simplemente separados pero son iguales? ¿Podrían otras variaciones de la consciencia ser también mecanismos adaptativos heredados de sociedades más primitivas? ¿Y podría existir un trastorno opuesto al TDAH, en el que el individuo no puede *dejar* de concentrarse?

TRASTORNO POR DÉFICIT DE CAMBIO DE TAREAS (TDCT)

Muchas microcomputadoras modernas son capaces de hacer más de una cosa al mismo tiempo. En las computadoras personales basadas en DOS de los años 90 esta función se llamaba "multitarea", mientras que en una Macintosh era la diferencia entre el *Finder* y *MultiFinder*. Esto hace que la computadora realice unos cientos de cálculos en un trabajo o en un programa, y luego pase al siguiente trabajo o programa y realice allí unos cientos de cálculos más. Al cambiar entre dos programas o trabajos diferentes, uno en primer plano y el otro en segundo plano, la computadora parece hacer dos cosas al mismo tiempo.

En realidad, la computadora solo está haciendo una cosa a la vez. Simplemente pasa de una cosa a otra, y viceversa, tan rápido (a menudo en una diezmillonésima de segundo) que parece estar realizando tareas paralelas.

Los cazadores TDAH suelen decir que consideran la capacidad de hacer varias cosas a la vez como una de sus "habilidades especiales". Betty está más en su elemento cuando tiene un trabajo donde puede imprimir desde una computadora, hacer una copia de seguridad en otra y armar un trabajo de diseño en una tercera. Dice sentirse especialmente satisfecha de su capacidad única para hacer tres cosas al mismo tiempo, mientras que los demás diseñadores informáticos con los que trabaja tienen que hacer un solo trabajo cada vez.

Por el contrario, los agricultores que no padecen TDAH suelen irritarse por la tendencia de sus compañeros cazadores a salir disparados en nuevas direcciones en mitad de una conversación. "Estaba hablando y Bill sacó un papel y se puso a escribir", dice John indignado. "Sé que no podía estar escuchándome. Estaba escribiendo".

Bill, sin embargo, insiste en que podía escribir su idea y escuchar a John al mismo tiempo. No podía entender por qué John se enfadaba tanto, solo porque no "parecía concentrado en toda la conversación, cada minuto".

Aunque la percepción de John, de que Bill le estaba ignorando mientras escribía, puede haber sido correcta, también puede ser que John simplemente estuviera juzgando a Bill, con sus propias habilidades como patrón de referencia. John, como buen agricultor que era, no podía imaginarse haciendo dos cosas a la vez, ¡porque ninguna saldría bien! Sin embargo, a Bill le parecía absolutamente normal que la gente prestara atención a dos cosas al mismo tiempo.

Quizás lo que ocurra es que Bill sea capaz de cambiar de tarea del mismo modo que las computadoras con su función multitarea. ¿Y qué tal si los cazadores con TDAH realmente *sí son* capaces de hacer más de una cosa a la vez (como algo que ya está programado en ellos) y que esto forma parte de esas habilidades de supervivencia tipo "alerta en el bosque": caminar, escuchar sonidos, olfatear el aire, escudriñar entre los árboles, preparar el arma, todo al mismo tiempo?

Si Bill y Betty (los cazadores) son capaces de cambiar fácilmente de tarea como hacen las computadoras multitarea y a esto lo llamamos trastorno por déficit de atención, entonces quizá John (el agricultor) sufra un trastorno por déficit de cambio de tarea (TDCT).

Revisemos el caso de Frederick que, al parecer, padece TDCT:

Se sentó en el escritorio de su casa para empezar a escribir un manual de mercadeo para un cliente. Era justo después de cenar y tenía previsto trabajar una hora más o menos. "Eran las dos de la madrugada cuando de repente me di cuenta de que llevaba siete horas seguidas escribiendo", cuenta Frederick. "Mi mujer y mis hijos se habían ido a la cama y yo ni me había dado cuenta".

Frederick también afirma que no puede trabajar en un lugar tranquilo. "Tengo que tener la radio o la televisión encendidas cuando trabajo, porque si no me pongo nervioso. Necesito la estimulación, o me desaparezco en el trabajo que estoy haciendo y no puedo salir en horas".

El problema de Frederick no es que pueda concentrarse demasiado o con demasiada facilidad, sino que no puede controlar fácilmente su concentración. Su estado normal de concentración es focalizado y tiene dificultades para desconectarlo.

Muchos cazadores describen este mismo fenómeno, la capacidad de adentrarse y perderse totalmente en un área particular de concentración focalizada, pero lo reportan como un estado de consciencia *anormal* o episódico. Es un estado que algunos cazadores describen como "estar en modo encendido". (Un cazador adulto me dijo que siempre había pensado en ese estado como estar "en el jazz", pero que nunca antes había compartido esa frase con nadie más). También parece haber diferencias sutiles entre la forma en que los cazadores y los agricultores experimentan la consciencia centrada.

Así lo describió un cazador: "Cuando estoy en *modo encendido,* no hago solo una cosa, ¡sino tres! Hoy ha sido uno de esos días: de 13:00 a 18:00, estuve diseñando una aplicación compleja para un cliente de Minnesota, a la vez que redactaba su documentación, creaba y ejecutaba archivos de prueba alfa en una impresora nueva y redactaba el informe alfa para otro cliente de New Hampshire, e interactuaba regularmente con la gente a través de CompuServe. Es una situación muy familiar: hacer tres cosas a la vez en distintas computadoras. Debo decir que es físicamente satisfactorio. Recuerdo esta sensación en el 75, cuando trabajaba para una gran empresa de composición tipográfica. Me encantaba estar allí solo por la noche porque podía hacer zumbar todas las máquinas a la vez".

"Así que quizás cambio de estado muy enérgicamente. Cuando estoy trabajando, el tiempo se vuelve inmaterial y puedo girar y hacer malabarismos sin dificultad. Cuando estoy en *modo encendido,* es sin duda lo que uno describiría como concentrado, pero no se trata de una sola tarea, sino de multitareas. Todos esos sonidos se funden en un velo gris, pero una luz brillante ilumina la *mezcla* de esas múltiples tareas".

(Los cazadores adultos que toman Ritalin afirman que el fármaco les da la capacidad de "activar" el estado de concentración con poco esfuerzo, pero que no se trata de un estado multitarea: la atención se dirige a una sola cosa. Muchos describen esto como la primera vez en sus vidas que fueron capaces de controlar este estado de consciencia, o entrar en un estado de concentración de un solo foco durante más de unos pocos minutos a la vez, lo que probablemente explica los informes comunes de experiencias transformadoras de la vida como resultado del uso de este medicamento. La literatura de la meditación trascendental enseña cómo activar un estado enfocado sin drogas, está igualmente llena de estudios que documentan cómo la gente transformó su vida laboral y/o personal al aprender a activar la consciencia enfocada en una sola tarea a voluntad).

Del mismo modo, algunos agricultores son capaces de experimentar la consciencia abierta y la multitarea. Sin embargo, para los agricultores extremos (los que padecen TDCT) esto es tan difícil como lo es para un cazador con TDAH permanecer concentrado durante una hora.

Ralph, otra víctima del TDCT y respetado psicoterapeuta, afirma tener dificultades para conducir y hablar al mismo tiempo. Si se encuentra al volante y en medio de una conversación a la vez, es probable que se desvíe irreflexivamente de su carril cuando intenta exponer un punto importante, o cuando lucha mentalmente con un concepto complejo. "Soy terrible en ese sentido", afirma. "Soy intrínsecamente incapaz de hacer dos cosas a la vez, y mi mujer no quiere que conduzca con ella por eso".

Es interesante observar que tanto Frederick como Ralph están casados con mujeres a las que describen como "muy distraibles". Frederick cuenta que su mujer, que es cirujana, no soporta tener la radio o la televisión encendidas a menos que las esté viendo o escuchando directamente; ansía el silencio cuando quiere concentrarse o relajarse. Ralph dice lo mismo de su mujer: cuando está trabajando, se mete en el despacho de casa, cierra y a veces incluso echa el pestillo para que él no tenga la tentación de distraerla.

Ralph y Frederick, en cambio, prefieren la música de fondo o una televisión encendida en la habitación, independientemente de lo que estén haciendo. Por el contrario, muchos cazadores afirman que la única música que toleran (si es que toleran alguna) cuando trabajan es la música sin letra (aunque, desde luego, no es un comentario universal y no constituye en modo alguno un criterio de diagnóstico).

Muchas parejas TDAH-TDCT informan de esta incompatibilidad. Aunque a menudo se apoyan mutuamente en sus "trastornos", ya que la persona con TDAH aporta emoción y variedad a la relación, y la persona con TDCT aporta paciencia y estabilidad, sus formas de relajarse y trabajar son totalmente distintas. Hasta que no se dan cuenta de que uno es un cazador y el otro un agricultor (y que por tanto existen diferencias definitivas en la forma en que utilizan y experimentan su consciencia), cada uno puede pensar simplemente que el otro está siendo excéntrico o difícil. "¿Por qué no puede conducir mientras habla?", pregunta la mujer de Ralph. "¿Por qué se enfada tanto mi mujer cuando quiero la televisión encendida y nadie la está viendo?", pregunta Frederick.

Si existe una curva en forma de campana para los comportamientos, como se ha postulado anteriormente, con los cazadores con TDAH excesivo ubicados en un extremo, no debería sorprender que los agricultores con TDCT grave se sitúen en el otro extremo. Afortunadamente para los agricultores, los problemas que surgen del TDCT rara vez son tan destructivos social o educativamente como los del TDAH. Los agricultores con TCDT pueden agotar a sus compañeros de trabajo con su capacidad para participar en largas reuniones sobre un solo tema, o pueden parecer "aburridos" u "obsesionados", pero el TCDT parece ser una condición más adecuada para terminar con éxito los estudios y enchufarse al mun' do empresarial.

El neurólogo pediátrico Marcel Kinsbourne, en su obra de referencia *Overfocusing: An Apparent Subtype of Attention Deficit-Hyperactivity Disorder*, detalló las características de lo que este libro denomina TCDT. En este artículo, y en un libro anterior publicado por Little, Brown and Company en 1979 llamado *Problemas de atención y aprendizaje en los niños*, el doctor Kinsbourne se refirió a la condición como "sobreenfoque". También daba varios ejemplos de esta afección y de cómo perjudica la vida de quienes la padecen. Al sugerir que el TDAH puede ser, en algunos entornos, un comportamiento adaptativo, el doctor Kinsbourne señala que el estado de sobrefocalización que ha observado en numerosos pacientes es probablemente el otro extremo de la curva de los comportamientos hereditarios, los cuales, *en esta sociedad y para esta cultura*, ya no son adaptativos.

FORMACIÓN CULTURAL DE CONSCIENCIA ABIERTA Y CENTRADA

Aparentemente, existen dos estados posicionales claramente diferenciados a los que podemos dirigir la consciencia normal de vigilia: *abierto* y *centrado*.

Con la consciencia centrada, una persona está totalmente absorta en una tarea. El tic-tac del reloj, el zumbido de la televisión, los sonidos de la calle o de la oficina de al lado se desvanecen en un fondo gris, mientras la brillante luz de la consciencia ilumina únicamente la tarea.

La consciencia abierta, en cambio, es difusa. La mente vaga de una cosa a otra, toca una tras otra ligeramente, se queda con lo que le interesa, descarta el resto y luego vaga hacia otra entrada. La atención toca el tic-tac del reloj, que desencadena un recuerdo infantil del reloj del abuelo del tío Ralph, que le hace pensar en esas rarezas que solía llevar puestas. Ese pensamiento se ve interrumpido por el sonido de un camión que pasa por la calle, lo que te recuerda la vez que tu padre te llevó a dar una vuelta en el camión que había alquilado para trasladar los enseres domésticos a un nuevo barrio cuando eras niño.

Todo el mundo ha experimentado tanto la consciencia abierta como la consciencia centrada. La diferencia entre agricultores y cazadores parece ser el estado "base", o el estado de consciencia al que la persona vuelve automáticamente. Los agricultores se relajan de forma natural en el estado de concentración, mientras que los cazadores se relajan en el de apertura.

Una anécdota histórica interesante en este sentido se refiere a las diferentes formas en que las culturas han entrenado a sus miembros para cambiar de estados de apertura a concentración o viceversa.

Los agricultores del Tíbet, China y Japón desarrollaron variaciones de la técnica de meditación llamada *vipassana* o "atención plena". Con esta técnica, se busca vaciar la mente y tocar los pensamientos cuando surgen para que se liberen y no se conviertan en un "foco de atención". Esta técnica, practicada durante miles de años en los monasterios budistas, es una forma de entrenar a una persona normalmente centrada para que desarrolle un estado de consciencia muy afinado y puramente abierto.

Por otra parte, las culturas cazadoras y guerreras de la Europa medieval desarrollaron una forma de meditación que consistía en concentrar la mente en un único pensamiento. El meditador repetía: "Dios te salve, María, llena eres de gracia, el Señor es contigo...". Del mismo modo, la casta guerrera de la India desarrolló una técnica de meditación llamada mantra yoga, que consiste en repetir un único sonido una y otra vez, durante horas, atrayendo la mente hacia un único punto de concentración (el más famoso de estos sonidos es "Om").

Es interesante ver cómo cada persona se decanta por una u otra de estas dos técnicas de meditación. A los agricultores les resultan fáciles las técnicas de concentración del mantra yoga pero, según mi experiencia, no las practican durante años. Tal vez se deba a que solo practican para alcanzar un estado de consciencia que ya es bastante rutinario para ellos. No se trata de una nueva y poderosa percepción o experiencia.

Sin embargo, en los monasterios budistas estadounidenses, chinos y japoneses que he visitado parecen predominar los tipos de personalidad de agricultor seguro y firme. Es casi como si conocieran el valor de entrenarse para caer en un estado abierto de consciencia y disfrutaran o ansiaran la experiencia porque es única para ellos.

Y, como cabría esperar, ocurre lo contrario con las personas comprometidas con la meditación con mantras o rosarios: parecen ser más a menudo cazadores, que disfrutan y/o necesitan la excursión disciplinada periódica al reino de la consciencia centrada.

Al hablar de este tema con un alto ejecutivo de una importante empresa japonesa en América (también es japonés nativo y vive en Estados Unidos desde hace unos cuatro años), observó: "Japón ha sido históricamente una cultura agrícola. Era importante que todo el mundo se presentara a plantar el día y la hora adecuados, cuando la luna y el tiempo eran perfectos. Cada persona tenía su hilera de arroz para plantar, y cada brote tenía que colocarse en la hilera correcta, de la forma correcta, en el momento correcto. La supervivencia de nuestro pueblo dependía de que fuéramos capaces de actuar como un grupo, sin desviaciones, y con la atención totalmente concentrada en esa única tarea".

Continuó señalando que, según su experiencia, los comportamientos de tipo TDAH eran muy raros en Japón, y me dijo que actualmente hay un libro *bestseller* en Japón sobre cómo ha evolucionado la cultura japonesa como producto natural de una sociedad agrícola. Sin una investigación exhaustiva, es imposible saber si la baja incidencia del TDAH en Japón se debe a la falta de concienciación sobre esta enfermedad o a la ausencia de genes del TDAH (¿excepto, quizás, entre los descendientes de los samuráis?), o si la cultura es una influencia moldeadora tan poderosa que los comportamientos de cazador y agricultor, TDAH y TCDT, son también, en mayor o menor medida, el resultado del condicionamiento social.

Algunos investigadores creen que la reciente explosión de diagnósticos de TDAH es el resultado de una mayor sensibilidad a esta afección que coincide con un deterioro de la capacidad de nuestras escuelas públicas para tratar a los niños con esta condición (en gran parte debido a que la escasez de fondos ha aumentado el tamaño de las clases). Otros argumentan que la tecnología impulsa la cultura y que *nuestra* sociedad es ahora más propensa a producir personas con TDAH debido a los cambios tecnológicos de los últimos cuarenta años.

Marie Winn, en su libro *The Plug-In Drug,* sostiene que la incapacidad de concentración es el resultado natural de la proliferación de la televisión. Señala que hace cincuenta años los niños pasaban gran parte de su vida practicando el proceso concentrado de leer para entretenerse. Hoy, con frecuencia pasan horas cada día viendo la televisión, que rara vez mantiene una imagen o un concepto durante más de unos instantes, lo que, según ella, "entrena" una capacidad de atención corta.

Los videojuegos domésticos, los teléfonos inteligentes y las redes sociales parecen tener un efecto similar. Hay literalmente miles de estudios fáciles de buscar en todo internet, muchos de ellos revisados por pares, que documentan las consecuencias que estos productos y los comportamientos que fomentan tienen sobre la capacidad de atención. Definitivamente no estamos viviendo en el mismo entorno en el que evolucionó nuestra especie, y esa disonancia entre nuestro ADN y el caldo electrónico en el que vivimos está produciendo una amplia variedad de cambios neurológicos y de comportamiento, algunos claramente adaptativos y otros claramente inadaptativos.

CAMBIOS EVOLUTIVOS
ADAPTATIVOS FÍSICOS FRENTE A MENTALES

Existen pruebas considerables de que el Tay-Sachs, la anemia falciforme e incluso la temida fibrosis quística son afecciones genéticas que se desarrollaron como mecanismos de supervivencia en respuesta a épocas y condiciones específicas. El tamaño hereditario ayuda a la supervivencia en una sociedad primitiva, donde el guerrero más grande vive para transmitir su código genético, o donde el hombre pequeño consume menos calorías durante una hambruna, o puede esconderse más fácilmente en la selva o el bosque. Aunque la diabetes infantil suele estar causada por una infección destructiva de las células del páncreas, hay indicios de que la diabetes del adulto es una enfermedad hereditaria y (tal vez como la predisposición genética a la obesidad) puede desempeñar algún papel en la supervivencia a hambrunas episódicas.

A lo largo de los años se ha escrito mucho sobre las disfunciones *físicas*, que representan la evolución natural de los mecanismos de supervivencia. Pero ¿qué ocurre con las disfunciones *mentales*? Existe un vínculo muy estrecho entre mente y cuerpo. Si la misma variación evolutiva tiene lugar en el cerebro, entonces quizá algunos estados mentales anormales tuvieran un uso histórico válido. Al igual que el estado de cazador equipa a una persona para un tipo concreto de supervivencia, quizá otros estados mentales permiten al cerebro "sintonizar" con percepciones que no son accesibles para la mayoría de nosotros.

Parece extraño que la ruptura de la consciencia normal pueda ir acompañada de una comprensión precisa, pero ocurre. Conocí personalmente a una mujer que (al entrar en la esquizofrenia) tuvo algunas percepciones sorprendentes. También me senté con unos ancianos de una cultura primitiva mientras recitaban hechos que no tenían forma aparente de conocer mientras participaban en un extraño ritual. Aquí les cuento estas historias.

DEBBY, LA ARTISTA VISIONARIA

Debby era una mujer maravillosa y una buena amiga. Nunca olvidaré la noche que vino a mi apartamento, cuando ambos estábamos en la universidad, para decirme que la luna le estaba revelando el futuro del mundo. Salimos y nos sentamos en la fresca hierba toda la noche para hablar del destino de la humanidad, de la naturaleza de la creatividad y de las voces que oía en su cabeza cada vez que hacía una serie de movimientos mágicos y secretos con las manos. La luna nos avisaba de que el hombre estaba envenenando la tierra. Todas las matanzas de Vietnam (esto fue en 1968) estaban creando un dolor en la psique humana colectiva que resonaría a través de generaciones. Nuestros productos químicos tóxicos abrirían un agujero en el cielo que un día haría inhabitable el planeta. La gran potencia mundial de la que debíamos preocuparnos no era la Unión Soviética, sino Alemania, donde los nazis volverían a alzarse antes del final del siglo XX. Y Bill, nuestro amigo que tocaba la guitarra tan maravillosamente, moriría un día no muy lejano (murió un año después).

Como suponía que Debby había tomado algo del entonces omnipresente LSD, cuidé a mi amiga cual niñero durante su viaje, escuché sus a menudo profundas reflexiones sobre la condición humana, el futuro del mundo, la historia del hombre antiguo y la inteligencia entre las estrellas. Con frecuencia, se sumía en largos episodios de divagación, cuya lógica estaba tan enterrada en significados solo accesibles a su mente, capa tras capa, que yo estaba totalmente perdido. Yo sin embargo asentía, o estaba de acuerdo, o la cogía de la mano cuando sus ideas la aterrorizaban de vez en cuando.

Debby era una artista y escritora brillante. Aquella noche compuso una poesía corta y creó unos bocetos (ahora, por desgracia, perdidos para siempre) que, para mi joven mente, rivalizaban con los de T. S. Eliot y Salvador Dalí. Su obra era brillante, rica en significados sutiles, llena de detalles que se volvían profundos cuando Debby los explicaba.

Al día siguiente, Debby no "regresó". En algún momento de la noche anterior, había llamado a su madre para compartir una idea particularmente poderosa, y su madre llamó a un psiquiatra. Al cabo de un día, Debby estaba ingresada en un hospital psiquiátrico con diagnóstico de esquizofrenia. Resultó que nunca había tomado el LSD que yo había asumido que impulsaba su comportamiento. Medicada hasta la docilidad, había perdido tanto la alegría como el terror de sus voces y percepciones, y me suplicó que terminara uno de sus poemas, una obra en la que trabajé durante una semana con poco éxito. El poema intentaba recrear *su* visión de otro mundo, que yo solo podía describir con suavidad.

Fueron necesarios unos cinco años de clorpromazina, litio y varios otros fármacos para que Debby "volviera a la normalidad". El diagnóstico de esquizofrenia se confirmó varias veces y, al parecer, la enfermedad era hereditaria. Gracias a la medicación ahora tiene un hijo y enseña arte en una escuela primaria, y ya no oye la voz de la luna.

EL UGANDÉS "TOCADO POR LOS DIOSES"

En 1980, James Mbutu (sacerdote episcopal y miembro del gabinete provisional del gobierno ugandés) y yo viajamos en un viejo taxi (al que le faltaban el parabrisas y la puerta derecha, y el maletero y el asiento trasero estaban llenos de bidones de gasolina y cajas de trigo), a través del centro de Uganda, pasando por la desembocadura del río Nilo en el lago Victoria, y hasta la región de Karamoja, asolada por la hambruna. Cuando Idi Amin y sus veinte mil soldados huyeron de la región unos meses antes (fueron expulsados del país por los entonces ocupantes tanzanos), habían pasado por aquí, robando, violando y matando. Se vieron especialmente afectados los sencillos nómadas del extremo norte, llamados karamojong, que vivían de la sangre y la leche de las vacas que pastoreaban en los matorrales desérticos, una franja de mil kilómetros que separa la selva de Uganda, al sur, del desierto y las montañas de Etiopía y Sudán, al norte.

En un campo de refugiados al norte de Jinja, James y yo visitamos una reunión de ancianos, un grupo de hombres mayores que de algún modo habían escapado a la matanza de las tropas de Amin (la pauta había sido matar a los hombres, violar a las mujeres y robar la comida). El sol se estaba poniendo y un humo amargo me llegaba a la nariz procedente de las numerosas hogueras diminutas. El aire estaba a unos 50 grados Fahrenheit, y las mujeres y los niños se acurrucaban por todas partes bajo lonas o mantas para escapar del frío. Las víctimas de la tuberculosis y el cólera estaban segregadas en los rincones del campo bajo la atenta mirada de una mujer irlandesa de la Cruz Roja (se llamaba Ann y murió por la bala de un francotirador un mes después. Nunca he conocido a una persona más valiente y compasiva). Por la mañana, un viejo sacerdote etíope nos dirigió en la tarea de cavar fosas comunes y enterrar los cuerpos de los que habían muerto de enfermedad o inanición durante la noche.

Sin embargo, aquella primera noche presencié un acontecimiento extraordinario. Yo era uno de los diecisiete blancos de toda la nación (Amin había expulsado a todos los "extranjeros" dos años antes en una "purga"), y los ancianos de la tribu pidieron a James que me invitara a su ceremonia nocturna. Una docena de hombres ancianos, marchitos y desdentados se sentaban en círculo alrededor de una gran calabaza llena de un líquido lechoso y fermentado. Un hombre, con extrañas imágenes pintadas en la cara con carbón y tintes vegetales, caminaba de persona en persona con un sorbete de bambú de tres metros, dándonos de beber de la calabaza, que, según James, era una mezcla fermentada que se hacía masticando una raíz local y luego escupiendo la mezcla masticada en la olla, donde se dejaba al sol para que se convirtiera en una potente mezcla alcohólica. Se añadían otras hierbas de la selva y, según James, "el efecto podía ser bastante potente".

Unos minutos más tarde, el curandero caminó alrededor del círculo y agitó un manojo de hierbas ardiendo sobre nuestras caras, una por una. Luego se sentó y divagó durante una hora o dos en swahili e inglés deficiente sobre Idi Amin, mientras miraba al "mundo de los espíritus" para decirnos dónde estaba Amin y qué estaba haciendo. Dijo que Amin viviría como un rey en Arabia Saudí y que una plaga caería sobre Uganda. Mantuvo conversaciones con espíritus invisibles, saltaba de vez en cuando y gritaba, mientras bailaba alrededor del círculo.

Al recordar a mi amiga Debby, me volví hacia James, que tenía un máster en Psicología como parte de sus estudios de divinidad. "¿Esquizofrénico?", le pregunté.

James se encogió de hombros. "Lanza huesos, ve el futuro, cura a la gente. Aquí lo definirían como tocado por los dioses".

En la Europa medieval, pensé, habrían dicho que estaba tocado por un demonio y lo habrían quemado en la hoguera. Los nativos americanos del suroeste lo habrían encumbrado como curandero. Si hubiese sido capaz de escribir, en otra cultura le llamarían Nostradamus; si hubiese sido capaz de pintar, Van Gogh. He aquí, pues, otro rasgo que a veces es adaptativo y promueve una cultura, pero que con más frecuencia es inadaptativo y destruye al individuo.

Varios psiquiatras han mencionado la noción popular de que el TDAH es una deficiencia de dopamina en los lóbulos frontales del cerebro. Es popular, sobre todo en los libros que intentan desestigmatizar la afección para los niños, utilizar la diabetes y la terapia con insulina como analogía. Esta analogía, por supuesto, presupone algún tipo de norma deseable. Si Edison, Franklin, Nostradamus, Händel, Dalí, Ford, Mozart, Hemingway o Van Gogh hubieran vuelto a la "normalidad", el mundo sería muy diferente y mucho menos interesante. Por otro lado, si esa medicación normalizadora hubiera estado disponible durante la infancia para el enorme porcentaje de adultos con TDAH de nuestras prisiones, se habría eliminado mucho sufrimiento humano, se habrían salvado vidas y nuestra sociedad sería un lugar más seguro y cómodo para vivir.

EL GEN DEL ABUSO DE SUSTANCIAS,
EL ALCOHOLISMO Y EL TDAH

Los Estados Unidos de América, un país que, según algunos antropólogos culturales, fue conquistado recientemente por europeos del norte portadores del gen del TDAH, ha superado recientemente a Sudáfrica como el país con la mayor población carcelaria per cápita del mundo. Una mayoría significativa de estos delitos están relacionados con las drogas, lo que nos devuelve a la pregunta original: ¿son los cazadores diabéticos mentales?, ¿tienen las personas con TDAH una propensión genética al déficit en dopamina y/u otras sustancias químicas cerebrales esenciales, o en sus receptores? Y, si es así, ¿significa esto que el simple hecho de administrar medicación generalizada a los cazadores curará, en última instancia, muchos de nuestros males sociales? ¿Podría ser también una cura para esa importante subpoblación de alcohólicos y drogadictos que se resisten a cualquier forma de terapia de grupo o individual para su adicción?

El doctor David E. Comings y sus colegas descubrieron un gen específico que parece tener relación con el alcoholismo, el abuso de sustancias, el síndrome de Tourette y el TDAH. Este gen, la variante Al del gen receptor de dopamina D2, aparece con más del doble de frecuencia en personas con TDAH que en individuos "normales" y controla la capacidad de ciertas células del cerebro, denominadas sitios receptores, para ser sensibles a la dopamina (lo que produce el efecto de una deficiencia de dopamina). Entre los afectados por el síndrome de Tourette, la proporción de presencia de este gen es de casi 4:1 en comparación con la población general. Curiosamente, entre los alcohólicos y los drogadictos graves, la prevalencia de esta variante genética es de más de 8:1.

Esto nos devuelve a la difícil noción de cómo ver, tratar y, quizás lo más importante, cómo presentar el concepto de TDAH a los niños. Muchos libros sobre el tema lo tratan como una afección puramente médica. Hablan de preguntas de los niños, como "¿Cómo me contagié el TDAH?" y "¿Pueden contagiarse otras personas del TDAH que yo tengo?", que sirven para reforzar en la mente del niño la noción de que él o ella está de alguna manera enfermo o defectuoso. Dado que los profesionales médicos escriben la mayor parte de esta literatura, no debería sorprender que cualquier condición o desviación de la norma sea vista como una enfermedad. Sin embargo, muchos padres y algunos terapeutas se sienten incómodos diciéndole a un niño que padece una enfermedad mental y que, por lo tanto, debe tomar medicamentos, quizás para el resto de su vida.

Por otro lado, la intervención farmacológica para los cazadores TDAH, al igual que la de los esquizofrénicos (que, en otra cultura, podrían haber sido santos o místicos), a veces puede salvarles la vida. Especialmente para aquellos cazadores que han pasado gran parte de su vida en infructuosos, peligrosos y a menudo ilegales intentos de automedicación, una adecuada intervención terapéutica y farmacológica puede suponer un enorme alivio.

Algunos libros sobre el tema han adoptado ahora el enfoque de la diabetes/insulina para describir el TDAH, en lugar del modelo de enfermedad mental/toma de medicamentos. Esto es sin duda más constructivo para un niño que intenta comprender la naturaleza de su diferencia con respecto a sus compañeros, pero sigue planteando cuestiones sociales preocupantes, sobre todo cuando se recuerda la incidencia gráfica de la variante Al del gen receptor de dopamina y su frecuencia correlativa de abuso de drogas. Si el deseo de consumir drogas es genético, ¿es entonces imposible acabar con el consumo de drogas? Y aunque la agonía mental y emocional de Van Gogh, que le llevó a cortarse una oreja y finalmente a suicidarse, podría haberse eliminado con una medicación adecuada, ¿seríamos todos realmente mejores si lo hubieran "normalizado"? Incluso, ¿lo habría sido él mismo?

Responder a preguntas sobre la idoneidad de la despenalización de las drogas, o entrar en el terreno político y/o religioso del determinismo frente al libre albedrío cuando se discuten las acciones de adictos, compulsivos o delincuentes, queda fuera del alcance de este libro. Pero sí que invita a la reflexión echar un vistazo detallado a las estadísticas que sugieren una base genética del TDAH, su aparente correlación estadística con el ansia de drogas o alcohol, y el importante número de personas con TDAH que están en la cárcel o, alternativamente, se encuentran entre los líderes creativos, políticos o empresariales más famosos de nuestra sociedad.

Sin embargo, en el contexto de un debate sobre el TDAH, el punto importante de este capítulo es la noción de estados de consciencia de base.

Si imagináramos una regla de 12 pulgadas sosteniéndose en un dedo en el punto 6 de equilibrio como representación del espectro de la consciencia, entonces la consciencia extremadamente enfocada podría aparecer en el área de 2 pulgadas. La consciencia extremadamente abierta estaría representada por el área de 10 pulgadas. A 6 pulgadas está el punto central, en el que se ubica la persona "promedio" cuando se relaja. Un cazador puede relajarse en el área de 7 u 8 pulgadas como norma, mientras que un agricultor puede relajarse en el área de 5 o 4 pulgadas. Y, algunos han especulado, una persona autista puede estar en el área de 1 pulgada o un esquizofrénico puede estar atascado en 12 pulgadas.

Aunque esto es extremadamente simplista y no tiene en cuenta la variedad de niveles superpuestos de predisposiciones genéticas, niveles de neurotransmisores, etc. (especialmente cuando se habla de autismo y esquizofrenia), sigue siendo un modelo útil para ver el TDAH y el trastorno por déficit de atención con alternancia de tareas.

Este paradigma también nos ofrece un modelo para apreciar e incluso celebrar la diversidad de la familia humana, en lugar de etiquetar inmediatamente las diferencias entre las personas de forma socialmente peyorativa. Aprender a concentrarse, o aprender a abrirse, adquiere un nuevo significado cuando se contempla en este contexto. Sugiere además que los métodos no farmacológicos, como la meditación o la restricción del acceso de los niños a la televisión, pueden ser terapéuticos sin efectos secundarios, costes ni dificultades particulares. También nos muestra cómo quienes optan por consumir medicación para ser más afines con los agricultores no son necesariamente "enfermos mentales".

Al replantear todo el debate sobre el TDA y el TDAH, pasando de la enfermedad mental a las diferencias humanas normales y explicables, podemos proporcionar alivio y ofrecer soluciones.

Hay que brindar alivio a las personas que saben que tienen TDAH pero que se sienten avergonzadas por el actual estigma social de tener un "déficit" o un "trastorno". No están enfermos, ni son deficientes: son cazadores, y la mayoría de los problemas que encuentran en la sociedad moderna provienen de que sus instintos de cazador chocan con las normas de agricultor de nuestra cultura. Como grupo heredero del "rasgo Edison", conservan un enorme potencial al que, en muchos casos, nuestra sociedad no le saca provecho.

La solución, de hecho, la salvación para los niños que tienen dificultades en la escuela o los adultos que se acobardan ante la "rutina diaria" es reconstruir el escenario.

Los niños cazadores de nuestras escuelas necesitan aulas basadas en cazadores: aulas más pequeñas, más aprendizaje basado en la experiencia y ayudas visuales, y menos distracciones nutrirán los talentos ocultos y, a menudo, la brillantez de los niños que se encuentran enfrentándose al fracaso o cuyo potencial se ve atrofiado por los sistemas anticazador de nuestras escuelas.

Para los adultos, la solución es encontrar un lugar de trabajo que les proporcione la estimulación y el cambio que necesitan. Los adultos con TDAH tienen que reconocer las cosas que nunca harán especialmente bien y, en su lugar, centrar sus esfuerzos en aquellas en las que pueden destacar fácilmente.

El primer paso es que nuestras escuelas, nuestros lugares de trabajo y nuestros profesionales de la salud consideren este continuo de diferencias de comportamiento desde la perspectiva de cazador/agricultor, el "rasgo de Edison". Reformular nuestros puntos de vista y sistemas sobre esta base hará que millones de vidas sean más productivas, y nuestra sociedad en su conjunto se beneficiará de la liberación de miles de Tom Edison y de Ben Franklin en potencia.

CAPÍTULO SEIS

¿Podría alguien con TDAH haber sobrevivido en una sociedad primitiva de cazadores?

La locura en los individuos es algo raro, pero en los grupos,
los partidos, las naciones y las épocas es la regla.

FRIEDRICH NIETZSCHE
(*MÁS ALLÁ DEL BIEN Y DEL MAL*, 1886)

Muchas personas reflexivas de todos los bandos en materia de TDAH me han hecho esta pregunta. Uno de los más elocuentes lo expresó de forma bastante sucinta cuando dijo que, si hubiera estado vivo hace diez mil años, habría estado condenado, ya que se olvidaría de la lanza al momento de salir de caza.

Otros se han esforzado en hacerme ver la necesidad de cooperación organizada para la mayoría de los cazadores primitivos. El ideal de un solitario hiperactivo que recorre el bosque en busca de la cena no caracteriza en absoluto la forma en que la mayoría de los antropólogos describen los métodos primitivos (o actuales) de los cazadores-recolectores.

A primera vista, parecería que estas consideraciones cuestionan la hipótesis de que las personas con TDAH son portadoras de un remanente genético de cazadores-recolectores. Da credibilidad a la idea de que el TDAH es, de hecho, una "enfermedad" o algo "no normal", y puede que nunca haya sido "normal" en la historia de la humanidad.

Sin embargo, esta visión pasa por alto una cuestión fundamental: el contexto cultural, el efecto de lo que aprendemos a creer sobre nosotros mismos mientras crecemos.

Los antropólogos culturales se apresuran a señalar que es extremadamente difícil que una cultura perciba a la otra con claridad. Al observar sus comportamientos, asumimos instintivamente que están motivados de la misma manera que nosotros, que se comportan como lo hacen por las mismas razones que nosotros si estuviéramos en su situación y que comparten nuestras suposiciones sobre cómo funciona el mundo y el papel de la humanidad en él.

Se trata de un error peligroso que incluso hizo tropezar a Margaret Mead cuando escribía *Adolescencia y cultura en Samoa*. Desde su error bienintencionado, pero bien publicitado, pocos antropólogos cometerían este error. Sin embargo, resulta fácil caer en ello para alguien sin formación en la materia.

El problema, esencialmente, es que la mayoría de la gente, cuando piensa en "tiempos primitivos", se imagina corriendo por los bosques vistiendo pieles de animales y llevando una lanza. En su mente, transportan a una persona del siglo XX a un pasado de fantasía. No obstante, estos "yanquis de Connecticut en la corte del rey Arturo" no representan lo que era crecer en aquellos tiempos. Llegan a una época diferente, con toda nuestra aculturación, y arrastran todo el daño que les ha hecho nuestra cultura. Arrastran los preparativos que hemos recibido para una vida de agricultor/industrialista, pero carecen por completo de preparación para una vida de cazador-recolector.

Lo cierto es que los miembros de las tribus de cazadores-recolectores llevan una vida muy distinta a la nuestra y, por tanto, crecen siendo personas muy diferentes a nosotros.

A LOS CAZADORES LES PERJUDICA CRECER EN NUESTRA SOCIEDAD, NO EN LAS CULTURAS DE CAZA

El antropólogo cultural Jay Fikes me hizo ver esto cuando debatimos por primera vez la idea de cazadores y agricultores como explicación de muchas diferencias psicológicas modernas entre las personas. Su investigación demostró que los individuos que viven entre los nativos americanos históricamente agrícolas, como los hopi y otros pueblos indígenas, son relativamente tranquilos y reacios al riesgo. Por el contrario, según Fikes, los miembros de las tribus cazadoras, como los navajos, "exploran constantemente su entorno y son más sensibles a los matices. También son los más arriesgados. Ellos y los apaches eran grandes incursores y guerreros".

Los niños navajo crecen en una sociedad de adultos cazadores y guerreros (al menos así era antes de que los conquistáramos, destruyéramos su cultura, destrozáramos sus religiones, robáramos sus tierras y asesináramos a la mayoría de sus ciudadanos). Los navajos criaban a sus hijos como cazadores y guerreros. Hasta que llegamos nosotros con caballos y armas, tenían un éxito extraordinario y habían sobrevivido como una cultura intacta durante miles de años más que nosotros.

Hoy, sin embargo, no somos una sociedad de cazadores, asaltantes y guerreros. Somos agricultores y trabajadores de oficinas y fábricas. Por lo tanto, castigamos y desalentamos el comportamiento cazador y guerrero en nuestros niños y adultos.

Cuando las personas crecen siendo castigadas por ser como son, quedan dañadas. Se ven a sí mismas como inadaptadas e incompetentes, pierden su propio poder personal, se vuelven temblorosas y miedosas, y desarrollan una serie de comportamientos compensatorios, muchos de los cuales son poco útiles.

Lo que tú, padre, profesor, orientador, o médico, le digas a un niño con TDAH sobre sí mismo puede tener un efecto decisivo. Los niños responden de forma muy diferente cuando se les dice: "Así es como funciona tu cerebro", en lugar de: "Tu cerebro simplemente no funciona bien".

Pensar que estas personas modernas con TDAH, dañadas, sacudidas, heridas y debilitadas por haber crecido en una época y una cultura equivocadas, podrían resolver de algún modo todos sus problemas simplemente con transportarse a una mítica época prehistórica de caza es una fantasía. No funcionaría. No fueron criados ni entrenados para sobrevivir en ese entorno, no se les enseñó a canalizar sus energías para ser cazadores y guerreros. En lugar de eso, se les azotó y abofeteó, se les mandó callar y se les castigó, y, el insulto definitivo, se les dijo que eran mercancías dañadas y que tenían una enfermedad cerebral digna de las etiquetas "déficit" y "trastorno".

LOS CAZADORES NACEN Y SE HACEN

Todo tipo de cultura dedica enormes esfuerzos a educar e inculcar valores culturales a sus ciudadanos. Así es como se convierte en cultura.

Cada día se nos enseña y recuerda de cientos de maneras lo que se espera de nosotros, cuáles son los límites y las fronteras, y cuáles son los objetivos y comportamientos adecuados e inadecuados. La mayoría de estas enseñanzas son tan sutiles que ni las notamos (por ejemplo, una mirada de un desconocido cuando hablamos demasiado alto en un restaurante), pero están presentes en nuestro día a día. Nos dan forma y moldean nuestras creencias, nuestras suposiciones y, en última instancia, nuestra realidad.

Nos enfrentamos cara a cara con estas diferencias cuando nos encontramos con otras culturas. Recuerdo mi conmoción y consternación al descubrir, la primera vez que estuve en Japón negociando en nombre de mi empresa, que había cometido docenas de errores culturales importantes en mis interacciones. Enfrentamientos aún más chocantes se producen cuando conocemos a personas de tribus muy dispares: recuerdo esa sensación extraña cuando, en lo más profundo de la selva del centro de Uganda, me planté en un poblado de gente que estaba en su mayoría desnuda. Mis jeans, zapatos, camisa y chaqueta les parecían una rareza, y a mí empezaron a parecérmelo al cabo de unas horas.

Así formamos a nuestros jóvenes: reforzamos y fortalecemos en ellos aquellos comportamientos, suposiciones y creencias que consideramos útiles como sociedad, y desalentamos o aplastamos en ellos aquellos que no son útiles o que incluso son contraproducentes para el flujo ordenado de nuestra cultura y su trabajo.

Las sociedades agrícolas enseñan a sus jóvenes a ser buenos agricultores. Las sociedades cazadoras enseñan a sus hijos a cazar. Las sociedades industriales educan a sus hijos para que sean buenos obreros. Las culturas guerreras enseñan la guerra a sus hijos.

Cuando un joven de la tribu ugandesa de cazadores-recolectores ik está listo para salir de caza con los hombres, lleva toda la vida entrenándose para ese momento. Ha jugado a ello prácticamente desde que nació. Ha tenido un mentor personal durante la mitad de su vida, un adulto que le ha enseñado la sabiduría de la selva y de las presas. Ha practicado durante miles de horas. Puede que tenga mucha energía, sea impulsivo, disperso y arriesgado, pero también es un cazador brillante y competente, una máquina de matar maestra. Ha sido entrenado desde sus primeros pasos para enfocar y concentrar esa energía salvaje en esta única tarea, y para explotar y utilizar su escaneo y rapidez mental y su amor por la aventura para cooperar con los otros hombres de la jungla y traer a casa la cena.

En este contexto, se puede ver lo ingenuo que es preguntarse si una persona con TDAH (que es, después de todo, un "trastorno" definido únicamente por nuestra cultura y exclusivo de ella) podría tener éxito en una sociedad cazadora-recolectora.

No cabe duda de que un niño al que le han golpeado el ego desde treinta direcciones distintas, al que se ha pasado la vida diciéndole "no seas así" y "siéntate y cállate", cuya única habilidad para la caza bien perfeccionada es encontrar MTV con su control remoto, fracasaría en la selva. Cualquiera al que se le haya dicho repetidamente que no es bueno carecerá de confianza y fracasará en su actuación. Esto quedó perfectamente ilustrado en un artículo publicado en *Newsweek* en 1994. Era un estudio en curso sobre un grupo de adultos con TDAH a los que se les había diagnosticado TDAH en la escuela primaria en los años sesenta: algunos tenían resultados significativamente más bajos en la vida que las personas no diagnosticadas con TDAH.

Sin embargo, en ninguna parte del estudio, o del artículo, se menciona que solo a los sujetos con TDAH se les dijo que eran "desordenados" y que debían tomar fármacos para su "enfermedad mental" cuando aún eran niños.

Para que el estudio tuviera validez estadística, una población equivalente de niños sin TDAH tendría que haber recibido el mismo tratamiento, y sus resultados tendrían que compararse con los de la población con TDAH.

Por supuesto, ningún investigador ético se atrevería a coger a un niño perfectamente normal y decirle esas cosas: demasiados estudios anteriores en el campo de la psicología han demostrado lo destructivo que podría ser el resultado. Pero eso es exactamente lo que hemos estado haciendo con nuestros hijos con TDAH.

Si ese mismo niño con el ego machacado hubiera nacido en una tribu de cazadores, de modo que sus rasgos se hubieran desarrollado en lugar de serle arrancados a golpes, es muy posible que se hubiera convertido en el más poderoso de sus guerreros, el más brillante de sus cazadores, el más sabio de sus ancianos.

CAPÍTULO SIETE

Cazadores y agricultores reivindicados por la ciencia

Primero te ignoran; luego te ridiculizan; luego te atacan y quieren quemarte; y luego te construyen monumentos.

NICHOLAS KLEIN (DISCURSO ANTE LA AMALGAMATED CLOTHING WORKERS OF AMERICA, 1918)

En 2001, me invitaron a presentar mi trabajo sobre el TDAH en la Universidad Hebrea de Jerusalén durante una importante conferencia internacional que organizaba la universidad. Me había atacado recientemente (o, bueno, mi trabajo había sido atacado) un psicólogo doctorado que entonces estaba afiliado a una facultad de medicina del noreste. Y, por una coincidencia de fechas, mi presentación estaba programada para seguir a una en la que él participaba.

En aquella época no había mucha ciencia genética en relación con el TDAH. Este psicólogo era el principal (o, al menos, el más público) defensor de la idea de que el TDAH era un defecto puro y simple, y yo era considerado el principal defensor de la idea de que el TDAH podía tener algunos aspectos positivos junto con todos los retos obvios.

Meses antes, me había criticado a mí y a mi trabajo en su boletín y, cuando protesté, me ofreció la oportunidad de presentarle una refutación, aunque, señaló, se reservaba el derecho de editar lo que yo escribiera. Dejé pasar esa amable oferta y en su lugar escribí un artículo de portada para la revista *Tikkun* y, por otra coincidencia de fechas, la revista de orientación judía llegó a los quioscos de Jerusalén la misma semana en que ambos hablábamos en esta ciudad.

Que yo recuerde, nunca había conocido a este hombre ni había hablado con él. Él era un famoso psicólogo; yo, un escritor y hombre de negocios. Él era un libertario de extrema derecha; yo, un liberal de FDR. Él tenía múltiples credenciales en su campo; yo había abandonado la universidad y me habían echado del instituto.

Así que, cuando me invitaron a subir al escenario para comenzar mi presentación y él abandonaba el escenario al terminar la suya, caminé hacia él con la mano tendida, con la esperanza de que pudiéramos iniciar algún tipo de diálogo útil, o al menos reducir nuestro enfrentamiento público de algo personal a algo académico.

El famoso psicólogo, no obstante, ignoró mi mano (¿o quizá no la vio?), se dio la vuelta y se marchó. Fue la última vez que lo vi en persona.

Y así continuaron las guerras del TDAH. Un asombroso número de académicos, que reciben decenas o cientos de miles de dólares de las empresas farmacéuticas, siguen sugiriendo que el TDAH es una enfermedad, una patología o un fallo genético o neuroquímico. Los particularmente tóxicos entre ellos incluso están tratando a los niños con radiación para hacer "escáneres cerebrales" científicamente inútiles. Y los padres, niños y adultos que se habían autodiagnosticado o habían recibido una "certificación" profesional de que tenían (o eran) TDAH siguieron buscando historias que pudieran contarse a sí mismos y que les permitieran utilizar su condición como una herramienta y no simplemente como una etiqueta que denotaba fracaso o enfermedad.

Hasta que empezó a llegar la genética.

En 1996, cuando todo esto aún era especulativo, mi idea había empezado a arraigar en los círculos académicos. El *Journal of Genetic Psychology* publicó un artículo titulado "Attention Deficit Hyperactivity Disorder: An Evolutionary Perspective" (Déficit de atención e hiperactividad: una perspectiva evolutiva), en el que sugerían que, "aunque ninguna teoría explica por completo la aparición del TDAH, merece la pena señalar que, al menos históricamente, este puede haber cumplido una función adaptativa y puede haber sido seleccionado por el entorno para la supervivencia".

En 1997, el doctor Peter Jensen, jefe de la división de Psiquiatría Infantil y Adolescente del Instituto Nacional de Salud Mental (NIMH), fue el autor principal de un artículo publicado en el *Journal of the American Academy of Child and Adolescent Psychiatry*. En dicho artículo, titulado "Evolution and Revolution in Child Psychology: ADHD as a Disorder of Adaptation" (Evolución y revolución en la psicología infantil: el TDAH como trastorno de adaptación), él y sus coautores sostienen que a los niños con TDAH no se les debe decir que padecen una enfermedad, sino que los padres y profesores deben hacer hincapié en sus características positivas.

"Al replantear al niño con TDAH como 'preparado para responder', buscador de experiencias o alerta", escribieron, "el clínico puede aconsejar al niño y a la familia que reconozcan situaciones en la sociedad moderna que podrían favorecer a este tipo de individuo, tanto en términos de entornos escolares como de futuras oportunidades profesionales; por ejemplo, atleta, controlador aéreo, vendedor, soldado o empresario".

Pero todo eran meras especulaciones hasta el cambio de milenio, cuando apareció el artículo "Dopamine Genes and ADHD" (Dopamina, genes y TDAH) en *Neuroscience and Biobehavioral Reviews*. Este artículo, cuyo autor principal era el doctor James M. Swanson y otros diez científicos, señalaba que "la bibliografía sobre estos genes candidatos y el TDAH va en aumento. Hasta ahora se han publicado ocho estudios de genética molecular sobre investigaciones de una hipotética asociación del TDAH con el gen DAT1 y el DRD4".

Pronto otros científicos dijeron que el "gen cazador" podía ser algo bueno. Por ejemplo, el doctor Robert Moyzis dijo sobre un estudio del gen financiado por el National Institute of Mental Health (NIMH) que él ayudó a realizar: "Encontramos una selección positiva significativa para la variación genética asociada con el TDAH y el comportamiento de búsqueda de novedades en el genoma humano. Este estudio refuerza significativamente la conexión entre las variaciones genéticas y el TDAH. También proporciona una pista de por qué el TDAH está tan extendido".

A finales de la primera década de este siglo, aparecieron numerosos artículos que promovían la idea de cazadores y agricultores, a veces haciendo referencia a mi trabajo y a menudo no. Uno especialmente gratificante me lo envió un viejo amigo con el que solía viajar por todo el mundo hablando sobre el TDAH, el doctor Sam Goldstein, ahora en la Universidad de Utah, y uno de los mayores expertos en la materia. Publicado por *Science Direct*, el artículo se titulaba "Tuning Major Gene Variants Conditioning Human

Behavior: The Anachronism of ADHD" (Las principales variantes genéticas que condicionan el comportamiento humano: el anacronismo del TDAH), de Mauricio Arcos-Burgos y María Teresa Acosta, personas que Sam me habían indicado que eran "sólidos" en su trabajo.

El resumen lo explicaba todo:

> Nuevos hallazgos sugieren que el trastorno por déficit de atención e hiperactividad (TDAH) es la variante conductual más común asociada a una enfermedad mental. La prevalencia del TDAH alcanza cifras del 18% en poblaciones de todo el mundo. Además, las variantes genéticas que confieren susceptibilidad a desarrollar TDAH no son raras, sino muy frecuentes y acaban fijándose totalmente en algunas poblaciones. Estos patrones de evolución pueden asociarse al hecho de que este rasgo conductual haya proporcionado una ventaja selectiva. Sin embargo, este rasgo conductual está ahora bajo escrutinio debido a las nuevas necesidades sociales emergentes. Recientes evidencias moleculares y clínicas apoyan la teoría cazador-agricultor de Thom Hartmann, al reafirmar que el TDAH podría ser un rasgo conductual anacrónico.

Recibir ese correo electrónico de Sam hizo mi década, pero era solo el principio. En los ocho años transcurridos desde entonces, la idea del TDAH como una variante adaptativa y útil del genoma humano ha pasado de ser el desvarío de un padre angustiado y un TDAH (una persona con TDAH) (yo) a convertirse, fuera de un estrecho círculo de ideólogos exclusivamente farmacéuticos, en una perspectiva seria y racional.

Mientras que la revista *Time* publicó un artículo sobre mi trabajo (y este libro) en 1996, el mucho más conservador (en el sentido literal, no político) *The New York Times* no saltó realmente a la palestra hasta el 17 de marzo de 2018, cuando publicó un extracto, titulado "In Praise of ADHD" (Elogio del TDAH), de un libro de Leonard Mlodinow. Su libro *Elástico: el poder del pensamiento flexible* postulaba que el TDAH podría ser no solo un rasgo útil, sino que podría haberse originado en lo más profundo de nuestra prehistoria. Al observar que las personas diagnosticadas de TDAH suelen ser muy creativas (en los últimos quince años se han publicado numerosos trabajos que así lo atestiguan), Mlodinow señaló que, cuanto mayor era la distancia a la que habían emigrado los judíos ancestrales en generaciones anteriores, mayor era la proporción de ellos que portaban las variantes genéticas ahora mensurables de lo que llamamos TDAH.

De forma similar, el doctor Dan Eisenberg, mientras recopilaba investigaciones de todo el mundo con sus propias observaciones e investigaciones, observó a los ariaal, una tribu de cazadores-recolectores con una rama que recientemente se había asentado en una existencia agrícola. Tanto en la rama de cazadores como en la de agricultores de la familia ariaal, el gen Edison —el alelo 7R del gen DRD4— estaba muy representado (como ocurre en la mayoría de las sociedades de cazadores-recolectores). Y aunque funcionó bien para los cazadores y pastores de la tribu, fue un desastre para los agricultores, que estaban sistemáticamente por debajo de su peso (desnutridos) en relación con sus hermanos y hermanas cazadores.

En su artículo de 2011, "The Evolution of ADHD" (La evolución del TDAH), Eisenberg escribió con su colega Benjamin Campbell: "Estos resultados concuerdan con los hallazgos previos que asocian DRD4 con patrones de migración. Dada la asociación del alelo DRD4 7R con el TDAH de forma más general, estos resultados sugieren que hay algo en el contexto nómada que permite a las personas con comportamientos similares al TDAH tener más éxito en un sentido evolutivo. Quizá los ariaal nómadas con una atención más difusa escanean mejor sus entornos dinámicos, percatándose del estado de su rebaño, de las señales de agua o comida o de los asaltantes que se acercan sigilosamente".

Upton Sinclair podría haber estado escribiendo sobre la gente que promueve las drogas como solución para la "enfermedad" del TDAH cuando dijo: "Es difícil conseguir que un hombre entienda algo, cuando su salario depende de que no lo entienda". Y quizá "honorarios por hablar" y "subvenciones" deberían sustituir a "salario".

Pero a medida que el tiempo avanza, también lo hace la verdad. Lo que vi como una posibilidad en 1980, cuando pasé un tiempo con el doctor Ben Feingold y escribí mi primer artículo sobre el "síndrome hiperactivo" para el *Journal of Orthomolecular Psychiatry,* se ha convertido en un hecho científico.

Y eso solo puede ser bueno para los cazadores.

CAPÍTULO OCHO

Lo que Maslow pasó por alto

La necesidad de sentirse vivo

> *La gente dice que lo que todos buscamos es un sentido para la vida. No creo que sea eso lo que realmente buscamos. Creo que lo que buscamos es una experiencia de estar vivos, de modo que nuestras experiencias vitales en el plano puramente físico tengan resonancias en nuestro ser más íntimo y en la realidad, de modo que sintamos realmente el éxtasis de estar vivos.*
>
> JOSEPH CAMPBELL
> (*EL PODER DEL MITO*, 1988)

Cuando Abraham Maslow escribió *Motivación y personalidad*, allá por 1954, no contaba con la ventaja del conocimiento razonablemente profundo de la neuroquímica que tiene el mundo científico moderno. Maslow observó a las personas y la forma en que interactuaban con el mundo y desarrolló su teoría de la "jerarquía de las necesidades humanas", que abarcaba desde la necesidad de seguridad hasta la de interacción social, además de la necesidad de lo que algunos llaman experiencia religiosa.

Sin embargo, Maslow tenía su propia neuroquímica particular que le dio un matiz a sus observaciones y le hizo pasar por alto un punto crítico. Esta necesidad humana básica puede, de hecho, ser tan crítica para comprender la naturaleza humana que nos proporciona una reveladora visión de la naturaleza de los trastornos de la personalidad y, en concreto, del TDAH. Esto es lo que yo llamo la "necesidad de sentir vitalidad", y también explica por qué algunas personas tienen múltiples trabajos, parejas y estilos de vida, mientras que otras se asientan en una rutina fija y permanecen con ella toda su vida, aparentemente muy felices en su inmovilidad.

Para entender cómo Maslow pudo pasar por alto una necesidad humana fundamental que impulsa los comportamientos de hasta el 30% de nuestra población, es importante comprender primero la parte de nuestro cerebro que hace que esta necesidad surja o permanezca inexpresada. La parte del cerebro que más probablemente impulsa este proceso se llama tálamo.

NUESTRO CONTROL DE VOLUMEN SENSORIAL

Todos nuestros sentidos, excepto el olfato, desembocan en una pequeña estructura situada cerca de la base del cerebro llamada tálamo. Cuando oímos, vemos, sentimos o saboreamos algo, esa información pasa primero por el tálamo antes de ser transmitida al resto del cerebro.

El tálamo actúa de forma muy parecida a como lo hace un grifo en un fregadero. Las entradas sensoriales pasan por el tálamo de camino a su destino final (como el agua debe pasar por un grifo para llegar al fregadero). El grifo del tálamo controla la cantidad de información que llega a su destino final, así como la rapidez y el nivel de intensidad.

Otro modelo de control del volumen sensorial, sugerido por un amigo mío, el doctor Dale Hammerschmidt, de la Facultad de Medicina de la Universidad de Minnesota, es el del tálamo como ecualizador gráfico de un equipo estéreo. Probablemente sea una forma más precisa de verlo, ya que el tálamo no aplica la misma amplificación o atenuación a cada sentido. Algunas personas son más sensibles a la vista, otras al oído, otras al tacto y otras al gusto, o a cualquier combinación de estos cuatro. Estas anomalías son a veces el resultado de variaciones talámicas. Sin embargo, utilizaré aquí la metáfora del grifo tanto por su sencillez como porque no todo el mundo está familiarizado con un ecualizador gráfico.

Otra estructura cerebral importante relacionada con el tálamo es la formación reticular (a menudo denominada sistema de activación reticular o SRA).

En gran medida bajo las órdenes del tálamo, el SRA indica al cerebro consciente lo alerta que debe estar. Se trata de uno de los principales sistemas de control de nuestro nivel general de excitación o vigilia y, como tal, es responsable del reflejo de sobresalto.

El tálamo y el SRA son los guardianes siempre vigilantes de nuestros sentidos y, como parte de nuestras estructuras cerebrales más antiguas, tienen la responsabilidad principal de proporcionar información al cerebro para el más antiguo de los instintos: la respuesta de lucha o huida. Son responsables de nuestra seguridad y supervivencia (el nivel más primitivo de la jerarquía de Maslow).

Supongamos que el tálamo recibe una señal inusual de los ojos o los oídos: un ruido fuerte o la visión de algo que vuela hacia nosotros. En lugar de transmitirlo normalmente al córtex para que podamos pensar en ello, el tálamo hará dos cosas.

En primer lugar, sube el volumen de la imagen o el sonido para que nuestro cerebro consciente lo perciba con mayor intensidad. (Por ejemplo, las personas que han sufrido un accidente de coche suelen contar con qué claridad recuerdan haber visto el coche que venía en dirección contraria). Esto es el resultado, en parte, de que el tálamo ha abierto el grifo, lo que produce una impresión más memorable en el cerebro.

En segundo lugar, el tálamo activará el SRA, y le dirá: "¡Oye, despierta al resto del cerebro! Algo importante y quizá peligroso está ocurriendo ahí fuera". Los larguísimos y supereficaces nervios del SRA transmiten al cerebro un impulso de sobresalto que añade una enorme dosis de impacto a la visión, el sonido, la sensación o el sabor.

Así que, en combinación, el tálamo y el SRA controlan la rapidez y el volumen con que la información fluye, a través del grifo del tálamo, y lo despiertos o conscientes que estamos mientras procesamos esa información. Juntas, estas partes del cerebro controlan cuánto percibimos del mundo que nos rodea.

Grifos cerrados y abiertos

Uno de los descubrimientos médicos recientes más interesantes es el hecho de que cada uno de nosotros tiene una configuración de "línea de base normal", ligeramente diferente en cuanto a lo abierto o cerrado que está el grifo de nuestro tálamo, y también en cuanto a lo sensible que puede ser nuestro SRA para activar el resto del cerebro.

Las personas con un grifo talámico muy abierto experimentan la vista, el oído, el tacto y el gusto de forma intensa y vívida: están inundadas de información sensorial. A menudo quieren alejarse del mundo. Su experiencia sensorial es a veces dolorosamente brillante. Las conversaciones ruidosas o la música alta sobrecargan su cerebro y se sienten incómodos con el tacto fuerte u otras sensaciones físicas intensas.

A veces se denomina a estas personas introvertidas, aunque en el contexto del significado original de Carl Jung, se trata de un término equivocado. No obstante, las personas con un tálamo y un SRA muy activos tienden a ser tranquilas, retraídas y no les gustan las interrupciones salvajes. Su principal estrategia vital suele ser evitar el exceso de sensaciones, dolor, emociones o perturbaciones.

Por el tálamo y el SRA fluyen tantas entradas hacia el córtex que es necesario apartarse de la vida para buscar un poco de paz y tranquilidad.

En el otro extremo del espectro se encuentran las personas cuyo tálamo y SRA no están tan abiertos: fluye menos información sensorial o lo hace con menor intensidad. Las personas con un grifo talámico más cerrado experimentan el mundo como "demasiado silencioso". Como el grifo está un poco más cerrado, llega menos estimulación sensorial continua, y se necesita un acontecimiento mucho más dramático para activar su respuesta de sobresalto reticular.

Estas personas ven, oyen, saborean y sienten (en términos de sensación, no de emoción) de forma menos vívida. En lugar de intentar alejarse del mundo, se lanzan a él, a menudo con una intensidad que desconcierta a los que tienen el tálamo abierto.

Dado que se necesita una entrada sensorial más fuerte para atravesar el grifo del tálamo y el SRA y llegar a la parte del cerebro que piensa y experimenta (el córtex), estas personas no se sienten abrumadas por las luces brillantes, los colores fuertes, los sonidos estridentes, las sensaciones físicas intensas o los sabores fuertes. En todo caso, disfrutan de estas cosas porque tales sensaciones los llevan, aunque solo sea por unos momentos, a un contacto más estrecho e íntimo con un mundo que normalmente pueden sentir un poco distante.

Todos hemos conocido a personas que encajan en los dos extremos de este espectro. Las personas de grifo cerrado, ávidas de estímulos, viven para la fiesta, les encanta actuar delante de la gente, les entusiasma el paracaidismo o las montañas rusas y consumen pimientos picantes con un entusiasmo que desconcierta a sus amigos. Las personas de grifo abierto, inundadas de estímulos sensoriales, prefieren espacios tranquilos como bibliotecas, reuniones más pequeñas, sabores más suaves y tienden a apreciar cosas sutiles como las bellas artes y la música clásica.

Y luego, por supuesto, están las personas que se sitúan entre estos dos extremos. El mundo les resulta vívido, pero no doloroso. Tienen suficientes estímulos sensoriales para sentirse satisfechos, por lo que no se esfuerzan en crear más, pero no se sienten tan abrumados por ellos que sientan la necesidad de retraerse. Estas personas son las que algunos considerarían "normales", y la canción popular "Little Boxes" es un ejemplo de ellas.

Pero ¿qué tiene que ver esto con las necesidades humanas básicas y cosas como el TDAH?

UNA NECESIDAD HUMANA BÁSICA: EXPERIMENTAR NUESTRA PROPIA "VITALIDAD"

El psicólogo Abraham Maslow nos ofreció una visión extraordinaria del comportamiento humano cuando esbozó su jerarquía de necesidades. Señaló: "El ser humano es un animal deseoso y rara vez alcanza un estado de satisfacción completa, salvo durante un breve periodo de tiempo".

Maslow escribió que nuestra necesidad más básica es la estasis biológica. Necesitamos agua, alimentos, una nutrición adecuada, excretar y mantener nuestro cuerpo a una temperatura constante.

El segundo nivel que identificó fue la necesidad de seguridad.

Una vez satisfechas estas necesidades físicas básicas, salimos en busca de nuestra tercera necesidad, que él identificó como la necesidad de amor y pertenencia. Una vez satisfechas, empezaremos a buscar autoestima y estatus. Y, por último, cuando todas estas necesidades físicas y emocionales están satisfechas, la persona recurre a lo que algunos llaman necesidades espirituales y que Maslow denominó necesidad de autorrealización.

Por supuesto, Freud, Adler, Skinner y otros psicólogos han señalado que muchos de esos comportamientos que definimos como neuróticos

Jerarquía de necesidades de Maslow

son en realidad intentos mal dirigidos de satisfacer necesidades básicas. Pero la profunda visión de Maslow sobre esta jerarquía o pirámide de necesidades tuvo un impacto revolucionario en la psicología, al crear toda una nueva escuela de pensamiento llamada psicología humanista. Maslow nos enseñó por qué a una persona que pasa hambre no le importa mucho su estatus social. Por ejemplo, en 1980, en el norte de Uganda, fui a una zona de hambruna para ayudar a establecer un centro de alimentación y un hospital para refugiados hambrientos. No solo no se preocupaban por su aspecto, sino que a muchos ni siquiera les importaba si llevaban ropa.

Abraham Maslow señala algunos conceptos erróneos que tiene mucha gente: por ejemplo, lo que en la sociedad occidental describimos como hambre, él lo llama apetito. Pocos de nosotros hemos experimentado alguna vez un hambre que ponga en peligro nuestra vida, que es la base de la pirámide de necesidades. Incluso cuando decimos que tenemos hambre, la mayoría de las veces simplemente estamos deseando un gusto o sabor específico, o queremos esa agradable sensación de saciedad en el estómago. No se trata de una necesidad de inmovilidad o supervivencia, sino más bien de una necesidad de autoestima o superior, que expresa su anhelo de ser satisfecha.

Si ampliamos este concepto, creo que nuestra comprensión moderna del tálamo y el SRA y el estudio del TDAH nos han revelado una necesidad humana básica que Maslow no incluyó en su jerarquía. Yo la defino como "la necesidad de experimentar vivacidad: la necesidad de sentir que uno está vivo".

En 1637, el filósofo René Descartes escribió "*Cogito, ergo sum*", que significa "pienso, luego existo". Sin embargo, el mero hecho de pensar no es suficiente para crear, en muchas personas, la realidad: el conocimiento visceral de que "luego existo".

Para validar el "luego existo", debemos experimentar el hecho de sentirnos vivos. Vemos que, en diferentes personas, son necesarios diferentes umbrales de sensación para experimentar la gratificación de esta necesidad humana básica de sentirse vivo.

Algunas personas ven satisfecha su "necesidad de sentirse vivas" desde el nacimiento. Su tálamo y su SRA están abiertos de par en par para experimentar el mundo constantemente, a todo tecnicolor. Como una persona que se encuentra en una cena perpetua de Acción de Gracias, se sienten llenos toda la vida. Sin embargo, los que tienen el grifo talámico más cerrado necesitan saltar periódicamente a través de la línea de base establecida por el tálamo para respirar con plenitud. Sus vidas se caracterizan por una búsqueda constante de estímulos, y a muchos les tortura esta necesidad básica de sentirse vivos a diario.

Esto puede considerarse una "necesidad humana básica", que Freud estuvo a punto de definir en 1933 cuando escribió sobre el ello: "Podemos acercarnos al ello con imágenes, y llamarlo un caos, un caldero de excitación hirviente... Estos instintos lo llenan de energía, pero no tiene organización ni voluntad unificada, solo un impulso para obtener la satisfacción de las necesidades instintivas, de acuerdo con el principio del placer".

Esto no quiere decir que la necesidad humana básica de experimentar "vitalidad" sea lo mismo que lo que Freud llamó el ello, pero creo que Freud estuvo cerca de tocar esta necesidad cuando exploró esas fuerzas impulsoras y motivadoras que se encuentran por debajo de nuestros niveles normales de consciencia despierta. Después de todo, pensemos cuán pocas personas son lo suficientemente conscientes de sí mismas como para decir, por ejemplo: "Me gusta conducir rápido porque me hace sentir más vivo".

Sin embargo, ¿cómo explicar este tipo de comportamiento, a menos que lleguemos a la conclusión (como Freud y otros han hecho a veces) de que este debe demostrar un deseo de muerte inconsciente? La idea de un deseo de muerte inconsciente es interesante y, sin duda, ocasionalmente cierta, pero no explica el gusto por la comida picante, la música alta, los colores vivos, el sexo salvaje y otros tipos de comportamiento de búsqueda de sensaciones. Si estas personas no están intentando suicidarse con toda esta búsqueda de sensaciones, ¿cuál es su objetivo?

Tal vez sea un deseo vital: despertarse, aunque solo sea un instante al día, y saber visceralmente que están vivos.

Caracterizar esta necesidad hasta ahora indefinida como la base de estos comportamientos nos da entonces una clave para entender las actividades sanas, de alta estimulación, así como los comportamientos destructivos, autodestructivos, de búsqueda de estimulación. En ambos casos, la persona busca la experiencia de la vitalidad. En el primer caso, ha encontrado formas adecuadas de conseguirla (paracaidismo, hablar en público, ventas, política, enseñanza sustitutiva, ser médico de urgencias). En el segundo caso, se ha tropezado (a menudo por circunstancias de la vida) con formas destructivas de experimentar la estimulación (asaltar a la gente, consumir drogas, mantener relaciones sexuales frecuentes con una gran variedad de personas, iniciar peleas, apostar).

Pero ¿cómo nos ayuda esto a comprender mejor el TDAH y otras variaciones de la norma?

EL TDAH Y LAS TRUCHAS

Cualquiera que haya pescado con mosca conoce el comportamiento de los peces que comen insectos de la superficie del agua. El estanque o arroyo está perfectamente quieto, entonces la superficie se altera cuando un pequeño insecto toca el agua y se queda atrapado porque sus alas se mojan. Una pequeña ondulación emana del insecto mientras lucha por liberarse. De repente, la superficie del agua se rompe cuando un pez surge desde abajo, atrapa al insecto con una gran bocanada de aire en su boca abierta, y luego desaparece en las profundidades.

Del mismo modo, las personas con TDAH a menudo parecen hiperactivas porque están saltando periódicamente a través de la superficie (definida por el punto de ajuste de su tálamo y SRA) para tratar de agarrar un poco de vitalidad.

Por ejemplo, el pequeño Howie está sentado en clase mientras el profesor habla con aburrimiento sobre la división larga, un tema que él ya domina o que no le interesa. El tálamo y el SRA de Howie no dejan entrar mucha información y el mundo empieza a parecerle gris y distante. La corteza pensante, la parte de su cerebro que dice "por lo tanto, yo soy", está jadeando y quiere saltar sobre ese bicho: "Dame sensaciones", dice, "para saber que sigo vivo".

La urgencia es abrumadora: una necesidad básica está insatisfecha. Algo tiene que ocurrir. El cerebro grita: "¡Emerge hacia la superficie!".

Entonces Howie se inclina hacia delante y le hala el pelo a Sally, o suelta un sonoro eructo, o lanza un escupitajo a Billy. ¡Pum! La clase estalla y el mundo vuelve a tener colores vivos.

Esta simple acción ha penetrado la superficie que, como la del estanque, el tálamo había insertado entre la mente de Howie y su experiencia del mundo.

De adulto, Howie puede contar un chiste subido de tono, cortarle el paso a alguien en un atasco o montar su propio negocio: cualquier cosa que impulse al cerebro hacia la superficie para aspirar ese soplo (o arrebatar ese insecto) de vitalidad.

Si nos fijamos en los tres comportamientos básicos asociados al TDA, podemos replantear cada uno de ellos en este contexto. Son distracción, impulsividad y búsqueda de sensaciones o asunción de riesgos. El TDAH añade el cuarto comportamiento de hiperactividad, ilustrado por el pequeño Howie en la escuela.

Distracción

Visto a la luz de la experiencia de Howie, el comportamiento de exploración de la distracción es la forma que tiene el cerebro de abrirse a la experiencia de la vitalidad.

El aburrido profesor no para de hablar ininteligiblemente y el pequeño Howie ya se tornó disperso. Mira a su alrededor y ve que Sally está muy preocupada por lo bien que se peina la coleta, que Billy escucha atentamente a la profesora y que nadie más le presta atención.

Si ha aprendido cierto autocontrol físico y tiene una imaginación activa, Howie puede ponerse a soñar despierto en lugar de actuar, creando un mundo interior vívido que le estimule. Los dibujos animados de Calvin y Hobbes prácticamente definen este comportamiento. Vemos el mundo interior de Calvin durante varios paneles y, a continuación, ese mundo se rompe cuando Calvin es devuelto a la realidad por la señorita Wormwood, de pie sobre él con una regla pidiéndole que responda a la pregunta. Del mismo modo, el psiquiatra John Ratey, de la Facultad de Medicina de Harvard, señala que las chicas encajan más a menudo en esta categoría de "distracción interna" que los chicos, tanto por el condicionamiento social como por las diferencias reales entre los cerebros masculino y femenino.

En el caso de Howie, tanto si se deja llevar por la ensoñación, como si pasa a la acción, todo comienza por una distracción: su cerebro busca nuevas fuentes de información sensorial para volver a despertarlo.

Impulsividad

Dado que se trata de una necesidad humana básica, todos los intentos académicos y eruditos de explicar el TDAH como si tuviera que ver con defectos en los procesos cognitivos, la desinhibición o los lóbulos frontales (entre otros) pasan a ser realmente secundarios, cuando no directamente irrelevantes.

Una persona verdaderamente hambrienta se aferrará a la comida, a menudo sin importarle las consecuencias, como lo aprendí en 1980. En el momento en que mi compañero y yo abrimos el maletero del auto que habíamos utilizado para llevar provisiones a la antigua granja-prisión de Namalu (convertida entonces en centro de refugiados), casi fui pisoteado por la estampida de adolescentes y ancianos, antes dóciles. Personas que apenas podían moverse por enfermedad o desnutrición de repente gritaban, pataleaban, se mordían y trepaban unas sobre otras.

Al igual que la necesidad humana básica no satisfecha de inmovilidad biológica (comida, en este ejemplo) llevará a la gente a comportamientos impensables, también lo hará la necesidad humana básica de experimentar vitalidad cuando no se satisface.

El cerebro grita: "¡Ahora! ¡Ahora! ¡Lo necesito ahora para estar seguro de que sigo vivo!". No es de extrañar que Howie no se tome el tiempo necesario para considerar las consecuencias a largo plazo de lanzar una sonora flatulencia; o que Johnny y Sue no detengan sus besos progresivamente intensos para ir a la farmacia a buscar un preservativo; o que Ralph le diga a su jefe lo que realmente piensa de él; o que Bill se incline y le cuente a Ruth lo que escuchó sobre su marido y la mujer que trabaja en contabilidad.

Consigue una reacción. Obtén una respuesta. Sacude el mundo. Toma una decisión y actúa AHORA. ¡Despierta!

Inquietud o asunción de riesgos

Aunque la mayoría de las autoridades citan como tercer síntoma primario del TDAH la inquietud, muchas incluyen ahora la asunción de riesgos o "la búsqueda inquieta de estímulos elevados".

En este contexto, sin embargo, el síntoma convencional de inquietud es en realidad la búsqueda de estímulos, y la asunción de riesgos también satisface exactamente la misma necesidad. De hecho, si se combina la búsqueda de estímulos con la impulsividad, se obtiene una definición prácticamente perfecta de la asunción de riesgos.

La ecuación es sencilla: a más riesgo, más adrenalina; y, como habrás adivinado, la adrenalina y sus parientes cercanos son los neurotransmisores a los que el tálamo y el SRA son más sensibles.

Algunos de nosotros vemos a esas personas que asumen riesgos perpetuamente y sacudimos la cabeza en asombro. ¿Cómo pudieron Lewis y Clark persistir en su largo viaje para cartografiar el interior de una nación salvaje a pesar de los nativos hostiles, las enfermedades, los animales salvajes y las amenazas combinadas del invierno y el hambre? ¿Cómo pudieron los primeros colonos de América estar dispuestos a cruzar el Atlántico en barco en los siglos XVI y XVII cuando, en promedio, el 10% de las personas que salían de Europa morían durante el viaje? ¿Cómo podrían una enfermera o un médico seguir trabajando en una sala de urgencias cuando cada día, cada hora, es una crisis tras otra? ¿O un agente de policía arriesgar su vida en la calle? ¿O un piloto de combate participar en misiones peligrosas? ¿Cómo puede alguien mantener una relación extramatrimonial o practicar sexo sin protección? ¿Cómo puede alguien comer ese chile letalmente picante?

La respuesta, por supuesto, es que la gente hace estas cosas porque satisface una necesidad básica. La experiencia de correr riesgos les provoca sensaciones y, por tanto, despierta en ellos ese sentimiento de alivio, una necesidad más básica y visceral que prácticamente cualquier otra, excepto la inmovilidad biológica. Por eso muchos cazadores ponen en peligro su propia seguridad en busca de "emociones" (que en realidad no son más que intentos de sentirse vivos). Como escribió el escritor André Gide en sus *Diarios* en 1924: "Solo es una aventura que algunas personas consigan conocerse a sí mismas, encontrarse a sí mismas".

Esto también explica por qué un jugador compulsivo, una persona sexualmente promiscua o un delincuente compulsivo siguen corriendo los mismos riesgos, incluso cuando experimentan sus consecuencias negativas. El empresario y el ladrón tienen la misma bioquímica cerebral.

"Con el riesgo, todo sabe más dulce", dijo Alexander Smith (1830-1867), el famoso autor decimonónico de *Dreamthorp* (1883) y otras obras. John F. Kennedy, que asumió el riesgo de aniquilación nuclear de enfrentarse a Khrushchev durante la crisis de los misiles de Cuba, y el riesgo de acostarse con diversas mujeres durante su presidencia, dijo en un discurso de 1961: "Cualquier punto de peligro es algo sostenible si los hombres, los hombres valientes, así lo asumen".

EXPLICACIÓN DEL "EFECTO PARADÓJICO"

Desde hace años es sabido que, si se dan estimulantes a los niños hiperactivos, se calman; pero ningún libro de texto de farmacología o psiquiatría puede explicar por qué. Por eso, esta rareza se ha denominado en la literatura "efecto paradójico".

Pero, si este modelo talámico/RAS es correcto, los niños hiperactivos son aquellos cuyos cerebros están más hambrientos de estimulación. Su tálamo y su SRA están más cerrados que los de una persona normal, por lo que sus cerebros reciben menos estímulos. Sus cerebros están suplicando que se les despierte, que se les estimule, y por eso incitan a la estimulación saltando de la silla o hablando fuera de turno. Tienen una necesidad humana básica que no satisfacen ni las aburridas aulas ni la vida cómoda de la sociedad moderna.

Las drogas estimulantes, desde el Ritalin a la anfetamina, pasando por la cafeína y la cocaína, abren el grifo del tálamo. Hacen que el SRA sea más activo y más agresivo a la hora de enviar señales que despierten al córtex. En otras palabras, para utilizar el ejemplo del pez que salta fuera del agua, estas drogas elevan la consciencia de la persona por encima del nivel del agua a un lugar donde es constantemente brillante e interesante. Entonces, la persona ya no experimenta la necesidad de saltar y estrellarse contra la superficie.

Ahora que su necesidad de vitalidad está satisfecha, el pequeño Howie no escudriña su entorno en busca de cosas interesantes. Ya no se distrae, porque el nivel de luz, sonido, tacto y sabor a su alrededor ha aumentado un par de veces. Este mayor flujo de estímulos satisface su necesidad de experimentar la vitalidad y puede sentarse tranquilamente en la silla y atender a las instrucciones del profesor.

Del mismo modo, cuando está medicado con estimulantes, no siente ese impulso subyacente que surge al no satisfacer una necesidad humana básica. Como ya no se siente impulsado a satisfacer una necesidad, ahora le resulta fácil trasladar los pensamientos a los lóbulos frontales para considerarlos de forma deliberada y cuidadosa. Ya no necesita ser impulsivo. Pensar las cosas detenidamente ya no es aburrido, simplemente porque el propio Howie —su línea de base, su "por lo tanto, yo soy"— ya no experimenta una necesidad insatisfecha. En otras palabras, cuando el tálamo y el SRA de Howie se abren para recibir los estímulos que le rodean, las cosas que le rodean dejan de ser aburridas, por lo que ya no se aburre.

Howie es ahora menos propenso a correr riesgos, como agarrar la coleta de Sally, porque ahora tiene suficientes sensaciones en su mundo. Pronto descubrirá, cuando esté medicado que, si hace cosas para aumentar su nivel de sensaciones, experimentará malestar, quizás incluso pánico. Las cosas que antes le hacían sentirse bien, que antes satisfacían su necesidad de vitalidad, ahora le abruman. Así que deja de asumir riesgos y se acomoda para convertirse en un ciudadano "normal" de su escuela, familia o mundo.

Esta visión del TDAH también explica comportamientos como la procrastinación y el exceso de compromiso: ambos son simplemente formas de crear una crisis, lo que eleva los niveles de adrenalina para que la sensación de vitalidad sea más aguda.

MANIFESTACIONES DEL TDAH

Al situar la "necesidad de experimentar vitalidad" en la escala de Maslow, vemos una variedad de formas en que las personas pueden satisfacerla.

Maslow señala que las personas rara vez se quedan estancadas en un solo nivel de la jerarquía, sino que operan en distintos niveles simultáneamente. Tendemos a tener un lugar principal en el que nos enfrentamos a los problemas de la vida en un momento dado. Para una persona con el grifo cerrado, ese lugar siempre estará teñido por la necesidad de sentir vitalidad, porque esta es muy primaria.

Puede ser que estemos luchando sobre todo con la necesidad de un lugar donde vivir, o tal vez la necesidad de ser amados sea primordial en nuestras vidas. O incluso que la necesidad de autorrealización nos impulse como Maslow decía que lo impulsaba a él.

Cuando sabemos si una persona es de grifo cerrado o de grifo abierto, podemos predecir cómo expresará o actuará según sus otras necesidades. Las personas de grifo cerrado que luchan con la necesidad de amor se distraerán con el sexo opuesto, tomarán decisiones impulsivas sobre las relaciones y correrán riesgos en esas relaciones. Las personas que luchan con la necesidad de autorrealización, por otro lado, saltarán de grupo en grupo, de gurú en gurú, en busca de nuevas experiencias y conocimientos. Por supuesto, se puede aplicar esta lógica a cualquier tipo de necesidad y comportamiento. Por otro lado, las personas con el grifo abierto serán más cautelosas en su búsqueda y menos propensas a conectar con situaciones, personas o relaciones de alto estímulo.

Cuando compartí este concepto de una nueva necesidad humana básica que Maslow podría haber pasado por alto con el psicoterapeuta George Lynn, observó: "Tu énfasis en esta necesidad humana adicional de sentirse vivo en la jerarquía de Maslow tiene mucho sentido. Esto explica la rabia que los padres de mis clientes con TDAH me dicen que sus hijos experimentan en la escuela. *La rabia puede ser una respuesta a tener una necesidad básica sofocada o muerta de hambre*" (cursiva añadida).

Esto es tan común que resulta intuitivo, sobre todo para las personas con un tálamo SRA de grifo cerrado que lo han experimentado en sus propias vidas. El núcleo de estos niños y adultos se resistirá instintivamente a ser aplastado en el proverbial agujero redondo de la sociedad.

¿ES APRENDIDO O INCORPORADO?

Este debate sobre la distracción, la impulsividad y la asunción de riesgos en el contexto del punto de ajuste del tálamo y el SRA puede llevarnos a la conclusión de que estos comportamientos están programados en nuestro cerebro y, por lo tanto, no se pueden cambiar con nada que no sea un fármaco o una intervención quirúrgica que restablezca el tálamo.

Sin embargo, un examen cuidadoso sugiere lo contrario. El punto de ajuste talámico crea las condiciones en las que determinados comportamientos se aprenden más fácilmente, pero no es en sí mismo responsable de esos comportamientos.

Por ejemplo, si un bebé con el tálamo cerrado siente la necesidad de recibir más estímulos, puede empezar a mirar alrededor de la habitación en busca de estímulos. Este comportamiento de distracción se ve recompensado cuando el bebé ve el móvil encima de su cama, y en el joven cerebro se forma el primer paso hacia el aprendizaje del comportamiento de distracción.

Del mismo modo, si el bebé siente la necesidad de estimulación e impulsivamente estira la mano, agarra un jarrón y lo hace añicos contra el suelo, la reacción de mamá (si suponemos que no sea demasiado negativa) y la sensación del sonido y la apariencia del jarrón hecho añicos le enseñan que agarrar impulsivamente produce sensación, lo que equivale a recompensa. Y arriesgarse a gatear hacia nuevas zonas, pinchar al gato, tirar del mantel, etc., produce estímulos cada vez más interesantes, que reafirman al niño que está vivo, y satisface esa necesidad básica.

Por otro lado, un niño que nace con un punto de ajuste talámico alto, un grifo bien abierto, puede contentarse con tumbarse en la cuna y jugar con los dedos. Esa suave sensación es suficiente para llenar su córtex de información, y entonces no aprende a comportarse de un modo que podríamos describir como distraído, impulsivo o arriesgado. En todo caso, aprendería la lección contraria: el choque del jarrón, que haría las delicias del bebé con baja estimulación, representaría una cantidad abrumadora y desagradable de información para el bebé con un ajuste de alta estimulación en su tálamo y SRA.

Vemos que los comportamientos más frecuentemente asociados con el TDAH son en realidad formas aprendidas de satisfacer una necesidad básica, pero se aprenden más o menos fácilmente en función de la química y la estructura cerebrales heredadas. Las necesidades de estas diferencias de estructura cerebral, estos diferentes puntos de ajuste talámico podrían razonablemente remontarse a los tipos de neuroquímica más útiles en las sociedades de cazadores o agricultores.

Un estudio con gemelos realizado en 1989 por Goodman y Stevenson demostró que esto es tanto una función del punto de ajuste neurológico como formas aprendidas para satisfacer la necesidad humana que media. Este estudio buscó síntomas de hiperactividad entre 127 pares de gemelos idénticos y 111 pares de gemelos fraternos. Si lo que llamamos hiperactividad fuera puramente biológico, sin ningún componente aprendido, cabría esperar una concordancia del 100% entre los gemelos idénticos. Si fuera meramente aprendida, probablemente estaría en el rango encontrado entre la población general con un ligero impulso del entorno compartido.

Lo que descubrieron fue que entre los gemelos fraternos en los que a uno de ellos se le había diagnosticado hiperactividad, la incidencia de que ambos fueran hiperactivos era del 33%. Entre los gemelos idénticos, sin embargo, se disparaba hasta el 51%. Así pues, está claro que incluso algo tan aparentemente básico como la hiperactividad tiene tanto de natural como de innato.

Dado que estos comportamientos contienen un componente aprendido, es razonable teorizar que debería ser posible aprender formas nuevas, diferentes y más apropiadas de satisfacer las necesidades, como hizo el propio Abraham Maslow.

POR QUÉ MASLOW PASÓ POR ALTO ESTA NECESIDAD

En la última entrevista realizada a Abraham Maslow antes de su muerte en 1968, la escritora de *Psychology Today* Mary Harrington Hall le preguntó sobre su propia vida y personalidad. Maslow habló con orgullo de cómo su padre había atravesado Europa desde Rusia para llegar a Estados Unidos a la edad de quince años y cómo él mismo había abandonado la carrera de Derecho en su primer año porque, en lugar de estudiar un solo tema, quería estudiarlo "todo".

En una reedición de esa entrevista en 1992, Edward Hoffman, autor de *Psychology Today,* señaló que Maslow era "inquieto, temperamental e incesantemente activo", y que la convalecencia en casa tras un grave infarto le resultaba "casi dolorosamente insoportable".

Cuando Hall le pregunta: "¿Cómo se describiría a sí mismo? ¿Quién es usted?". Maslow respondió: "Soy alguien a quien le gusta arar terreno nuevo y luego alejarse de él. Me aburro con facilidad. Para mí, la gran emoción viene con el descubrimiento".

Parece, pues, que tal vez el propio Abraham Maslow fuera una persona cuyo grifo estaba relativamente cerrado. En la entrevista, describió con entusiasmo momentos de su vida en los que buscó sensaciones, actuó impulsivamente y asumió riesgos. Algunos dirían que el hecho de plantear nuevas y audaces teorías sobre la naturaleza humana era, en sí mismo, una actividad muy arriesgada.

A pesar de esto, solemos no ser capaces de observar nuestra propia naturaleza con la misma claridad. Sin el contexto que el campo entonces emergente de la neuropsiquiatría podía proporcionar a su jerarquía de necesidades humanas, sería fácil para Maslow suponer que su propio impulso era una mera búsqueda de la satisfacción de las necesidades básicas o de las necesidades cognitivas (necesidad estética y deseo de conocer y comprender) de autorrealización.

Cuando Maslow se refirió a sus primeras investigaciones sobre el sexo, reconoció su tendencia a pasar por alto cuestiones fundamentales al momento de sumergirse en un nuevo trabajo. Había estudiado a fondo el tema de la sexualidad humana durante varios años y muchos le consideraban un experto en la materia. Al reflexionar sobre esta época, dijo en la entrevista de *Psychology Today*: "Un día, de repente, caí en cuenta de que sabía tanto sobre sexo como cualquier otro hombre en la tierra, desde el punto de vista intelectual. Sabía todo lo que se había escrito, había hecho descubrimientos con los que me sentía satisfecho, había hecho trabajo terapéutico. Eso fue unos diez años antes de que se publicara el informe Kinsey. De repente me eché a reír. Aquí estaba yo, el gran sexólogo, y nunca había visto un pene erecto, excepto uno, y desde mi propio ángulo. Eso fue mi cable a tierra".

La otra razón por la que Maslow omitió la necesidad de sentir vitalidad en su jerarquía fue que sus estudios más apasionantes se centraron en lo que él denominaba personas "autorrealizadas". Estos hombres y mujeres, que representan una fracción del 1% de la población, eran los que habían convertido su impulso a través de los distintos niveles de necesidades humanas hasta llegar a la necesidad de autorrealización. Como tales, no eran lo que la mayoría de los psicólogos considerarían disfuncionales.

Sin embargo, es en el estudio de las personas disfuncionales, aquellas que ocupan celdas en las cárceles, las que fracasan en la escuela o las que no pueden mantener un trabajo o un matrimonio durante más de unos meses, donde se refleja con mayor nitidez la necesidad humana básica de experimentar la vitalidad.

Debido a que estas personas nunca aprendieron a expresar su necesidad de formas más elevadas, a transmutar la energía de dicha necesidad en la búsqueda de nuevas sustancias químicas o nuevas teorías de psicología o nuevas tierras, la demuestran en la forma más cruda y primitiva. Maslow nunca se fijó en este tipo de personas, a pesar de que constituyen una población mucho mayor que sus "autorrealizados". Por lo tanto, no solo es comprensible que Maslow pasara por alto esta necesidad humana básica, sino que también es predecible.

SOLUCIONES

Al darnos cuenta de que lo que mueve a niños y adultos con TDAH no es un impulso de ser malos, sino más bien una necesidad humana básica innata e insatisfecha, podemos apreciar su difícil situación con más compasión y comprensión.

También podemos buscar formas de introducir más estímulos y variedad en sus vidas, ya sea en el aula, en el lugar de trabajo, en casa o en sus relaciones.

CAPÍTULO NUEVE

¿Puede el tabaquismo de los padres causar problemas de conducta en la infancia?

¿Qué poder desconocido gobierna a los hombres? ¿De qué causas débiles depende su destino?

VOLTAIRE (*SEMÍRAMIS*, 1748)

La pregunta me vino a la mente por primera vez sentado en un pub de la Inglaterra rural con cuatro padres de niños con TDAH grave. Mientras los padres encendían sus cigarrillos (era la década de 1990), procedieron a contarme historias de horror sobre cómo sus hijos habían derribado puertas, destrozado ventanas, golpeado e incluso apuñalado a sus hermanos y atacado violentamente a sus padres y profesores. Estos niños estaban fuera de control con una ferocidad que casi nunca había visto entre los niños con TDA/TDAH de clase media en Estados Unidos.

¿Por qué?, pensaba. ¿Por qué parecía que había más comportamiento violento en la infancia entre los niños de la clase media inglesa en comparación con la estadounidense?

A veces no nos damos cuenta de lo que tenemos delante porque estamos muy acostumbrados. Había oído historias similares de padres de todo el Reino Unido, Alemania y, sobre todo, de los barrios más pobres y las reservas indígenas de Estados Unidos.

Mientras mis pulmones chillaban de dolor por todo el humo del cigarrillo que me rodeaba, mi mente repasaba las historias y los padres que me las habían contado. Miré el humo en el aire y recordé cuántas otras veces los padres se habían sentado con un cigarrillo en la mano y me habían hablado de sus hijos extravagantes.

¿Podría ser?

¿Cuántos, me preguntaba, de esos padres de los niños "más violentos" eran fumadores? Mi mente empezó a repasar la lista. Según mis recuerdos, parecía que era la mayoría, pero la memoria suele ser algo muy variable. Tal vez fuera el dolor que me produce el humo del tabaco lo que estaba influyendo en mis percepciones.

Pero la pregunta seguía ahí: ¿podría acaso existir una relación entre el tabaquismo de los padres y la violencia infantil?

Y, de ser así, ¿de qué forma operaba? ¿Sería que era más probable que los padres fumadores pertenecieran a clases socioeconómicas bajas, donde pegar a un niño como forma de disciplina está más aceptado? ¿O podría ser que los niños se hubieran vuelto adictos a la nicotina como fumadores pasivos y estuvieran manifestando una fuerte ansia de esta sustancia, o tal vez mostraran un síndrome de abstinencia cuando no la tenían?

Sentado en aquel pub, estas preguntas daban vueltas por mi cabeza. Empezaba a sentirme inquieto, con la nariz y los pulmones en llamas, el pulso acelerado al inhalar su droga cardioestimulante.

Por aquel entonces, ya sabía que la nicotina es la droga más adictiva que se conoce en la actualidad. Es más adictiva que la heroína (según una medida, es cinco veces más adictiva), más adictiva que la cocaína y el crack, y mucho más adictiva que el alcohol (como se puede ver en todos los fumadores en cualquier reunión de AA). Inhalar nicotina en el humo hace que llegue al torrente sanguíneo y al cerebro casi tan rápido como inyectársela, por lo que los fumadores obtienen el mismo "subidón" rápido que los consumidores de heroína (por eso suelen resistirse tanto a usar chicles de nicotina, que eliminan el ansia pero no dan el "subidón", porque llegan al torrente sanguíneo cientos de veces más despacio).

También sabía que la nicotina es una de las drogas más potentes que conocemos para afectar al sistema nervioso central (SNC). Es mucho más potente que la anfetamina o el Ritalin, por ejemplo.

Es una droga tan potente para el SNC que la planta del tabaco la produce como insecticida para matar a los depredadores. La nicotina se purifica a partir del tabaco y se utiliza como insecticida, y es increíblemente eficaz, ya que deja prácticamente a cualquier bicho a su paso con espasmos y convulsiones debido a una sobrecarga masiva del SNC. De hecho, la principal razón por la que no se utiliza más en los cultivos es su peligrosidad para los seres humanos: tres gotas de nicotina pura sobre la piel matan a un hombre adulto en menos de diez minutos. De hecho, los pesticidas a base de nicotina están implicados en la muerte de abejas en todo el mundo por el "problema de colapso de colonias".

Me preguntaba si existiría alguna relación entre el comportamiento infantil y el tabaquismo de los padres.

El primer artículo que encontré fue en el número del 15 de julio de 1992 del *American Journal of Medicine* (titulado "Nicotine and the Central Nervous System: Biobehavioral Effects of Cigarette Smoking"). En él, los investigadores señalaban que la nicotina es una droga neurorreguladora que ajusta y modifica profundamente el estado de todo el sistema nervioso central. Cuando se absorbe la nicotina (al fumar o inhalar el humo de otros), se producen "efectos neurotransmisores y neuroendocrinos dependientes de la dosis", entre ellos aumentos de los niveles sanguíneos de norepinefrina y epinefrina (que intervienen en la respuesta de lucha o huida). También se alteran los niveles cerebrales de dopamina (uno de los neurotransmisores que algunos investigadores consideran desequilibrados en los niños con TDAH). Otras hormonas y neurotransmisores que inundan el cerebro como consecuencia de la exposición a la nicotina son la arginina, la vasopresina, la betaendorfina, la hormona adrenocorticotrópica y el cortisol (la hormona que potencia la violencia y que se libera cuando una persona está sometida a estrés). Varios de estos neuroquímicos son tan altamente psicoactivos que modifican el comportamiento a "nivel del tallo cerebral" de una forma que escapa al control consciente del individuo... tal y como te lo contaría cualquier fumador que haya intentado dejarlo.

Fue un comienzo interesante, pero reduje la búsqueda para buscar específicamente una correlación entre el "mal comportamiento" (no solo TDAH, sino comportamientos disruptivos o violentos) y el tabaquismo de los padres.

Lo que descubrí en aquel entonces fue impactante.

Todo comenzó en 1979, cuando la Facultad de Medicina de Harvard y la Universidad de Rochester realizaron una encuesta nacional en la que participaron doce mil jóvenes de entre catorce y veintidós años para determinar su comportamiento en relación con el tabaco y la maternidad. Se realizaron entrevistas de seguimiento anuales, y en 1986 se descubrió que este grupo había procreado 2.256 niños, de edades comprendidas entre los cuatro y los once años. En ese momento, se evaluó el comportamiento de los hijos de estos padres y se descubrió que los hijos de fumadores tenían "un 40-50% más de probabilidades" de ser extremadamente problemáticos que los hijos de no fumadores. El investigador Barry Zuckerman publicó los resultados de este estudio plurianual sobre una gran población en la edición de septiembre de 1992 de la conocida publicación para médicos *Child Health Alert*.

Curiosamente, los datos epidemiológicos de Zuckerman descubrieron que era mucho menos probable que fumar durante el embarazo causara comportamientos extremos en los niños como sí lo era fumar en el hogar. El humo pasivo, según este estudio, era un claro candidato para el papel de "causante" de los comportamientos extremos de muchos de estos niños.

Otro informe en el que se analizaba este estudio, publicado en el *Pediatric Report's Child Health Newsletter* en 1992, señalaba que los investigadores habían sido tan meticulosos que incluso habían determinado que existía una correlación "dependiente de la dosis" entre la cantidad de nicotina que inhalaban los niños en el entorno familiar y la gravedad de su comportamiento. Señalaban que los hijos de madres que fumaban más de un paquete de cigarrillos al día tenían el doble de probabilidades que otras madres de tener hijos con un comportamiento muy perturbado, mientras que las madres que fumaban menos de un paquete al día solo tenían 1,4 veces más probabilidades de tener este tipo de hijos.

Al principio, al leer esto, me pregunté si no sería simplemente que las personas que fuman en general (sobre todo en Estados Unidos) tienen más probabilidades de proceder de grupos con ingresos más bajos. En los suburbios de clase media alta de Atlanta donde he vivido, no conocía a ningún padre soltero que fumara: se considera un signo de clase baja. En Inglaterra y el resto de Europa en los años 90, sin embargo, esa distinción aún no había llegado a las masas, y fumar estaba ampliamente aceptado. Y en Inglaterra también encontré muchos, muchos más niños con trastornos que en Estados Unidos entre los hijos de las personas que acudían a los grupos de apoyo del TDAH. Así que me pregunté: ¿podría ser una cuestión de clase o de ingresos?

"No", fue la respuesta inequívoca de los autores de este estudio. Habían excluido cuidadosamente de su estudio cuestiones como la clase social, los ingresos, el estilo de vida, el consumo de otras drogas e incluso la dieta. Era fumar cerca de los niños, y solo fumar cerca de los niños, lo que predecía el comportamiento violento y perturbador.

Desde entonces, me sorprendió descubrir que se han realizado numerosos estudios que corroboran las conclusiones de este primer estudio de Harvard. Uno de ellos se publicó en la prestigiosa revista médica *Pediatrics* en 1992. En ese estudio, Weitzman y sus colegas hallaron una clara correlación entre cuánto fumaba la madre y lo "fuera de serie" (término mío, no de ellos) que era su hijo. Escribieron que la conexión era "altamente significativa desde el punto de vista estadístico", lo que en la jerga de los investigadores significa: "¡Esto parece una conexión muy fuerte!". A la publicación de ese estudio le siguió la de otro, un año después y también en *Pediatrics,* esta vez realizado por David Fergusson y otros dos científicos. Dedicaron doce años a estudiar en Nueva Zelanda a los hijos de madres fumadoras, y los compararon con un grupo cuidadosamente seleccionado de no fumadores de clase, ingresos y estilo de vida similares. En este estudio de 1.265 niños, eliminaron metódicamente otras posibles causas (o variables) que afectaban a la mala conducta, como el sexo, la etnia, el tamaño de la familia, la edad materna, la educación materna, el estatus socioeconómico, el nivel de vida, la respuesta emocional materna, la evitación de castigos, el número de colegios a los que asistían, los acontecimientos vitales, los cambios de padres, la discordia parental, los antecedentes de consumo de drogas de los padres y los antecedentes penales de los padres.

Tras eliminar todos los factores que podrían contribuir a que un niño se volviera violento, se comportara mal o tuviera conductas antisociales, solo quedaba un factor, y lo tenían delante de las narices. Su investigación descubrió una relación clara y evidente entre el hecho de que las madres fumaran durante el embarazo y la mala conducta y los trastornos por déficit de atención (su frase).

Otros estudios lo han corroborado:

Fried y Watkinson, *Neurotoxicology & Teratology,* 1988.

McCartney, "Central Auditory Processing in School-age Children Prenatally Exposed to Cigarette Smoke", *Neurology& Teratology,* 1994.

Richardson y Tizabi, "Hyperactivity in the Offspring of Nicotine-treated Rats: Role of the Mesolimbic and Nigostriatal Dopaminergic Pathways", *Pharmacology and Biochemistry of Behavior,* 1994.

Sexton y Fox, "Prenatal Exposure to Tobacco: Ill Effects on Cognitive Functioning at Age Three", *International Journal of Epidemiology,* 1990.

Wakschlag y Lahey, et al., "Maternal Smoking during Pregnancy Associated with Increased Risk for Conduct Disorder in Male Offspring", manuscrito presentado para su publicación.

Weitzman y Gortmaker, et al., "Maternal Smoking and Behavior Problems of Children", *Pediatrics,* 1992.

Bertolini y Bernardi, "Effects of Prenatal Exposure to Cigarette Smoke and Nicotine on Pregnancy, Offspring Development, and Avoidance Behavior in Rats", *Neurobehavorial Toxicology,* 1982.

Cotton, "Smoking Cigarettes May Do Developing Fetuses More Harm than Ingesting Cocaine", *Journal of the American Medical Association,* 1994.

Fried y Gray, "A Follow-up Study of Attentional Behavior in Six-Year-Old Children Exposed Prenatally to Cigarettes", *Neurology & Teratology,* 1992.

Estos estudios no solo corroboraron los anteriores, sino que también demostraron que este efecto podía observarse en ratas y otros animales (lo que descarta la teoría de los factores socioeconómicos). Los investigadores han descubierto con ratas y perros que la exposición "pasiva" al humo "altera el funcionamiento de los neurotransmisores" (Cotton, 1994; Slotkin, 1992), aumenta la hiperactividad y la actividad motora (Richardson y Tizabi, 1994) y disminuye la eficacia y la capacidad de aprendizaje (Bertolini, et al., 1982). En humanos, demostraron que la exposición a la nicotina podía causar profundos daños en las capacidades cognitivas (de pensamiento) de los niños desde el nacimiento hasta la adolescencia, y que cuanto más prolongada y grave era la exposición, más visible y serio era el daño. Varios de estos estudios se centraron específicamente en los trastornos de conducta, y los resultados fueron consistentes: la exposición al humo pasivo del cigarrillo en el hogar se correlaciona con el comportamiento violento en los niños.

Y, al parecer, los cazadores son más vulnerables a la adicción a la nicotina que los agricultores. En un estudio de 2009 publicado en los Anales de la Academia de Ciencias de Nueva York titulado "ADHD and Smoking: From Genes, to Brains to Behavior" (TDAH y tabaquismo: de los genes al cerebro y al comportamiento), los investigadores McClendon y Kollins abren su resumen así: "El trastorno por déficit de atención con hiperactividad (TDAH) y el tabaquismo se encuentran entre los problemas psiquiátricos y de comportamiento más comunes y costosos. Las tasas de coocurrencia de estos dos problemas comunes son mayores de lo esperado por casualidad".

El mecanismo por el que se produce este efecto es, por el momento, desconocido. Se sabe, sin embargo, que el humo del cigarrillo estimula al mismo tiempo al menos dos partes diferentes del cerebro. Estimula la producción de cortisol, la "hormona del estrés", que provoca una gran liberación de adrenalina, epinefrina y otras hormonas y neurotransmisores de la "rabia" y de la "lucha o huida" y, en las altas dosis que inhala un fumador, también estimula la producción de endorfinas, los opiáceos naturales del cerebro que producen el "subidón" que experimentan los fumadores (junto con la estimulación del cortisol).

Pero mientras que los fumadores reciben estímulos en ambas partes del cerebro, los niños que inhalan su humo solo reciben nicotina suficiente para estimular el mecanismo del cortisol: la dosis no es lo bastante alta para producir endorfinas.

Esto es algo intuitivo para cualquier fumador: pregúntele cómo se sentiría si solo pudiera fumar uno o dos cigarrillos al día, en lugar de los veinte o cuarenta que fuma normalmente. Describirá lo fácilmente alterado, nervioso, irritable y lleno de ansiedad que se sentiría con una dosis tan baja de nicotina, que es la misma dosis que reciben sus hijos como fumadores pasivos.

Al leer estos estudios, y muchos otros que encontré en el curso de mi investigación, me sorprendió que fumar cigarrillos cerca de los niños no hubiera recibido más cobertura en los medios de comunicación populares. Sin duda, si un niño estuviera expuesto, por ejemplo, al humo de la marihuana en casa, las autoridades estarían muy preocupadas por la absorción por parte del niño del THC, la droga activa de esa planta. Lo mismo ocurriría si los padres fumaran crack. Pero ¿y la nicotina?

Entonces recordé mis días de escritor y redactor colaborador en numerosas revistas. Casi todas recibían cientos de miles, a veces millones, de dólares al año de las tabacaleras a cambio de publicidad. ¿Quién mordería la mano que le da de comer?

Solo, al parecer, las revistas médicas como *Pediatrics,* que no publican anuncios de cigarrillos...

■■■

SEGUNDA PARTE

Vivir y triunfar en el mundo del agricultor

CAPÍTULO DIEZ

Cómo revertir un "trastorno" a una habilidad

Guía de supervivencia para adultos con TDAH

Casi todos los hombres que desarrollan una idea trabajan hasta el punto en que parece imposible, y entonces se desaniman. Ese no es el momento para desanimarse.

THOMAS EDISON
(CITADO EN GEORGE FRENCH STROTHER,
"THE MODERN PROFESSION OF INVENTING,"
WORLD'S WORK AND PLAY, 6, NO. 32 [JULIO 1905]: 186)

Si has leído hasta aquí con la mente abierta, espero que hayas aceptado la idea de que, en general, el TDAH no es ni un déficit ni un trastorno. Se trata, en cambio, de un conjunto heredado de habilidades, capacidades y tendencias de personalidad que permitirían a un cazador, guerrero o vigía tener un gran éxito y condenarían a un agricultor o contable a un desastre seguro. Entonces, ¿cómo ha llegado este poderoso conjunto de habilidades de cazador a ser etiquetado como un trastorno?

Históricamente, las sociedades han considerado inferiores a las personas cuyos comportamientos no comprendían o que no eran "la norma". Sin duda, los debates de los siglos XVII, XVIII y XIX aquí en Estados

Unidos sobre si los nativos americanos y los esclavos africanos eran humanos ponen de relieve los extremos a los que la gente está dispuesta a llevar las nociones de culturalismo. Las personas consideradas diferentes suelen ser agrupadas en una categoría de "no del todo humanos", como ocurrió con los estadounidenses de origen japonés durante la Segunda Guerra Mundial o los estadounidenses con discapacidades físicas en la actualidad.

Por lo tanto, cuando los niños cazadores fueron puestos en escuelas de agricultores y fracasaron, el siguiente paso lógico era "averiguar qué les pasa". Evidentemente, según la lógica, no podía ser culpa de la escuela: algunos niños se graduaban con matrícula de honor. Eso demostraba la viabilidad del sistema escolar tradicional y moderno (infradotado, sobrecargado de trabajo). Desgraciadamente, no es necesariamente cierto, como han señalado históricamente educadores como Horace Mann o Rudolf Steiner.

Quedan muy pocas sociedades de cazadores puros en el planeta, y ninguna de ellas prospera como cultura primaria dentro del mundo industrializado. La mayoría de los trabajos modernos exigen una mentalidad de agricultor: presentarse a trabajar a una hora determinada, realizar una tarea durante un cierto número de horas y terminar la jornada a tiempo para descansar y prepararse para el día siguiente. Pon este tornillo en esa rueda, una y otra vez. Reúnete con estas personas, entiende este concepto, mueve este papel de la mesa A hasta la mesa B y luego de vuelta.

También nuestras escuelas siguen el modelo agricultor. A los niños se les dice que se sienten en silencio en el pupitre mientras el profesor habla y señala las páginas del libro. Ignora al niño que está a tu lado y se está sorbiendo los mocos; no hagas ruido con los papeles; no te adelantes en la lectura.

Para un cazador inteligente con un umbral de aburrimiento bajo, esto es una tortura. Es una receta para el fracaso.

Y, a medida que nuestras escuelas siguen sufriendo la falta de financiamiento y las aulas siguen aumentando de tamaño, también lo hace el número de distracciones. En una clase de quince niños, un niño con TDAH puede tener pocos problemas que no puedan ser tratados directamente por el profesor. Pero a medida que nuestras escuelas se ven sometidas a la creciente carga de la escasez de fondos unida a la sobrecarga y el exceso de trabajo de los profesores, los niños con TDAH se hacen notar cada vez más. Como resultado, parece haber una "epidemia" bastante repentina de TDAH.

Los niños van mal en la escuela, se aburren y se portan mal. El profesor piensa que algo les pasa. Llegan el diagnóstico agricultor de la industria psicológica y, ¡eureka!, ¡se descubre un nuevo "trastorno"!

Esto no quiere decir que los cazadores tengan mucha capacidad de atención. Nada más lejos de la realidad; pero tienen una serie de características compensatorias, como curiosidad voraz, exploración continua del entorno, creatividad e interés general. Si nuestras escuelas y trabajos estuvieran estructurados para permitir la expresión de estas características, el TDAH podría convertirse en una clasificación médica tan irrelevante como lo es su recíproco, el extremo agricultor de la curva de campana. (Recordemos el TDAT o trastorno por déficit de alternancia de tareas, clasificado en la literatura médica como "síndrome de sobrefocalización").

Por desgracia, esta utopía es muy improbable. Los empresarios no van a cambiar sus negocios para acomodar a los cazadores de nuestra sociedad (aunque hay muchos trabajos ideales para los cazadores, tal y como están configurados). Y es igualmente improbable que las escuelas de Estados Unidos cambien rápidamente la estructura de las aulas, a pesar del hecho de que millones de escolares estadounidenses toman Ritalin para medicar a los cazadores para que se comporten como agricultores.

Entonces, ¿qué puede hacer un cazador adulto en el mundo de un agricultor?

La solución más fácil, obvia y menos estresante es encontrar un trabajo de cazador que haga uso de las habilidades cinegéticas. Agentes de policía, detectives privados, escritores *freelance*, reporteros, pilotos de avión, espías (con suerte para nuestro bando), personal militar de combate, *disc-jockeys*, vendedores, consultores y miles de variedades de empresarios, todos tienen un porcentaje muy alto de cazadores entre sus filas. Uno de los cazadores más felices que he conocido era un anciano que vivía en los bosques del norte de Michigan y se ganaba la vida como... cazador. Cinco esposas habían ido y venido, pero el "Viejo", como todos le llamábamos (y él se llamaba a sí mismo), nunca se separaría de sus trampas y sus armas.

Si uno es capaz y está dispuesto a cursar los años de estudios necesarios para obtener las credenciales profesionales, también hay muchas oportunidades para los cazadores entre las profesiones. Los abogados litigantes suelen ser cazadores (y suelen tener un buen y sólido agricultor como asistente de investigación). En medicina, las áreas de cirugía y traumatología parecen atraer a los cazadores ávidos de emociones y retos. En los negocios, cuando cuentan con el apoyo de un agricultor como ayudante, los cazadores suelen ser excelentes altos ejecutivos (lee las biografías de William Randolph Hearst o Malcolm Forbes, por ejemplo), sobre todo cuando su puesto requiere una gran dosis de creatividad y disposición a asumir riesgos, dos de las características fundamentales de este grupo. Por estas mismas razones, vemos a muchos políticos que parecen ser cazadores (JFK es un ejemplo probable), y la autobiografía de William F. Buckley, *Overdrive,* es una maravillosa descripción de la experiencia vital de un hombre que, aunque puede que no sea un cazador, sin duda encarna el nivel de energía y el amor por los estímulos y las nuevas experiencias comunes a los cazadores:

> Tengo toda la mañana libre, lo cual es bueno porque hay un discurso justo después del almuerzo en el Waldorf, que tiene que ser pensado, ya que la ocasión no permite una conferencia normal. Solo voy a hablar veinte minutos. Miro la tarea y calculo el tiempo que me llevará prepararla, digamos media hora, apoyándome en material conocido. He descubierto que uno puede trabajar con especial concentración cuando se enfrenta a un plazo tan ajustado (página 100 de *Overdrive* de Buckley).

Si eres un cazador atrapado en un trabajo de agricultor, existen una serie de cambios sencillos de comportamiento que adoptar para aumentar tus probabilidades de éxito en el mundo agricultor:

- **Organiza tu tiempo en torno a las tareas.** Los cazadores tienden a rendir bien con pequeñas dosis de esfuerzo y atención de alta calidad. Por eso, dividir los trabajos grandes en pequeños componentes es un primer paso útil. (Encontrarás más información al respecto en el capítulo siguiente).
- **Entrena tu capacidad de atención.** Técnicas como la meditación han existido desde siempre y los cazadores suelen sentirse atraídos por ellas. Disfrutan del silencio, en pequeños fragmentos, pues les desconecta de las distracciones durante unos minutos y les permite relajarse. Mientras que muchos agricultores ansían una estimulación continua (la radio está

encendida en la oficina mientras hacen su trabajo), esas distracciones hacen casi imposible que muchos cazadores trabajen de forma productiva.

Si bien es probable que los cazadores nunca puedan aprender a ignorar por completo las distracciones (es una habilidad de supervivencia innata en ellos), la experiencia demuestra que es posible aprender a dirigir la atención a un único objeto, tarea o momento. La literatura de la meditación trascendental está llena de estudios de este tipo, y muchos cazadores informan que, aunque la meditación fue difícil al principio, se convirtió en un componente importante de sus vidas una vez que la hicieron un hábito.

Existen muchos libros y cursos sobre meditación, tanto religiosos como no religiosos, y les son útiles a muchos cazadores. Pregúntale a cualquier católico que haya realizado la "meditación" del rosario al menos diez minutos al día durante una o dos semanas sobre su experiencia. Las personas a las que he entrevistado dicen que esto le permitió comprender mejor cómo funcionaba su mente y sus mecanismos de atención, y que reforzó su capacidad para concentrarse en otras cosas.

Una técnica que enseñan los monjes budistas tibetanos se llama *vipassana* o "atención plena". Básicamente, significa que observas tu propia mente y te captas a ti mismo cuando tu atención se desvía. Siéntate durante diez minutos al día, y enfoca la mirada en un punto en la pared o un árbol lejano o afín, y cada vez que notes que piensas, simplemente dite a ti mismo: "Pensando". Al darte cuenta de que tu atención divaga, volverás a centrarla con más fuerza que con cualquier técnica de fuerza de voluntad o fuerza bruta. Tras unas semanas de práctica diaria, los cazadores afirman que pueden incorporar esta habilidad de la atención plena a su trabajo y a su vida cotidiana.

Del mismo modo, la diadema Muse de neurorretroalimentación EEG es una herramienta útil y potente para aprender y profundizar en la práctica de la meditación que cuesta menos que una receta de medicamentos para el TDAH por unos meses.

Otra faceta de este entrenamiento consiste en aprender a convertir palabras en imágenes. El problema de procesamiento auditivo mencionado anteriormente suele ser una dificultad grave para los cazadores, pero pueden entrenarse para superarlo. Practica con imágenes visuales de las cosas mientras sostienes una conversación; crea imágenes mentales de listas de cosas por hacer; visualízate haciendo las cosas a las que te comprometiste, practica prestar atención cuando te hablen y escucha con atención.

- **Tómate un descanso de la tecnología, o al menos reduce su uso.** Una de las características cardinales de los cazadores es el deseo de distracción y estimulación constantes. Muchos descubren que su *smartphone* les proporciona esa distracción deseada, y luego se vuelven adictos.

  A mediados de 2018, Apple estaba a punto de lanzar su nueva versión 4 del reloj de Apple, y la aerolínea con la que viajo con más frecuencia ofrecía la versión 3, a punto de ser descatalogada, con un gran descuento, pagado con millas de viajero frecuente. Pensé que sería otro juguete tecnológico que pronto quedaría obsoleto o por el que perdería el interés al cabo de unos meses; sin embargo, el precio era lo suficientemente barato en millas como para que fuera una compra fácil y me picara la curiosidad.

  Lo que descubrí fue, para mí, asombroso. El reloj me permite enviar y recibir llamadas telefónicas, correos electrónicos y mensajes de texto, pero prácticamente todo lo demás, como consultar obsesivamente las noticias o jugar interminables rondas de backgammon, no es posible. El segundo día que tuve el reloj, se me olvidó y me dejé el teléfono en casa. *Fue en ese momento* cuando me di cuenta de lo adicto que me había vuelto al teléfono y de que el reloj me permitía estar en contacto sin tener un juguete con cientos de estímulos al alcance. Han pasado unos meses, y ahora casi nunca llevo el teléfono conmigo, a menos que esté de viaje. He recuperado decenas de horas a la semana para "estar presente".

  No comparto esto para recomendar el producto, sino para señalar que hay formas de alejarse de la tecnología sin convertirse en un ludita total. Varios amigos han desechado sus teléfonos inteligentes y los han sustituido por los anticuados teléfonos plegables, que solo permiten enviar mensajes de texto y hacer llamadas. Otros utilizan opciones que eliminan los colores o borran metódicamente todas las aplicaciones de juegos y noticias. Muchos padres están sustituyendo los *smartphones* de sus hijos por relojes inteligentes o les regalan teléfonos plegables.

  La simple realidad es que, para los cazadores en particular (jóvenes y mayores), los teléfonos inteligentes pueden alejarnos continuamente del "estar aquí, ahora" y arrojarnos a una sopa electrónica que nos desconecta de nosotros mismos y de quienes nos rodean.

- **Desglosa tus responsabilidades laborales (o domésticas) en "unidades de objetivos" específicos.** Los cazadores tienden a orientarse hacia las tareas o los objetivos. Una vez alcanzado un objetivo, pasan a otro con renovado entusiasmo y vigor. Así que, en lugar de ver el trabajo como un calvario que dura toda la vida, divide cada tarea en una serie de objetivos a corto plazo.

  Esta semana, redacta el plan de mercadeo. Divídelo en partes y hazlo poco a poco. "Caza" el éxito proyecto a proyecto, considera cada nuevo elemento de tu lista de tareas pendientes como algo que completar, tachar y dejar atrás.

  No te preocupes por la semana que viene, ni por la siguiente. Divide todos tus objetivos en proyectos a corto plazo, y simplemente enfréntalos, uno tras otro. Al final del año, descubrirás que has alcanzado tus objetivos anuales sin apenas darte cuenta.

- **Crea "zonas libres de distracciones".** Henry David Thoreau estaba tan desesperado por escapar de las distracciones para poder escribir que se trasladó al aislado estanque de Walden. Organiza tu espacio de trabajo y tu tiempo para poder crear tu propio estanque Walden. Cierra la puerta, apaga la radio, dile a la gente que espere tus llamadas y trabaja en una cosa cada vez. Una hora al día en una zona libre de distracciones como esta suele ayudar a un cazador a duplicar literalmente la producción de trabajo que podría obtener de otro modo.

  Como a los cazadores les encantan los estímulos y las distracciones, esto puede parecerles un concepto extraño al principio. Además, algunas personas temen que los demás piensen que solo se están tomando una hora para flojear. Pero los cazadores del mundo de los negocios que lo han probado (y son muchos) afirman que se convierte rápidamente en un hábito poderoso y frecuente, y que a sus compañeros no les suele molestar.

  Un adulto con TDAH me contó que, cuando estudiaba Derecho, alquilaba una habitación de hotel todos los sábados para tener un lugar libre de distracciones donde "darse un maratón" de las tareas de la semana. Esto le funcionó muy bien para terminar sus estudios, pero cuando empezó a ejercer la abogacía, las distracciones de la oficina le impedían hacer nada significativo. Una secretaria en un despacho lejano que dejaba caer un bolígrafo desviaba su atención del trabajo en el que intentaba concentrarse. Aunque este individuo en concreto eligió el Ritalin como forma de desactivar su capacidad de vigía/cazador, otra opción habría sido solicitar un despacho privado y cerrar la puerta. Desgraciadamente, en algunos lugares de trabajo esto se desaconseja porque se interpreta como un intento de crear tiempo para diversiones.

Otra forma de crear una zona libre de distracciones es limpiar el escritorio al final del día y mantener las zonas comunes limpias y organizadas. Esta es una habilidad de supervivencia que muchos cazadores han desarrollado, porque un escritorio o una casa desordenados representan tal multitud de distracciones, que es casi imposible mantenerse en una sola tarea. Cada vez que empiezas un proyecto, ves por el rabillo del ojo otra cosa en el escritorio que necesita atención... y te desvías de la tarea.

Resulta interesante que la mayoría (pero no todos) de los adultos cazadores que he entrevistado afirman que solo pueden realizar un trabajo de "concentración" cuando la habitación está en absoluto silencio o si están escuchando música sin letra (que distraiga). Esta exigencia de que la música sea puramente instrumental desconcierta a muchos cónyuges o compañeros de trabajo de los agricultores, pero los cazadores la reconocen al instante como un signo de su tipo de personalidad.

- **Hacer ejercicio a diario.** "Si no corro al menos cuatro veces por semana, no puedo concentrarme en nada", me dijo hace poco un ejecutivo de ventas de una agencia de publicidad. Es uno de los muchos adultos cazadores que afirman que media hora o una hora de ejercicio aeróbico "afina" su cerebro casi tan bien como el Ritalin.

Si bien no se han realizado investigaciones sobre esta área en particular en el contexto del TDAH, las pruebas anecdóticas parecen respaldar la noción de que el ejercicio diario, caminar a paso ligero unos pocos kilómetros, por ejemplo, aumenta el flujo sanguíneo al cerebro o, de alguna manera, altera la química corporal de un modo que aumenta la capacidad de concentración de los cazadores. Después de todo, si están biológicamente diseñados para cazar, entonces esa "carrera tras la presa" bien puede ser un estimulante o la liberación de hormonas o neurotransmisores necesarios para que sus cerebros funcionen mejor.

- **Sé consciente de lo que haces bien y dedícate a ello (evita las tareas de agricultores).** En los más de treinta años de trabajo periódico como asesor de otras empresas, he conocido a muchos agricultores que eran empresarios de éxito, pero la mayoría eran cazadores. Pareciera que la definición misma de empresario es la de cazador.

Por otro lado, también he conocido a muchísimos empresarios cazadores frustrados. El ciclo normal parece funcionar así:

1. El empresario cazador tiene una gran idea de negocio y dedica meses o años a desarrollarla. La empresa se crea, crece y empieza a prosperar.

2. Al cabo de unos años, la empresa alcanza un tamaño en el que las responsabilidades del empresario deben pasar de la fase de arranque (hacer un poco de todo, conocer todas las facetas del negocio, entrometerse en el trabajo de todos), a la fase de dirección intermedia. Es entonces cuando una aventura empresarial se convierte en una empresa, normalmente cuando la organización se amplía hasta tener entre seis y quince empleados.

En este punto del crecimiento de una empresa, las habilidades de cazador que la pusieron en marcha se convierten en un lastre para la persona que la dirige. Lo que la empresa necesita ahora es una gestión sólida, constante y cuidadosamente planificada, habilidades que intrínsecamente no están al alcance de un cazador. Como resultado, la empresa empieza a tambalearse, los empleados se enfadan porque no están bien dirigidos y sus necesidades no se ven satisfechas, y se pasa de una idea nueva a otra, sin que ninguna llegue a asentarse en la realidad y solidificarse.

Este es el punto en el que mueren la mayoría de las pequeñas empresas. La razón es sencilla: los cazadores pueden crear empresas, pero en general no saben dirigirlas.

Es trágico que tantos cazadores cometan el error de intentar seguir dirigiendo las empresas que crearon, cuando lo apropiado en esa fase de la vida de una empresa es incorporar a un agricultor competente como mando intermedio y cederle la gestión. En este modelo, el empresario cazador se convierte entonces en consultor creativo de la empresa, desempeña alguna función tradicional de cazador en la empresa (como ventas), se convierte en presidente o "líder" general, o pasa a un nuevo proyecto.

He visto algunas empresas que han superado con éxito este punto de inflexión en la vida de un negocio porque este se inició como una asociación, donde uno de los socios era un cazador y el otro un agricultor. A menudo se trata de un equipo formado por marido y mujer, y al cabo de unos años uno de los cónyuges acaba dirigiendo el negocio, porque él o ella era el agricultor lento y constante, y sus habilidades eran las necesarias en ese momento en la vida de la empresa.

Los cazadores que son empresarios deben aprender, si quieren tener éxito a largo plazo, a contratar buenos agricultores, delegarles tanto la responsabilidad como la autoridad y no entrometerse. Es difícil y parece contraintuitivo, pero puede producir éxitos sólidos.

Algunas empresas emparejan intencionadamente a cazadores y agricultores, sobre todo en el ámbito de las ventas. El cazador sale y consigue el negocio, el agricultor hace el papeleo y el seguimiento. Y, por supuesto, existe el modelo clásico del ejecutivo cazador que estaría totalmente perdido sin su secretaria agricultora.

Cuando preparaba este manuscrito compartí este capítulo con un buen amigo, un cazador que es empresario y consultor de éxito. Me respondió por correo electrónico:

Apuesto a que muchos cazadores, aunque excelentes en su trabajo, son pésimos en la gestión. Aunque mi vida dependiera de ello, dudo que se me dieran bien los aspectos agricultores de la elaboración de un presupuesto, las revisiones de personal o el mantenimiento de un departamento de agricultores fiables. Ya lo sé. Lo intenté durante años, con un profesor muy bueno. Quería tener éxito, me esforcé mucho, pero lo odiaba, fracasé y me sentí fatal.

Ser hábil, pero carecer de capacidad de gestión, es enormemente frustrante en una empresa en la que solo se puede ascender gestionando grupos más grandes. En cambio, algunas empresas reconocen ahora que algunos empleados pueden ser excelentes en ciertas cosas sin ser buenos en (o estar interesados en) gestionar o dirigir un grupo. Estas empresas identifican un conjunto de trabajos que permiten a los empleados ascender a puestos muy altos y respetados sin tener que supervisar.

Andrew Carnegie, un cazador que llegó a América hace más de cien años con menos de dos dólares en el bolsillo y murió como uno de los hombres más ricos de América, escribió para sí mismo un epitafio que dice: "Aquí yace alguien que supo rodearse de hombres más inteligentes que él".

CAPÍTULO ONCE

La constante batalla del cazador

Controlar sus impulsos

Puedo resistirme a todo excepto a la tentación.

Oscar Wilde
(*El abanico de Lady Windermere*, 1892)

Hay dos características del TDAH que pueden suponer un serio reto para un cazador que intenta tener éxito en la vida y en la sociedad. Son la *impulsividad* y el *ansia*.

Estas dos características son, con moderación, las que hacen que algunos cazadores tengan un éxito increíble en nuestra sociedad. Bajo control, estas fuerzas motrices conducen a la creación de instituciones y empresas, a la redacción de libros y la creación de arte, a tormentas de ideas creativas que llevan a países, empresas y vidas en direcciones totalmente nuevas y maravillosas.

Cuando están fuera de control, la impulsividad y el ansia pueden llevar a un cazador a la autodestrucción o a la cárcel. Ambas características están estrechamente interrelacionadas.

• **La impulsividad** se manifiesta en primer lugar como la capacidad de tomar una decisión rápida, de ordenar muchos datos rápidamente y llegar a una conclusión. El problema es que la misma energía que un cazador puede aportar a la caza la aporta a una decisión impulsiva. Una decisión del tipo "¡Vaya, sí, hagámoslo!", que puede conducir al éxito en situaciones sencillas como una cacería en el bosque, a menudo lleva al desastre en mundos más complejos como el de los negocios. Y, como la decisión suele ir seguida de una explosión de energía (diseñada por la naturaleza para ayudar a terminar la caza), los cazadores a menudo se lanzan en nuevas direcciones, a veces peligrosas.

Algunos cazadores se crean entornos de trabajo en los que su impulsividad es una ventaja. Thomas Edison tenía el control total de su tiempo y de su trabajo. Se dice que tomó más de diez mil direcciones para intentar fabricar una bombilla que funcionara. Muchos escritores profesionales, una ocupación común en los cazadores exitosos, me han dicho que necesitan la flexibilidad de controlar su propio horario para poder "trabajar hasta reventar" cuando les llega una inspiración o una idea.

Por otro lado, para un cazador que trabaja o estudia en una empresa, la impulsividad puede acarrear problemas. En el ámbito laboral o empresarial se requieren decisiones bien meditadas, y la impulsividad no se presta bien al proceso de reflexión. Los cazadores de éxito sortean la impulsividad mediante varias técnicas:

- **Asociarse con un agricultor.** La combinación de un cazador y un agricultor puede resultar frustrante para ambos si ninguno es consciente de la diferencia fundamental que existe entre sus visiones del mundo y sus formas de trabajar. Sin embargo, una asociación de este tipo suele ser una receta sólida para el éxito si ambos son conscientes de sus diferencias.

El cazador suele ser el hombre de delante, la persona más visible, que alimenta el negocio con genio creativo y nuevas ideas, al probar formas innovadoras de hacer las cosas y ensayar nuevas direcciones. El agricultor tiene la doble tarea de experimentar en el plano terrenal todas las ideas del cazador y de mantenerlo encauzado y enfocado. Si ambos están comprometidos con el proceso y son capaces de reconocer los puntos fuertes y débiles del otro, esta asociación o equipo puede tener mucho éxito.

Por desgracia, los cazadores suelen sentirse más atraídos por otros cazadores que por los agricultores. Dos cazadores se entienden y, al compartir la misma energía, pueden llegar a impulsarse con una nueva idea o concepto. Sin embargo, sin un agricultor que proporcione la personalidad lenta, constante y solidaria necesaria para mantener los proyectos en marcha, las asociaciones cazador-cazador suelen descontrolarse, estrellarse y arder en llamas espectaculares y, a menudo, muy públicas.

Las asociaciones de dos o más agricultores, en cambio, a veces parecen no llegar a ninguna parte. El panorama empresarial está plagado de empresas que empezaron, pero nunca tuvieron la chispa necesaria para seguir adelante y acabaron por extinguirse. Ambas partes se comportaron de forma demasiado cuidadosa, metódica y evaluadora. Todo estaba bien pensado, pero nada terminó de "arrancar".

- **Posponer cada decisión un día.** Si un cazador no tiene un agricultor cerca que frene y equilibre su impulsividad, es posible crear un "agricultor interno" al adoptar una técnica sencilla: esperar un día. Las directrices de Alcohólicos Anónimos y otros programas de doce pasos parecen hechas a medida para los cazadores disfuncionales, y una de las primeras técnicas fundamentales que aprende un alcohólico o drogadicto en recuperación es esperar solo un día. Ese es aproximadamente el tiempo que tarda un "impulso débil" en desvanecerse, y si un cazador adquiere el hábito de posponer simplemente un día esa decisión instantánea final, muchas de esas decisiones se fundirán en el tejido del tiempo.

En otras palabras: aprende a procrastinar.

Resulta curioso que esta característica natural del agricultor empedernido (posponer las decisiones y dejarlas para más tarde en nombre de la "reflexión") sea una de las cosas que más molestan a un cazador. No obstante, es un rasgo útil de cultivar.

Anota la idea o la decisión y espera a mañana para hacer algo al respecto.

Un cazador cuenta que, cuando estaba en la universidad, guardaba una carta dirigida a su novia en el cajón durante la noche antes de enviarla. Al día siguiente, los impulsivos pensamientos expresados en la carta parecían necesitar un poco de calma, lo que reducía al mínimo la posibilidad de desastres en la relación.

- **Dividir los trabajos en pequeños segmentos.** Una de las grandes quejas que los agricultores tienen de los cazadores es que "empiezan un millón de cosas, pero nunca terminan ninguna". Este problema deriva de la impulsividad: un nuevo proyecto se inicia por un impulso; luego, un nuevo impulso lleva al cazador a abandonarlo. Entonces, ¿cómo puede un cazador conseguir la persistencia necesaria para lograr algo importante?

Hace unos años, estaba en casa de un viejo amigo novelista de éxito y cazador clásico. Había tenido docenas de trabajos a lo largo de su vida, la mayoría con mucho éxito durante poco tiempo antes de "quemarse" y dejarlo para intentar otra cosa. Había tenido varias esposas y probablemente veinte pisos y casas. Pero, años antes, había empezado a escribir y ahora se ganaba bien la vida con ello.

Miré la pila de papel de cinco centímetros de grosor que tenía sobre la mesa, un manuscrito para una nueva novela listo para salir hacia una editorial, y le dije: "¿Cómo lo haces? ¿Cómo puedes mantener la energía para escribir quinientas páginas?".

Esperando oír algo sobre las maravillas del ginseng chino o el germen de trigo, me sorprendió cuando me dijo: "Cinco páginas al día".

"¿Qué?", dije, asombrado por la sencillez de su respuesta y preguntándome si estaba haciendo una broma.

"Es muy sencillo", dijo. "Si escribo cinco páginas al día, al cabo de cien días, es decir, unos tres meses, habré escrito una novela. La reescribo a razón de quince páginas al día, lo que me lleva otro mes. Eso significa que puedo escribir tres novelas al año".

"¿Cuánto tardas en escribir cinco páginas?", le pregunté.

Volvió la mano con la palma hacia arriba y luego otra vez. "Varía. Empiezo a escribir cuando me levanto por la mañana. A veces termino a las 10 de la mañana y puedo desayunar y pasar el día leyendo o jugando. A veces no termino esas cinco páginas hasta medianoche. Pero me he enseñado a mí mismo a no irme nunca a dormir hasta que las cinco páginas de ese día estén terminadas".

Desde aquella conversación, he oído a muchos otros escritores de éxito, todos en cierta medida cazadores, decir más o menos lo mismo. Edison y Tesla siguieron ese dictado a la hora de producir sus inventos que cambiaron el mundo. Muchos empresarios utilizan este principio para llevar a cabo grandes tareas. "Dividir un trabajo grande en componentes más pequeños y luego abordarlos de uno en uno", es una de las reglas básicas que Dale Carnegie propuso, y es un consejo tan útil ahora como lo fue en 1944, en particular para los cazadores.

- **El ansia** es la otra cara de la moneda de la impulsividad. Los cazadores describen a menudo fuertes impulsos y deseos, ya sea de dulces, sexo, excitación, drogas, alcohol, éxito o juguetes. Algunos agricultores escuchan estas descripciones de los antojos de un cazador y simplemente no pueden entenderlas: la única vez que experimentarían un deseo tan fuerte podría ser momentos antes del orgasmo. Sin embargo, muchos cazadores viven con ansias diarias que los llevan por la vida, a menudo en direcciones autodestructivas.

El alto porcentaje de cazadores en nuestras prisiones atestigua el peligroso poder de los antojos mezclados con impulsividad. Especialmente cuando son niños, los cazadores a veces ignoran totalmente las consecuencias a largo plazo de su comportamiento, tan fuerte es el impulso de "conseguir" lo que quieren o "hacerlo ahora". Esto está probablemente relacionado con la elasticidad del tiempo que experimentan: si tienen que esperar para obtener una gratificación, esta les parece *eterna*. Para una persona profundamente afectada por los genes de cazador, a menudo parece como si nunca hubiera un futuro que contemplar, así que ¿para qué preocuparse por las consecuencias de las acciones de hoy? Esto, por supuesto, puede llevar al desastre.

En el ámbito de las ventas, hay una vieja máxima que dice que las personas a las que es más fácil vender algo son otros vendedores. Generalmente es cierto, y la razón es que las ventas son una profesión natural para un cazador. Y todo lo que hay que hacer para que un cazador compre algo es estimular su deseo, su *ansia* por ello. Los cazadores son los compradores impulsivos originales.

Los cazadores son más propensos que los agricultores, sobre todo en la adolescencia, a adoptar conductas de riesgo. Es más probable que prueben las drogas, el tabaco y el alcohol, y que se vuelvan adictos a ellos. Son más propensos a saltar de aviones, de puentes con cuerdas elásticas y a meterse en la cama con alguien a quien no conocen muy bien.

Es casi como si algunos cazadores tuvieran un anhelo constante de algo, un anhelo que nunca puede satisfacerse durante más de un breve periodo de tiempo. Tienen aventuras apasionadas que se consumen rápidamente. Siempre están experimentando consigo mismos y con el mundo.

Los peligros de que un cazador deje que sus ansias se mezclen con su impulsividad son evidentes. Después de hablar de cómo controlar la impulsividad, he aquí las dos técnicas que un cazador puede utilizar para redirigir los antojos: .

- **Esperar a que pase.** Algunas decisiones son sencillamente equivocadas, pero el deseo es fuerte. Sin embargo, si se resiste al antojo, ya sea de comida, sexo o un juguete nuevo (como un móvil o un coche nuevo), aunque solo sea durante unas horas, suele pasársele.

- **Redirigir el ansia.** Freud hablaba de la "libido flotante". Aunque pensamos que el objeto de nuestro amor es la única persona a la que amaremos, en realidad es el amor mismo lo que estamos experimentando y la persona al otro lado del mismo es solo un vehículo para que experimentemos nuestro propio amor. En otras palabras, el deseo es interno, no externo, y puede estar unido a algo distinto de aquello a lo que creemos que está unido. Por lo tanto, para el cazador con más de un objetivo (y a menudo los cazadores llevan varias tareas simultáneas, o metas que están tratando de lograr al mismo tiempo), simplemente concentrándose en el objeto B, cuando el anhelo por el objeto A aparece, le dará tiempo para disminuir el anhelo por el objeto A hasta el punto en que pueda ser ignorado el tiempo suficiente para que desaparezca.

En otras palabras, si te resulta difícil luchar contra un antojo, no le digas que no, pero sí haz otra cosa durante un tiempo. A menudo, el deseo original pasará.

CAPÍTULO DOCE

Cómo trabajar con un cazador

Consejos prácticos para directivos, padres y profesores

Las grandes obras se realizan, no por la fuerza, sino por la perseverancia. El que camine enérgicamente tres horas al día recorrerá un espacio igual a la circunferencia del globo al cabo de siete años.

SAMUEL JOHNSON (*RASSELAS, PRÍNCIPE DE ABISINIA*, CAPÍTULO 13, 1759)

GESTIONAR A UN CAZADOR EN EL LUGAR DE TRABAJO

Una vez trabajé como consultor para una gran cadena de tiendas y, al hablar de sus políticas de empleo, un ejecutivo me dijo: "Nos fijamos en el historial laboral de una persona. Si es una persona que cambia de trabajo, no la tenemos en cuenta. Evitamos a las personas que no pueden permanecer en un empleo al menos cuatro años".

Esta perspectiva es de sentido común para un minorista que reconoce que la formación del personal es un gasto importante y no tiene ninguna utilidad para las habilidades que un cazador puede aportar al lugar de trabajo. No se espera que un dependiente haga mucho más que registrar una venta. La creatividad y la iniciativa personal son innecesarias.

Por otra parte, cuando impartía formación para una gran agencia de viajes del estado de Nueva York, el propietario me dijo: "Esperamos que nuestros vendedores externos duren unos dos años; esa parece ser la media. Mientras que nuestro personal interno, los agentes de reservas, suelen quedarse con nosotros cinco años o más. Por alguna razón, los vendedores externos se van a otras cosas en unos dos años".

No lo veía tanto como un problema, sino más bien como una realidad básica. Ciertamente, la incorporación de nuevos vendedores, su formación y su puesta al día entrañaban dificultades. Pero los buenos vendedores eran tan capaces de amortizar esa curva de aprendizaje que esta empresaria estaba dispuesta a pagar el precio cada dos años aproximadamente.

Estos dos ejemplos ilustran la importancia de adecuar la función laboral al tipo de personalidad. Los agricultores son excelentes dependientes, mientras que los cazadores son mejores vendedores. Y aunque un cazador no permanezca en un puesto durante toda su carrera, un empresario puede sacarle a ese cazador suficiente rendimiento laboral como para pagar fácilmente la curva de aprendizaje del cazador sustituto. (Muchas organizaciones orientadas a las ventas basan sus planes de negocio en el supuesto de que habrá una alta rotación entre sus vendedores).

Sin embargo, los cazadores necesitan una extraordinaria cantidad de estructura en el lugar de trabajo. He aquí algunas pautas rápidas:

- **Definir las expectativas en objetivos mensurables, únicos y a corto plazo.** Esto ayuda a los cazadores a desglosar los trabajos grandes en partes más pequeñas y a poner en práctica su extraordinario poder de concentración a corto plazo. En lugar de decir, por ejemplo: "Queremos aumentar las ventas un 10% este mes", intenta decir: "Quiero que hagas diez llamadas no en frío al día". Cuanto más específicos, definibles y medibles sean los objetivos, más probabilidades habrá de alcanzarlos. Y, siempre que sea posible, priorizarlos uno por uno.
- **Incorporar sistemas de evaluación diaria.** Dado que su sentido del tiempo es muy diferente al de los agricultores, un día es mucho tiempo en la vida de un cazador. Reunirse con el cazador a diario o pedirle que rellene un informe diario aumenta considerablemente las probabilidades de que este alcance o supere sus objetivos.

- **Ofrecer recompensas a corto plazo en lugar de a largo plazo.** Mientras que un agricultor puede visualizar las vacaciones que ganará si su rendimiento en dos años supera sus objetivos, esta recompensa es demasiado lejana para un cazador. Es mucho más probable que se vea motivado por un simple billete de 100 dólares clavado en la pared si cumple su objetivo de la semana.

   Esto no quiere decir que los objetivos y las recompensas a largo plazo no deban definirse u ofrecerse a los cazadores; pero la historia nos demuestra que tanto recompensas como resultados medibles a corto plazo son mucho más relevantes para un cazador que sus equivalentes a largo plazo.

- **Crear entornos de trabajo, hogar y escuela basados en sistemas y no en personas.** Los cazadores suelen ser crónicamente desorganizados, y un sistema de trabajo bien estructurado les ayudará a mantenerse en línea y concentrados en sus tareas. Estos sistemas deben incluir definiciones diarias del trabajo, el rendimiento, los objetivos y las autoevaluaciones. Por ejemplo, para un vendedor, puede ser necesario un formulario donde registrar diariamente cuántas llamadas en frío se han hecho, cuántas llamadas de seguimiento, cuántas llamadas de atención al cliente. El vendedor lo rellena a lo largo de la jornada para mantenerse al día. La plantilla que define el trabajo de ventas puede decir: "Se espera que hagas al menos diez llamadas en frío cada día para intentar captar nuevos clientes. Hay que llamar a cada cliente existente una vez al mes".

EN LA ESCUELA Y EN CASA:
ENSEÑAR O EDUCAR A UN CAZADOR

A lo largo de los años, nuestros sistemas escolares han experimentado con numerosos programas para satisfacer las necesidades de los niños "especiales". Algunos abordaban el aburrimiento y la necesidad de estimulación que suelen experimentar los alumnos muy brillantes. Otros buscaban formas de motivar al niño aparentemente desmotivado. Otros intentaban compensar los trastornos de conducta de los niños "problemáticos".

   Hasta la fecha, sin embargo, pocos programas fuera del modelo de aula convencional han intentado tratar al niño con TDAH o de tipo cazador.

Dado que el TDAH se ha considerado un "trastorno" o una "enfermedad", su tratamiento lógico han sido los fármacos o medicamentos.

Por lo tanto, millones de niños cazadores, sentados hoy en las aulas de agricultores están siendo medicados. (Un testimonio ante el Senado de EE.UU. en 1975 cifraba en más de dos millones el número de niños que tomaban medicación para la hiperactividad. En las más de cuatro décadas transcurridas desde entonces, la mayoría de los expertos creen que el número se ha más que duplicado, y no es inconcebible que se haya cuadruplicado).

Dado que muchos niños del tipo cazador también tienen una inteligencia superior a la media, a menudo son capaces de fingir y abrirse camino en la escuela prestando atención solo entre el 20 y el 30 por ciento del tiempo. A veces, su TDAH no se detecta ni se diagnostica hasta que llegan al primer o segundo ciclo de secundaria, donde la mayor exigencia de organización y persistencia supera su capacidad para utilizar sus estrategias habituales de afrontamiento o para burlar al sistema con su inteligencia bruta.

Se puede implementar con facilidad una variedad de sistemas para mantener enfocados a los cazadores. Más importante aún, los programas educativos especiales dirigidos a los niños "brillantes" no deberían estar fuera del alcance de los cazadores con TDAH simplemente porque no han tenido éxito en las aulas con modelo agricultor. Dado que muchas de las clases especiales para niños "superdotados" se basan en proyectos y experiencias, lo que proporciona más oportunidades para la creatividad o "bocados" más cortos de información, las clases especiales podrían convertirse en un lugar donde un cazador fracasado podría sobresalir.

He aquí otros sistemas sencillos que ayudarán a los niños cazadores a tener éxito en la escuela:

- **Crear una plantilla de rendimiento semanal y revisarla diariamente.** Cada niño cazador debe tener una única cuadrícula semanal con las clases en el eje vertical y los días de la semana en el eje horizontal. Cada día, el rendimiento del niño, tanto positivo como negativo (hizo los deberes, no los hizo, etc.), se registra tanto por el profesor como por los padres. La creación de un sistema más grande que ellos mismos ayudará a que los niños con TDAH puedan cumplir plazos y tareas asignadas.

- **Fomentar proyectos especiales para obtener créditos extra.** A los niños cazadores les va bien con los proyectos especiales (por las razones ya citadas); estos les dan la oportunidad de aprender de un modo adecuado a su disposición y les permiten mantener una media de notas alta, aunque no siempre sean constantes a la hora de hacer sus "aburridos" deberes.

- **Etiquetarlos como cazadores o vigilantes, no como "desordenados".** Las etiquetas son poderosas. Nos crean paradigmas a través de los cuales nos vemos a nosotros mismos, el mundo y nuestro lugar en él. Para los niños (que luchan mucho más que los adultos con las cuestiones de "¿quién soy?" y "¿dónde encajo?"), aplicar una etiqueta que diga "tienes un déficit y un trastorno" puede ser más destructivo que útil.

  Este libro propone un nuevo modelo de ver el TDAH, un nuevo paradigma que no es peyorativo y que no disminuye la visión que el niño tiene de su propia autoestima y potencial.

  "Tienes un trastorno" es decirle a un niño que tiene menos potencial que los demás, que será problemático o causará problemas, que tiene una excusa a la que culpar de sus fracasos. Ninguno de estos mensajes es constructivo, sobre todo porque el TDAH puede caracterizarse tan fácilmente de un modo que deja intacta la autoestima: como un conjunto de mecanismos y rasgos de personalidad que se adaptan mejor a unas sociedades y tareas que a otras.

  Decirle a un niño que su personalidad está bien para algunas áreas y que puede experimentar dificultades en otras, y ofrecerle formas de sortear esas dificultades, suele reforzar su autoestima. En muchas ocasiones, la presencia de cazadores en nuestra sociedad tiene aspectos muy positivos, como bien señala este libro. Por lo tanto, hay que insistirles en aquellos elementos positivos y únicos a los niños cazadores para que puedan cultivar y desarrollar rasgos de personalidad que les hagan triunfar más adelante en la vida.

- **Revisar nuestros programas para niños "superdotados".** En un colegio de la zona de Atlanta hay un programa para los niños "inteligentes" llamado Target. En este programa, el trabajo de los niños está más orientado a los proyectos que al aula. Hacen excursiones, llevan a cabo experimentos para aprender los principios que están estudiando. El programa se concentra más en *hacer* que en simplemente sentarse en una silla y *escuchar*.

Es un modelo perfecto para los niños cazadores/TDAH.

Lo irónico de la situación es que hay muchos niños cazadores muy brillantes que no pueden entrar en el programa Target, porque el criterio de entrada son las notas. Y sus notas, en el sistema "estándar" de las aulas de agricultores, no suelen ser buenas.

Resulta doblemente irónico que algunos de los niños que son buenos agricultores y se destacan en un aula normal acaban teniendo dificultades en el programa Target. Al parecer no están tan preparados para el aprendizaje basado en la experiencia como los niños cazadores, sino que funcionan mejor en el aula antes descrita, aquella donde sobresalían. La verdad es que cada persona aprende de forma diferente.

Así, los agricultores que se destacan en las aulas de agricultores pasan a las aulas de cazadores, mientras que los cazadores no pueden entrar en el programa de cazadores porque no tienen éxito en las aulas de agricultores.

La solución, por supuesto, es determinar la idoneidad de un niño para situaciones de aprendizaje basadas en la experiencia teniendo en cuenta *cómo aprende el alumno,* no su rendimiento académico actual. Los niños que aprenden bien en un aula tradicional deben permanecer en ella. Los niños que necesitan un alto nivel de estimulación, clases más pequeñas y un entorno de aprendizaje basado en la experiencia deben ser asignados a programas orientados a esos estilos de aprendizaje.

- **Pensarse dos veces la medicación, pero no descartarla como opción.** Medicar a los niños con TDAH cazador resulta muy problemático. Está la cuestión del mensaje contradictorio que se está enviando a niños o adolescentes que tendrían más riesgo de abusar de sustancias más adelante en la vida.

Y es que existe una preocupación muy real y legítima por los efectos secundarios a largo plazo de los propios fármacos. Todos los medicamentos utilizados para tratar el TDAH modifican los niveles de neurotransmisores en el cerebro, en particular la serotonina y la dopamina. Existe cierta evidencia (citada en el capítulo 16, "Cazadores medicados") de que estos niveles diferentes de neurotransmisores pueden desencadenar un mecanismo de compensación por el que el cerebro crea nuevos neurorreceptores o ajusta su producción de neurotransmisores para compensar los niveles "anormales" inducidos por los fármacos.

Dado que enfermedades como el párkinson y el alzhéimer están relacionadas con el nivel de neurotransmisores, algunas publicaciones médicas señalan la preocupación de que los niños medicados para el TDAH puedan ser más propensos a padecer estas enfermedades a futuro. También existe preocupación por el efecto rebote, la adicción y el deseo de consumir otras drogas que pueda provocar el uso prolongado de estimulantes o tranquilizantes.

Por otra parte, en ausencia de sistemas de apoyo o de aulas especiales para atender sus necesidades especiales, no medicar a los niños cazadores con TDAH también puede acarrear problemas. Sin una inteligencia compensatoria extraordinaria, muchos de estos niños simplemente fracasarán en la escuela secundaria, ya que serán a menudo un elemento perturbador en la escuela hasta que finalmente se rindan y abandonen los estudios. Visto en este contexto, los riesgos a largo plazo relativamente desconocidos del tratamiento farmacológico pueden verse más que compensados por los beneficios a corto plazo de la mejora del rendimiento en clase.

Es interesante observar que los padres afirman que muchos niños diagnosticados con TDAH que fracasaron en los colegios públicos a veces sobresalen en los privados. Las aulas más pequeñas, la atención individualizada con fijación de objetivos específicos, el aprendizaje basado en proyectos y otros métodos comentados anteriormente son bastante comunes en los centros privados.

Estos sistemas han demostrado que los niños con TDAH no necesitan necesariamente fármacos para tener éxito en la escuela.

La desafortunada realidad, sin embargo, es que la mayoría de las escuelas públicas no tienen los recursos para replicar el entorno de la escuela privada, aunque a medida que se filtra más información sobre el alcance del "problema del TDAH", esta situación puede cambiar. El coste para las escuelas y, en particular, para la sociedad (por el potencial perdido a medida que los niños cazadores con TDAH fracasan en la escuela, y luego en la vida), es mayor si no se hace nada que si se instituyen programas proactivos.

UNA VISION NUEVA DE TDAH
COMO UN RASGO NATURAL ADAPTATIVO

Rasgo como aparece en la perspectiva de "trastorno"	Cómo aparece en la perspectiva de cazador son. . .	Rasgo opuesto al de agricultor son. . .
Disperso.	Vigilancia constante de su entorno.	No se distrae fácilmente de la tarea que tiene entre manos.
La capacidad de atención es corta, pero puede concentrarse con intensidad durante largos periodos de tiempo.	Puede lanzarse totalmente a la caza en un instante.	Capaz de mantener un esfuerzo constante y fiable.
Mal planificador. Desorganizado e impulsivo (toma decisiones precipitadas).	Flexible. Dispuesto a cambiar de estrategia rápidamente.	Organizado, decidido. Tiene una estrategia a largo plazo y se ciñe a ella.
Sentido del tiempo distorsionado. No es consciente del tiempo que tardará en hacer algo.	Incansable. Capaz de realizar impulsos sostenidos, pero solo cuando está "caliente tras la pista" de algún objetivo.	Consciente del tiempo y de los plazos. Hace las cosas a tiempo, va a su ritmo, tiene buen "aguante".
Impaciente.	Orientado a los resultados. Muy consciente de si el objetivo está cada vez más cerca.	Paciente. Consciente de que las cosas buenas llevan su tiempo. Dispuesto a esperar.
No convierte las palabras en conceptos hábilmente, y viceversa. Puede o no tener una discapacidad lectora.	Pensadores visuales/concretos, que ven claramente un objetivo tangible, aunque no haya palabras para describirlo.	Mucho más capaz de ir tras objetivos que no son fáciles de visualizar en este momento.
Tiene dificultades para seguir instrucciones.	Independiente.	Buen trabajador en equipo.
Soñador.	Aburrido por las tareas mundanas. Motivado por las nuevas ideas, la emoción, "la caza", estar caliente en el camino.	Centrado. Bueno en el seguimiento, en cuidar los detalles y en "ocuparse de los negocios".
Actúa sin tener en cuenta las consecuencias.	Dispuesto y capaz de asumir riesgos y enfrentarse al peligro.	Cuidadoso, siempre mira antes de saltar.
Falta de gracia social.	"¡No hay tiempo para sutilezas cuando hay decisiones que tomar!".	Cuidador. Crea y apoya valores comunitarios. Capaz de reconocer si algo es o no perdurable en el tiempo.

CAPÍTULO TRECE

Estudiar y prestar atención

Vive el momento presente. La vida existe solo en este instante.

Thich Nhat Hanh
(*The Miracle of Mindfulness*, 2016)

La experiencia diaria de un cazador-recolector es bien conocida por cualquiera que tenga la etiqueta TDAH. Al caminar por el bosque o la selva, el cazador se encuentra en modo "mente abierta", mientras observa todo en todas partes, busca cosas comestibles, cosas que puedan representar una amenaza, cosas que puedan ser útiles de una forma u otra. La distracción implica un flujo constante de información, parte de la cual puede ayudar o perjudicar a las posibilidades de supervivencia.

Para un cazador en un aula o al estudiar un libro, la experiencia es similar, aunque mucho menos útil. Al leer, por ejemplo, le viene de repente un pensamiento interesante, doloroso o que le distrae, y lo siguiente que sabe es que está mentalmente (y a veces físicamente) al otro lado de la habitación. Las distracciones nos atrapan y los pensamientos surgen constantemente, lo que hace casi imposible concentrarse en lo que tenemos delante durante un periodo prolongado.

Uno de los beneficios del uso ocasional de dosis bajas de medicamentos estimulantes como el Ritalin o el Focalin es que aumentan la concentración y disminuyen los pensamientos distractores. Y algunas personas afirman que, con el tiempo, aprenden a estudiar utilizando la muleta de los medicamentos, y luego pueden trasladar esa nueva habilidad a los momentos sin medicación, que debería ser el objetivo de cualquier terapia diseñada para concentrarse. Sin embargo, la mayoría de los que toman estimulantes, en lugar de aprender nuevas habilidades, simplemente acaban siendo incapaces de funcionar sin ellos.

Estudiar (o intentalo) puede ser muy frustrante para los cazadores, sobre todo cuando se dan cuenta de la facilidad con la que sus compañeros agricultores pueden absorber un libro o escuchar una conferencia con calma y concentración constante, y sin apartar su atención (al menos a juzgar por quien los observa) por la autoconversación y los pensamientos eruptivos.

Cada vez más, las escuelas y clases extraescolares de técnicas de estudio enseñan a los cazadores a concentrarse y prestar atención, aunque muchas de ellas parecen dedicar la mayor parte de su tiempo a trucos y estrategias para aprender: leer la primera y la última página de un capítulo antes de leerlo entero; tomar notas para fijar las cosas en la mente; utilizar mnemotecnias e imágenes absurdas para memorizar; identificar patrones; fijar el lugar de estudio; estudiar en múltiples microsegmentos de quince minutos a lo largo de varias horas en lugar de hacerlo directamente en una sola hora; contar a otra persona lo que has aprendido tan pronto como lo hayas hecho; arrancar páginas de los libros y pegarlas en la pared junto a la cama para repasarlas antes de irte a dormir y al despertarte; si estás solo, resumir las cosas en voz alta; repasar siempre el material después de haber dormido. He tratado estos y otros temas en *ADD Success Stories,* y todos son útiles.

Pero ¿y qué tal si los cazadores pudieran enseñar a sus cerebros a funcionar como los de los agricultores?

Piensa que es como aprender una habilidad muscular. La mayoría de nosotros, por ejemplo, sabemos montar en bicicleta, pero todos tuvimos un momento en nuestras vidas en que no.

Hay cuatro etapas para llegar a ser tan bueno en cualquier cosa como la mayoría de nosotros lo somos montando en bicicleta, y son fáciles de entender una vez que captamos el concepto.

Empezamos siendo inconscientemente incompetentes. De niños, vemos a gente montando en bici y pensamos: "Eso parece fácil. Todo el mundo puede hacerlo. Apuesto a que yo podría hacerlo". Literalmente, no sabemos lo que no sabemos; no sabemos montar en bici y no nos damos cuenta.

Luego nos subimos a una bici y rápidamente descubrimos, conscientemente, que en realidad es difícil, duele cuando te caes y te haces daño en la rodilla. Así que pasamos de la incompetencia inconsciente a la consciente.

Entonces nos subimos a la bicicleta y un amigo, padre o hermano nos sujeta la silla y nos guía, lo que estabiliza nuestro bamboleo. Empezamos a desarrollar cierta destreza en la conducción, pero tenemos que prestar mucha atención. Nos estamos volviendo conscientemente competentes; es decir, aprendemos una habilidad y tenemos que prestarle atención cuando la realizamos.

Finalmente, después de unas semanas o meses de montar en bicicleta, podemos subirnos y pedalear mientras mantenemos una conversación con un amigo. Ya no necesitamos atender o prestar atención a nuestra habilidad de montar en bici; está en piloto automático. Esta etapa final, a la que llegamos con todas las habilidades bien aprendidas, se llama competencia inconsciente. Somos buenos en algo y, por tanto, ya no necesitamos mantenerlo en el pensamiento consciente.

Al extrapolar esto al estudio o a cualquier situación, pocos cazadores llegan a superar la competencia consciente. Incluso cuando consiguen prestar atención e ignorar las distracciones (internas o externas), siguen teniendo que trabajar en el proceso, como esos ciclistas durante la primera semana.

El problema es que no recibimos retroalimentación instantánea cuando nos "caemos de la bici" de la concentración.

Con una bicicleta, obtenemos una respuesta instantánea. Si nos tambaleamos demasiado, acabamos en el suelo. Si no pedaleamos lo suficientemente rápido, acabamos en el suelo. Si no mantenemos firme el manillar, acabamos en el suelo. E incluso cuando no acabamos en el suelo, obtenemos esa retroalimentación instantánea de la sensación de tambaleo que nos ayuda a corregir al instante nuestros errores.

Estudiar, sin embargo, es una cosa diferente en términos de aprender rápidamente de esa retroalimentación que recibimos.

En clase, al menos recibimos una pequeña retroalimentación, a menudo retardada. Cuando estamos distraídos, si nos levantamos o hablamos en voz alta, el profesor y la clase se dan cuenta, y eso hace que nos volvamos a sentar o nos callemos.

Cuando se estudia solo, falta esta retroalimentación instantánea. Muchos cazadores descubren que para estudiar con éxito necesitan a otras personas a su alrededor. La presencia de otros no funciona por consuelo o distracción (aunque pueden existir ambas cosas), sino porque nos da la sensación de que no podemos levantarnos, hablar o exteriorizar nuestra distracción.

Por esta razón, las cafeterías o bibliotecas locales suelen estar llenas de cazadores que utilizan el zumbido de otras personas a su alrededor para mantenerse clavados a sus sillas y sus libros.

En contraste, cuando un cazador estudia solo, su "debilidad" para concentrarse se hace dolorosamente evidente. El cazador promedio puede pasar más de la mitad de su tiempo lidiando con distracciones internas, lo que produce una experiencia de estudio agotadora.

ENTRENA TU CEREBRO

En los años 60, los Beatles y el Maharishi introdujeron la meditación trascendental (MT) en el mundo occidental, y una de sus promesas era que ayudaría a los jóvenes a ser mejores estudiantes. Durante las dos décadas siguientes, cientos de estudios documentaron cómo los meditadores regulares desarrollaban todo tipo de cosas, desde una mejor presión sanguínea hasta mejores notas.

La MT no era nada nuevo. Hay variaciones de las técnicas básicas de meditación en todas las religiones y en muchos sistemas seculares de superación personal. Sin embargo, se puso de moda en los años 60 y 70 y desde entonces se ha convertido en una corriente dominante en el panorama espiritual y cognitivo estadounidense y europeo.

Una habilidad básica de la meditación es prestar atención a la respiración. Debido al hecho de que nunca dejamos de respirar, la respiración en sí proporciona una señal (al igual que la rueda delantera de la bicicleta que se tambalea), y nos avisa que debemos volver a prestar atención cuando nos desviamos.

La MT, por su parte, utiliza lo que se conoce como "meditación mantra", en la que la persona repite en su cabeza una y otra vez un sonido como "Om" o "I-ing". Se supone que la repetición del mantra entrena el cerebro y la mente con el tiempo, lo que produce la capacidad de concentrarse con calma y disminuir el estrés y la distracción.

Mientras que a los agricultores la meditación le resulta tan natural como el agua a los patos, los cazadores suelen no persistir en la práctica porque se distraen con facilidad, incluso les puede tomar meses o años llegar a adquirir una competencia significativa. La mente de un cazador puede divagar en un mar de pensamientos hasta cinco minutos antes de que siquiera se dé cuenta.

El canto es una de las formas en las que los cazadores superan esta barrera. Unirse a un grupo de personas y repetir juntos un mantra en voz alta durante periodos de entre diez minutos y una hora le es útil al grupo de la misma forma en que el bullicio de Starbucks le da estructura al cazador y lo presiona para que no se desvíe de su tarea.

Sin embargo, este mecanismo continúa dependiendo de una fuente externa de información. ¿Y qué tal si los cazadores pudieran aprender a concentrarse por sí solos, al entrenar su propio cerebro?

Para ello, necesitamos una fuente de retroalimentación instantánea.

NEURORRETROALIMENTACIÓN EEG

En 1924, el psiquiatra alemán Hans Berger descubrió que el cerebro produce señales eléctricas mensurables y en constante variación. Sus investigaciones iniciales condujeron a la popularización generalizada en 1960, principalmente por Joe Kamiya, de dispositivos que medían las frecuencias e intensidades de las ondas cerebrales y proporcionaban retroalimentación de diversos tipos.

A finales de los 80 o principios de los 90, conocí a Joe Kamiya y al doctor Barry Sterman en una de las conferencias "Brain" de Rob Kall. El doctor Sterman me contó cómo había descubierto que entrenar los cerebros de monos y gatos hacía que ambas especies fueran más resistentes a fármacos, los cuales normalmente ocasionarían daños nerviosos y convulsiones. El doctor Joel Lubar, a quien también conocí allí, había realizado y publicado numerosas investigaciones sobre el uso de la neurorretroalimentación EEG para ayudar a personas con epilepsia y TDAH.

Me impresionó tanto esa investigación sobre la eficacia de la neurorretroalimentación EEG que vi en esa y otras presentaciones, que luego yo mismo participé en una serie de cursos de EEG.

El punto clave de la neurorretroalimentación EEG es la "retroalimentación". Al igual que la rueda delantera de la bicicleta proporciona información instantánea sobre la estabilidad y el estado de la carretera, el seguimiento de las ondas cerebrales con un ordenador entrena" al cerebro para saber cuándo se producen estados útiles o no útiles de la actividad cerebral.

Devolver esa información a una persona de forma instantánea proporciona el tipo de estímulo-respuesta rápido necesario para desarrollar el equivalente mental de la memoria muscular. Con una retroalimentación rápida, la velocidad con la que podemos aprender o entrenar nuestro cerebro se acelera radicalmente. Y, a medida que aprendemos a centrarnos en nuestras propias ondas cerebrales, desarrollamos habilidades de concentración, relajación y enfoque que podemos trasladar a otras partes de nuestra vida.

Esto es tan eficaz en situaciones del día a día que, por ejemplo, cuando los cirujanos oculares recibieron ocho sesiones de 30 minutos de entrenamiento de neurorretroalimentación, sus habilidades de sutura mejoraron de forma mensurable y consistente en una media del 26%. Un estudio de 2010 en la revista *Journal of Neuroscience* descubrió que incluso una sola sesión de entrenamiento de neurorretroalimentación EEG para frecuencias alfa producía una respuesta "neuroplástica": el cerebro cambiaba físicamente a medida que aprendía. Señalaron que "media hora de control voluntario de los ritmos cerebrales es suficiente para inducir un cambio duradero en la excitabilidad cortical y la función intracortical".

Literalmente, cientos de estudios demuestran cómo la neurorretroalimentación EEG puede mejorar la capacidad de concentración y, por tanto, la capacidad de estudio, así como aliviar la ansiedad y la depresión. Hoy en día, esa información es bastante fácil de encontrar en internet.

El problema con los sistemas de EEG de hace décadas es que implicaban conectarse a grandes y aparatosos sistemas informáticos y de sensores, y la mayoría solo estaban disponibles en un entorno clínico a un costo considerable. Hay que colocarse electrodos en el cuero cabelludo a través del pelo, utilizando una sustancia conductora, y ducharse después para eliminarla. Es una gran molestia y, si hay un médico de por medio, también es caro.

MUSE

En 2003, un grupo de personas interesadas en la neurociencia cerebral descubrieron la necesidad en el mercado de un dispositivo que permitiera al ciudadano corriente realizar un autoentrenamiento de neurorretroalimentación

EEG en casa, sin necesidad de ordenadores voluminosos, médicos externos y electrodos pegajosos. La psicoterapeuta Areil Garten, formada en PNL, y su colega, el neurocientífico cognitivo Trevor Coleman, inventaron un dispositivo al que llamaron Muse: una diadema ligera conectada por Bluetooth con cuatro electrodos sensores en la frente y dos sensores sobre la oreja.

En 2014, lanzaron al mercado el Muse a un precio que rondaba los 250 dólares. Ahora es uno de los varios dispositivos de este tipo disponibles, aunque Muse es, para el momento de escribir este artículo, el más fácil de usar y el que se centra más directamente en enseñar a las personas habilidades básicas de meditación que pueden traducirse en una mejor atención y concentración, una reducción de la ansiedad y una mayor flexibilidad mental.

Actualmente se está investigando en la Clínica Mayo sobre el uso del dispositivo para ayudar a los pacientes de cáncer preoperatorios y prequimioterapia a afrontar la ansiedad asociada a su diagnóstico; y en la Universidad Victoria y la de Nueva York se investiga sobre el uso del Muse para enseñar a los jóvenes a aprender. La revista *Frontiers in Neuroscience* publicó en 2017 una primera evaluación del EEG Muse en la que se mostraba que funciona como estos sistemas grandes y voluminosos utilizados anteriormente.

En la página web de Muse se resumen algunos de los trabajos de investigación en curso y recién terminados. Los primeros resultados indican que es tan eficaz como los electroencefalogramas realizados por ordenador o por un médico, e incluso puede llegar a cuestionar el uso de medicamentos para tratar la ansiedad y los problemas de concentración.

Para utilizar el Muse basta con ponerse una cinta de un cuarto de pulgada de ancho en la cabeza como si se tratara de unos lentes, solo que, en lugar de ir sobre los ojos, se coloca sobre la frente. Los electrodos están en la banda, en la parte frontal de la frente, y, en lugar de pegamento, basta con tocarlos con una gota de agua para humedecerlos (y humedecer la piel) y producir una conexión conductora de electricidad que pueda leer las ondas cerebrales.

Luego solo debes colocar audífonos a tu *smartphone*, abrir la aplicación gratuita Muse y tu teléfono se conectará automáticamente a tu dispositivo a través de Bluetooth. Siéntate en una posición cómoda y sumérgete en tu práctica de meditación.

Aunque la aplicación Muse incluye tutoriales sobre la meditación consciente de la respiración, las personas que lleven años en esta práctica con mantras probablemente querrán utilizar el suyo propio. Lo mismo ocurre con quienes hayan practicado Zazen u otros tipos de práctica meditativa.

Eliges el sonido de una playa, un desierto o una selva tropical y, mientras te sientas con los ojos cerrados y escuchas los sonidos, descubrirás que cuando tu mente se concentra en tu respiración o mantra los sonidos del tiempo (viento, lluvia, tormentas) disminuyen y el sonido de los pajaritos gorjeando te indica que has alcanzado un estado cerebral relajado y concentrado.

Mientras tu mente divaga, los sonidos de la tormenta aparecen inmediatamente y los pájaros desaparecen. La retroalimentación se produce en menos de una centésima de segundo, por lo que tu mente y tu cerebro pueden reaccionar a ella prácticamente al instante.

La aplicación Muse realiza un seguimiento de tus sesiones mediante una pantalla gráfica, para que puedas ver cómo mejora tu aprendizaje y tu actividad cerebral. Muchas personas a las que he entrevistado han relatado experiencias similares a la mía con el Muse: tras unos pocos meses de uso regular, es notablemente más fácil concentrarse, mantenerse en la tarea y caer en un estado de calma cuando es útil o necesario.

Tanto si se utilizan dispositivos como Muse o de entrenamiento EEG con un terapeuta, como si se realizan sesiones regulares de meditación, este tipo de entrenamiento cerebral realmente funciona. La prueba está en que esto ha persistido y formado parte de nuestro panorama cultural y religioso desde hace al menos cinco mil años, como demuestran las referencias a la meditación en las escrituras sagradas del hinduismo, el budismo, el judaísmo, el islam y el cristianismo.

CAPÍTULO CATORCE

Creatividad y TDAH

Una mente brillante y flexible

El poder creativo de la poesía debe encontrar su propia salvación en el hombre; no puede desarrollarse por medio de leyes y preceptos, sino por el sentimiento y la vigilancia que en ella habitan. Todo lo que es creativo debe crearse a sí mismo.

Con Endimión me metí de lleno en el mar y pude familiarizarme mucho mejor con los sonidos, la arena y las rocas, que si simplemente me hubiera quedado en la cómoda orilla, fumando una ridícula pipa, tomando té y aceptando consejos simplistas.

JOHN KEATS
(CARTA A JAMES HESSEY, 9 DE OCTUBRE DE 1818)

Muchos profesores, psiquiatras, psicólogos y otras personas que trabajan con niños y adultos con TDAH han observado una correlación entre la creatividad y el TDAH.

Los expertos definen las siguientes características de la personalidad como las más necesarias para la creatividad:

• **La voluntad de asumir riesgos.** Atreverse a adentrarse en territorio desconocido es, casi por definición, un esfuerzo creativo. Picasso, Dalí,

Warhol, Salinger, Hemingway y Poe se atrevieron a dar pasos profundamente nuevos y originales, y fueron criticados por ello. Es un riesgo ser original, intentar algo nuevo. Sin embargo, asumir riesgos es esencial para el proceso creativo y una de las características clásicas del cazador.

- **Motivación intrínseca.** Las personas creativas, aunque no suelen estar motivadas por factores extrínsecos como las expectativas de un profesor o las exigencias de un trabajo, suelen tener una poderosa motivación intrínseca. Cuando están "trabajando" en algo que es importante para ellos, son tenaces e inflexibles. Los padres de niños con TDAH a menudo informan de la aparente incongruencia que perciben entre la supuesta incapacidad de sus hijos para dedicarles más de quince minutos a las tareas escolares y su capacidad para pasar fácilmente dos horas practicando en la guitarra, absorto en una novela o reconstruyendo su motocicleta.

- **Creencia independiente en sus objetivos personales.** Las personas creativas, usualmente a pesar de las burlas y los obstáculos (miremos a Sartre o Picasso, ambos ridiculizados por sus primeras ideas), creen en sí mismos y sus capacidades. Cuando se les permite dedicarse a lo que les interesa (sus motivaciones intrínsecas), pueden ser tenaces durante años y producir obras brillantes.

- **Tolerancia a la ambigüedad.** Mientras que los agricultores suelen preferir que las cosas estén ordenadas y estructuradas, y piensan de forma lineal, paso a paso, los cazadores creativos suelen tener una gran tolerancia a la ambigüedad. Como su atención vaga con facilidad, suelen ser capaces de ver una situación desde varias perspectivas, y notar facetas o soluciones que pueden no haber sido obvias para las personas "normales". Einstein, quien suspendió los estudios porque "su atención se desviaba", solía señalar que la teoría de la relatividad no se le ocurrió como resultado de tediosas ecuaciones matemáticas. Por el contrario, esta teoría nació de un destello de perspicacia al pensar en la naturaleza aparentemente ambigua de las diversas fuerzas naturales. En su libro *Física y realidad,* de 1936, señaló que "toda la ciencia no es más que un refinamiento del pensamiento cotidiano". Del mismo modo, en 1923, Carl Jung, al hablar de la capacidad de las personas creativas para dejar que sus mentes vaguen por caminos aparentemente ambiguos, dijo en su libro *Tipos psicológicos*: "Ninguna obra creativa ha llegado a nacer sin un previo juego con la fantasía. La deuda que tenemos con el juego de la imaginación es incalculable".

- **Voluntad de superar obstáculos.** Normalmente las personas creativas son descritas como aquellas capaces de hacer limonada cuando reciben un limón. Miles de empresas e invenciones han surgido gracias a esta capacidad de las personas creativas, usualmente tras decenas de intentos diferentes. Existe un viejo modelo de resolución de problemas "horizontal" y "vertical". Cuando una persona que resuelve problemas verticalmente llega a una puerta atascada o cerrada, empujará cada vez más fuerte, la golpeará, gritará y, finalmente, le dará una patada. Por el contrario, un solucionador de problemas horizontal buscaría otras formas de entrar en la casa, probaría con ventanas u otras puertas. Aunque se trata de una visión simplista de los distintos métodos de resolución de problemas, demuestra muy bien la diferencia entre las formas lineales y aleatorias de ver el mundo. Las personas creativas suelen caer en esta última categoría; suelen ser los que idean nuevas formas de hacer viejas tareas o de superar viejos problemas.

- **Capacidad de perspicacia.** Las personas creativas pueden establecer vínculos entre acontecimientos del pasado, que no guardan relación entre sí, para desarrollar nuevas soluciones a problemas actuales. Al parecer, esto está relacionado con la capacidad de pensar de forma más aleatoria que lineal, una de las características cardinales de los procesos de pensamiento típicos del TDAH.

- **Capacidad de redefinir un problema.** En lugar de pensar en un problema de la misma manera, las personas creativas suelen replantearlo por completo. Esto les permite descubrir la semilla de la solución dentro del propio problema. A menudo descubren que lo que antes consideraban un problema es, en realidad, una solución para algo totalmente distinto. (La idea misma de considerar el TDAH como un rasgo de cazador podría considerarse un ejemplo de este proceso de replanteamiento).

FOMENTAR LA CREATIVIDAD EN EL CAZADOR

Cuando se detalla la lista de características creativas, pareciera que se tratase de la recopilación de criterios de evaluación de la Asociación

Americana de Psicología para diagnosticar el TDAH. Por su parte, al revisar las biografías de algunos de los individuos más creativos de la historia (ver el capítulo 19, "El rasgo Edison: cazadores que han cambiado el mundo"), descubrimos que tienen mucho en común con los cazadores con TDAH y, de hecho, es bastante probable que se tratase de personas "afligidas" por el TDAH.

Un adulto cazador creativo describe la experiencia de esta manera: "Esa característica típica de cazadores de tener formas flexibles de ver las cosas es una verdadera ventaja. Es lo que te permite darte cuenta de cosas inesperadas donde otros solo ven lo que está a simple vista. Es como buscar una pieza escurridiza de un rompecabezas, coger algo y descubrir que no tienes lo que buscabas, pero que en su lugar has encontrado algo aún mejor: una pieza que encaja en un lugar que no esperabas".

Por desgracia, la asunción de riesgos, tan necesaria para la creatividad, a menudo se les arrebata a nuestros hijos en la escuela. Robert J. Sternberg, autor de numerosos libros y artículos sobre el proceso creativo, señala que a menudo se desalienta, o incluso se castiga, la asunción de riesgos en la escuela.

Sternberg sugiere que nuestras escuelas, conformadas en gran parte por personas serias que no se arriesgan y por agricultores, suelen estar involuntariamente estructuradas de forma tal que desalienta la creatividad en las personas, así como el aprendizaje creativo. Del mismo modo, muchos trabajos exigen que la gente no innove. Plantear algo nuevo que puede no funcionar conlleva riesgos, por lo que asumirlos suele estar mal visto en las empresas estadounidenses. Estos modelos anticreativos son también, probablemente no por casualidad, modelos anti-TDAH/anticazador.

Un modelo educativo que se base más en la experiencia será capaz de cuidar y nutrir mejor la creatividad de la personalidad del cazador. Con esto no quiero decir que se puedan o deban ignorar los fundamentos de la educación, sino que deberíamos plantearnos la posibilidad de crear aulas y sistemas de educación pública que fomenten actividades que hagan aflorar la creatividad que tantos niños cazadores llevan en el cerebro.

En el lugar de trabajo, los cazadores pueden considerar la posibilidad de cambiar de carrera o de puesto en áreas en las que se fomente la creatividad, en lugar de castigarla. En mis años como empresario en el sector de la publicidad y el mercadeo, por ejemplo, he observado un porcentaje muy elevado de cazadores que se sienten atraídos por ese negocio.

Hewlett Packard fue famosa en los años 60 por su modelo de lugar de trabajo que animaba a los ingenieros a dedicarse a la investigación independiente y seguir sus propias "motivaciones intrínsecas". En *En busca de la excelencia*, Tom Peters y Robert Waterman señalan que Hewlett Packard tenía una política de "laboratorios abiertos", que invitaba a los ingenieros a llevarse cosas a casa para uso y experimentación personales. Dos de sus ingenieros, Steve Jobs y Steven Wozniak, tuvieron una idea para un ordenador que Hewlett Packard rechazó, y que Jobs y Wozniak construyeron en su garaje: fue el primer ordenador Apple. Los Bell Labs también han ofrecido históricamente a sus ingenieros un amplio margen de maniobra para dar rienda suelta a sus impulsos creativos. El transistor, el circuito integrado y la superconductividad fueron el resultado, lo que revolucionó nuestro mundo.

Una nota a pie de página interesante para este debate sobre la creatividad y la personalidad cazadora: he hablado con numerosos escritores, artistas y oradores diagnosticados de TDAH sobre su experiencia con el Ritalin y otros fármacos contra el TDAH. Muchos afirman que, aunque sus vidas se vuelven más organizadas y sus jornadas laborales más fáciles cuando toman los medicamentos, su creatividad parece esfumarse. Un novelista me contó que toma Ritalin cuando realiza el tedioso trabajo de corregir textos, pero que en cambio bebe café cuando escribe. "El café se presta a vuelos de fantasía. Parece que me hace aún más TDAH, lo que permite a mi mente errante explorar nuevas ideas, asociar libremente. El Ritalin me lleva a un único punto de concentración, lo que resulta inútil cuando intento encontrar esa chispa de inspiración aleatoria sobre cómo va a salir mi personaje de un nido de serpientes en la India o escapar de una horda de mongoles".

Un orador profesional me dijo: "Una vez cometí el error de tomar Ritalin antes de dar un discurso de tres horas a un grupo de unos cien editores en Washington, D. C. Normalmente, cuando hablo, pienso con antelación en lo que voy a decir a continuación, formulo conceptos en imágenes en mi mente, pongo ejemplos antes de decirlos y examino continuamente al público en busca de señales de que mis palabras les aburren o les emocionan.

Pero con el Ritalin en mi torrente sanguíneo, me vi obligado a consultar mis notas para ese discurso, algo que no había hecho en años. Fue una experiencia dolorosa y vergonzosa, y me convenció de que los cazadores son grandes oradores, mientras que los agricultores, aunque probablemente estén bien organizados en su material y sus presentaciones, suelen aburrir al público porque no están analizando continuamente su entorno".

Frank Wolkenberg, escritor de *The New York Times Magazine*, al describir su diagnóstico de TDAH a los treinta años y sus posteriores éxitos con Ritalin, también comentó lo mucho que disfrutaba de los días en los que no tomaba la medicación. Descubrió que el Ritalin, aunque suavizaba sus cambios emocionales, estabilizaba su sentido del tiempo y le daba la capacidad de concentrarse en su trabajo, también le quitaba un poco de espontaneidad, humor y sentido del absurdo, con los que disfrutaba.

Al reflexionar sobre decenas de oradores, actores, magos, otros artistas y escritores de éxito con los que he trabajado y conocido a lo largo de los años, diría que muchos de ellos son adultos con TDAH*.

---

*Un adulto cazador sugirió como título para este libro "No es que yo no esté prestando atención, es que tú eres aburrido".

CAPÍTULO QUINCE

TDAH y sueño

[. . .] *Oh sueño, oh dulce sueño,*
Suave nodriza de la naturaleza, ¿qué espanto te he causado,
Que no quieres ya cerrar mis párpados
Y empapar mis sentidos en el olvido?

WILLIAM SHAKESPEARE
(*HENRY IV*, 2ª PARTE, 3.1.5, 1596–1599)

Mi madre solía bromear diciendo que casi suspendo la guardería por no poder dormir la siesta. Me decía que no había dormido una siesta de verdad desde los tres años y, que yo sepa, excluyendo el tema del huso horario o del uso de medicación para dormir, no recuerdo haber dormido una siesta con éxito en mi vida.

Ha habido tanto altos como bajos en mi neurología de cazador en un mundo de agricultores.

Soy brillante y creativo (esto último, al parecer, tiene mucho que ver con el TDAH) y he logrado una cantidad asombrosa de cosas para una sola vida. Una curiosidad perpetua y una energía inagotable me han llevado a campos de estudio y partes del mundo que han enriquecido profundamente mi vida y han salvado la de miles de personas.

Por otra parte, la señora Clark, mi profesora de segundo grado, cuando decía: "Tommy, los autos vacíos siempre traquetean" y "Tommy, si el pez mantuviera la boca cerrada no lo atraparían", no ayudó mucho a mi joven autoestima. Tampoco lo hizo que me echaran del instituto y de la universidad. Conozco las desventajas del TDAH y lo devastador que puede ser ir en contra de tu propia neuroquímica.

Por otro lado, utilizar mis dotes de cazador para el emprendimiento me ha permitido mantener a mi familia de forma tal que solo lo puede hacer aproximadamente un 10% de los estadounidenses más pudientes, desde viajar por el mundo en repetidas ocasiones hasta poder llevar a tres hijos a la universidad y respaldarlos en los ocasionales contratiempos de la vida. Louise y yo llevamos juntos casi cinco décadas, y ha sido un viaje estupendo.

A pesar de todo, el sueño ha sido mi reto constante. Y, al parecer, no soy el único, sobre todo entre las personas que comparten mi base neurológica de TDAH.

En la edición de diciembre de 2017 de *Current Psychiatry Reports*, Wynchank y coautores informan: "Tres estudios transversales, clínicos y poblacionales informan de una prevalencia de insomnio en adultos con TDAH que oscila entre el 43 y el 80%... Los mecanismos que explican la relación entre el TDAH y los problemas de sueño no se comprenden completamente, pero tanto las influencias genéticas como las ambientales no compartidas pueden estar involucradas".

El informe de 2010 de Van Veen y sus colegas en *Biological Psychiatry* ahonda en los posibles mecanismos medibles detrás de esta asociación entre insomnio y TDAH: "Estudios previos sugieren alteraciones del ritmo circadiano en niños con trastorno por déficit de atención con hiperactividad (TDAH) e insomnio de inicio durante el sueño (IIS)".

Para este segundo estudio evaluaron a cuarenta adultos con TDAH, y se tomaron medidas diarias de los niveles salivales de la hormona del sueño melatonina y observaron exactamente cuándo se quedaban dormidos cada noche, lo bien que dormían y si podían o no dormirse fácilmente como las personas normales y en qué se diferenciaban de la variedad de insomnio sin TDAH.

"En comparación con los sujetos de control", señalaron, "ambos grupos de adultos con TDAH tenían una latencia de inicio del sueño más larga y una menor eficiencia del sueño". Añadieron que los adultos diagnosticados tanto de TDAH como de insomnio presentaban "un retraso en el inicio y el final del periodo de sueño [...] en comparación con los sujetos de control sanos", y "también mostraron una amplitud atenuada de 24 horas en su patrón de descanso-actividad...".

"Estos hallazgos", añadieron, "demuestran desviaciones del ritmo diurno durante la vida cotidiana en la mayoría de los adultos con TDAH que tienen SOI (insomnio de inicio del sueño, por sus siglas en inglés)".

CAZADORES Y SUEÑO

Mi hipótesis original de 1980 sobre cazadores y agricultores postulaba que la mayoría de los comportamientos que asociamos con el TDAH, como la distracción, la impulsividad y la asunción de riesgos (aunque inadaptados en un mundo de fábricas y aulas), eran en realidad activos en el mundo en el que evolucionaron nuestros antepasados cazadores-recolectores durante el último millón de años aproximadamente.

Hoy en día, prestar atención a cada uno de los sonidos de la clase se denomina "distracción", pero en los bosques, selvas y sabanas de antaño era una habilidad esencial para la supervivencia. Los que no se daban cuenta de que un depredador se les acercaba sigilosamente eran eliminados rápidamente de la reserva genética, y los que no prestaban atención a los sonidos de los pequeños animales de presa acababan muriendo de hambre.

Mientras que para un agricultor sería un suicidio tomar una decisión "impulsiva" sobre qué cultivos plantar (posiblemente acabe durante la cosecha, descubriendo que la ambrosía no era tan comestible después de todo), para un cazador que persigue un conejo por el bosque no hay tiempo para hacer un análisis de riesgos y beneficios si un ciervo se pone a tiro.

Si bien arriesgarse en una fábrica o un supermercado puede ser fatal o imprudente, el cazador precoz que se despierta sabiendo (y disfrutando con la idea) que hay cosas ahí fuera que quieren comérselo tanto como él quiere comérselas, tendrá muchas más probabilidades de traer comida a casa que un cazador que se muestre reacio a correr riesgos y que nunca salga de la cueva.

La ciencia no solo ha demostrado ampliamente mi hipótesis, sino que incluso ha descubierto que tenía razón en la predicción que hice a finales de la década de 1990 de que los genes que regulan el neurotransmisor dopamina probablemente estarían en el núcleo de la base biológica y genética del TDAH.

Pero ¿cómo podría el sueño (o la falta de este) ser adaptativo para una sociedad primitiva de cazadores? Y, dado que un adulto con TDAH puede tener éxito en ocupaciones compatibles con el TDAH, como ser detective, escritor o empresario, ¿existe alguna posibilidad de que el insomnio relacionado con el TDAH pueda resultar útil en el mundo actual?

SUEÑO INTERRUMPIDO

Muchas personas se despiertan al menos una vez durante la noche, normalmente en mitad del sueño. Los fabricantes de somníferos lo saben e incluso han empezado a añadir algunos miligramos más de sus fármacos en la parte de liberación prolongada de la píldora, de modo tal que cuando alguien se siente inclinado a despertarse a medianoche, no lo hace.

Pero ¿y si despertarse por la noche es algo normal y saludable? ¿Y si es una parte importante de nuestra herencia genética, transmitida por nuestros antepasados cazadores-recolectores, que durante millones de años ayudó a nuestros antepasados a sobrevivir?

Esta es precisamente la idea que subyace a la teoría del *sueño bifásico*.

La posibilidad de que no estemos programados para dormir ocho horas seguidas cada noche fue introducida por primera vez en la corriente científica por el doctor Thomas Wehr, psiquiatra clínico que actualmente ejerce en Bethesda, Maryland, y está asociado a la rama de psicobiología clínica de los Institutos Nacionales de Salud Mental. El doctor Wehr y sus colegas estaban estudiando la fotoperiodicidad en los seres humanos; es decir, cómo la exposición a la luz (y la duración cambiante de la luz diurna durante las distintas estaciones) afecta a nuestras hormonas, sueño y comportamiento general.

"Es una especie de arqueología o paleobiología humana", declaró el doctor Wehr a *The New York Times* en 1995. Explicó: "Estamos estudiando cómo podrían haber sido los patrones hormonales, de sueño y de temperatura humanos en un periodo prehistórico en el que había muy poca luz artificial".

Lo que encontraron fue asombroso.

Pusieron a un grupo de voluntarios a dormir en una habitación sin luz exterior y les dieron catorce horas de oscuridad cada noche. Al principio, los sujetos durmieron una media de once horas por noche durante unas semanas, aunque los investigadores llegaron a la conclusión de que no era más que su forma de ponerse al día con respecto a nuestra cultura estadounidense, crónicamente privada de sueño e impulsada por el trabajo.

A partir de ahí las cosas se pusieron interesantes.

Una vez que se normalizaron los patrones de sueño de las personas, se establecieron en una media de ocho horas de sueño por noche, pero con una gran salvedad: *todos se despertaban en mitad de la noche*, normalmente entre una y dos horas. Algunos se despertaban antes que otros, y el primer sueño solía durar entre tres y cinco horas, pero todos dormían bien al principio y al final de la noche. Con el periodo de vigilia de media noche, la noche entera se convertía en una media de nueve a diez horas en la cama para producir ocho horas netas de sueño.

Esto entonces nos llevó a un grupo de psiquiatras e investigadores del sueño al historiador Roger Ekirch, de Virginia Tech. En 2001, Ekirch publicó un artículo titulado "Sleep We Have Lost: Pre-industrial Slumber in the British Isles" en la *American Historical Review* (El sueño que hemos perdido: sueño preindustrial en las islas británicas), en el que mostraba que en la época anterior al uso generalizado de la luz artificial (ya fuera de queroseno o eléctrica) existía un amplia y sólida literatura (desde temáticas de ficción a no ficción) que documentaba como *norma* que la gente se despertara durante una o dos horas cada noche. (La primera ciudad del mundo en iluminar sus calles por la noche, por ejemplo, fue París en 1667).

Y no se trataba solo de que estuvieran despiertos: había toda una serie de actividades que los medievales realizaban en mitad de la noche, con nombres y rituales para ese comportamiento. Ekirch encontró más de quinientos informes de lo que denominó "patrón de sueño segmentado" en antiguos libros de medicina, diarios personales, literatura y novelas, e incluso en actas judiciales de la Edad Media y en la *Odisea* de Homero. Yendo más lejos, también descubrió que las tribus africanas modernas (se fijó específicamente en Nigeria) que vivían sin luz artificial también tenían este patrón de sueño segmentado. Claramente era algo humano, no algo cultural específico de la antigua Grecia o la Europa medieval.

Según cómo viviera la gente y sus intereses, existía una gran variedad de usos bien documentados para este periodo de "despertar nocturno": los religiosos lo utilizaban para meditar o rezar (Ekirch encontró numerosos manuales medievales de oración específicos para este periodo de la noche); los matrimonios lo aprovechaban para mantener relaciones sexuales o incluso para comer una "cena de media noche"; mientras que otros (presumiblemente con luna llena o una vela o lámpara de aceite) escribían, leían o incluso salían de la cama y se reunían con los vecinos o invitaban a la gente a una comida ligera.

CAZADORES-RECOLECTORES Y SUEÑO

Entonces, ¿por qué estamos todos aparentemente programados de forma genética para despertarnos unas horas cada noche durante la oscuridad?

Una posible teoría enlaza directamente con la hipótesis cazador/recolector. Los pueblos cazadores-recolectores (el 100% de nuestros antepasados) no solo se contaban entre los depredadores más eficientes del mundo, sino que también eran presas frecuentes. Leones, tigres, reptiles gigantes y, lo que es más peligroso, otras tribus humanas, todos estaban interesados en encontrar y matar a nuestros primeros parientes humanos.

Y muchos (de los animales salvajes, al menos) son nocturnos.

Para una comunidad o tribu humana, tener siempre al menos una persona despierta significaba que siempre había alguien alerta ante cualquier peligro para el grupo. Del mismo modo que "la distracción, la impulsividad y la asunción de riesgos" ayudaban a los cazadores-recolectores a ser más eficientes en la recolección de alimentos, tener a alguien siempre despierto durante la vulnerable noche protegería a la tribu de otras especies u otros humanos que quisieran aprovecharse de ellos.

En otras palabras, el sueño segmentado forma parte de un antiguo sistema de supervivencia con el que evolucionamos durante, probablemente, millones de años y que nos ayudó a garantizar nuestra supervivencia y éxito como especie. Si una persona se despertaba (aproximadamente) al cabo de una hora, otra a las tres horas y otra a las cinco horas, básicamente siempre había al menos una persona despierta toda la noche. La tribu o el clan estaban a salvo.

Sin embargo, al igual que el gen del cazador nos ayudó a ser cazadores de éxito, pero se volvió inadaptado en un mundo de granjas y fábricas, también la genética del sueño segmentado o bifásico nos ayudó a sobrevivir a los peligros de la selva o la sabana, pero se convirtió, en el mundo moderno, en un problema.

BÚHOS NOCTURNOS

También se nos dice que el viejo aforismo de Ben Franklin de "acostarse temprano, levantarse temprano, hace a un hombre sano, rico y sabio" es la única forma verdadera de vivir. Y aunque eso es cierto para el 40% de nosotros, otro 30% está biológica y genéticamente predispuesto a acostarse tarde y levantarse tarde (y un 30% es bastante flexible en sus hábitos de sueño).

Un descubrimiento relativamente reciente del doctor Matthew Walker, director del Centro para la Ciencia del Sueño de la Universidad de Berkeley y autor de *Por qué dormimos,* explica: "Los búhos nocturnos no son búhos por elección", señala Walker en su libro. "Están atados a un horario retrasado por la inevitable constitución de su ADN. No es su culpa, sino más bien de su destino genético". Eric Lief ha señalado que una distinción en el gen CRY1 parece marcar la diferencia y, de nuevo, bien podría ser una adaptación de supervivencia de la época de los cazadores que garantizaba que parte de la tribu se encontrara siempre despierta y alerta ante el peligro.

No obstante, el concepto de "madrugar para ir a la fábrica, al colegio o al trabajo" está tan arraigado en nuestra cultura que incluso hemos inventado nuevas palabras "trastorno" para describir a las personas que no están genéticamente predispuestas a madrugar, o a madrugar "demasiado". Según la Asociación Americana del Sueño, estas personas tienen lo que se denomina Trastorno de la Fase del Sueño Retrasada (DSPD) y Trastorno de la Fase del Sueño Avanzada (APDP).

Al igual que un zurdo intenta encajar en el mundo de un diestro, o un cazador en el de un agricultor, cuando una persona genéticamente programada para ser un búho nocturno consigue un trabajo diurno "normal", acaba teniendo que recurrir a todo tipo de cosas para engañar a su cuerpo y conciliar el sueño, desde cortinas opacas a altas dosis de melatonina o somníferos. Irónicamente, buscar un trabajo nocturno habría resuelto la mayor parte de su problema.

DURMIENDO EN UN MUNDO DE AGRICULTORES

Esto trae a colación los problemas a los que se enfrentan las personas que aún traen consigo una versión muy activa del gen Edison cuando duermen. En un artículo publicado en el sitio web BrainPickings, Maria Popova señaló que el propio Thomas Edison era un ejemplo de ello. Este escribió: "Evidentemente me inocularon bacilos insomnes cuando era un bebé"; rara vez dormía más de cuatro o cinco horas por noche y, a menudo, se quedaba despierto la mayor parte o toda la noche trabajando en sus inventos o leyendo, pero lo compensaba haciendo numerosas siestas cortas durante el día.

Sus siestas eran legendarias; tenía un catre en cada uno de sus talleres, en su fábrica y en su casa. En 1921 fue de picnic al bosque con el presidente Warren Harding y el barón de los neumáticos Harvey Firestone, y la posteridad lo registró con una famosa (y fácil de buscar en internet) foto de Harding y Firestone sentados en sillas de jardín charlando mientras Edison dormía, con la cabeza sobre una almohada, en el suelo sobre un lecho de flores.

Era tan TDAH (sobre lo cual se ahonda en otra sección de este libro), que ni siquiera pudo sobrevivir la escuela primaria. Thomas Edison no solo ejemplificaba la creatividad derivada de la distracción, sino que también personificaba al cazador que interrumpe el sueño.

Estas son algunas de las técnicas que los cazadores de éxito han compartido conmigo (y algunas que yo mismo utilizo) para dormir lo suficiente en este mundo tan poco cazador.

- **Los anclajes** son el núcleo de la mayoría de las terapias de higiene del sueño practicadas por terapeutas y clínicas del sueño. Se trata de un concepto de PNL (programación neurolingüística) y su función es desencadenar una respuesta determinada del cuerpo. Al igual que cuando hueles tu comida favorita y salivas y sientes hambre, hay cientos de "anclas" específicas que todos hemos acumulado a lo largo de nuestra vida.

  Los anclajes son el resultado de la exposición repetida a una cosa que enlaza con otra. Los perros de Pávlov son el ejemplo más conocido, pero la realidad es mucho más profunda y está mucho más extendida en nuestras vidas. Una exposición, bien sea a otra persona, lugar, cosa o situación, produce una respuesta predecible (consciente o no).

Por ejemplo, cuando era niño mis padres tenían más de veinte mil libros en el sótano. Hacia los ocho o nueve años, me cansé de compartir litera y dormitorio con mi hermano (éramos cuatro niños y mis padres en una casa de tres habitaciones y un baño), así que papá me dejó excavar un rincón de su biblioteca del sótano, utilizando estanterías como paredes, para crear mi propio dormitorio allí. Los libros olían a biblioteca o a tienda de segunda mano (donde papá y mamá los habían comprado casi todos), y habíamos pasado la mayor parte de los fines de semana de mi infancia recorriendo el centro de Michigan en coche hasta las tiendas del Ejército de Salvación y Goodwill en busca de libros de colección. Además, mi abuela tenía una tienda de antigüedades en Newaygo, Michigan, donde me pasaba los veranos. Al día de hoy, cuando entro en una librería de segunda mano, una tienda de segunda mano o una biblioteca, me siento transportado emocional y psíquicamente a los diez años.

No solo tenemos estos grandes anclajes, sino también cientos de anclajes más pequeños. Determinados alimentos desencadenan recuerdos y recuperan estados emocionales, al igual que ciertas películas antiguas o programas de televisión, música, restaurantes, lugares e incluso personas.

Así que, sabiendo esto, el objetivo de la higiene del sueño es lograr que nuestra cama pase de ser un lugar más a convertirse en un ancla poderosa, única y específica para el sueño.

La forma de hacerlo es bastante sencilla: métete o quédate en la cama solo cuando estés durmiendo o a punto de hacerlo. Por la noche, quédate sentado en una silla leyendo o lo que sea que hagas (aunque ver la tele o leer en la computadora puede producir luz azul que crea disrupción en la producción de serotonina y melatonina de tu cuerpo, las neurohormonas que regulan el sueño) hasta que estés realmente cansado y listo para irte a dormir. Después, vete directamente a la cama y duerme en el acto.

Si te despiertas en mitad de la noche, levántate y retírate a tu sillón o sofá de antes de dormir y lee o haz lo que sea para relajarte lo suficiente como para volver a tener sueño. La clave aquí es no preocuparse por ello y no hacer ningún esfuerzo para "volver a tener sueño". Tener ansiedad o hacer esfuerzos en volver a dormir es una forma segura de evitar que el sueño llegue. Si simplemente dejas que tu cuerpo te diga cuando está cansado en lugar de tratar de conducir el proceso, tendrás garantizado (a veces después de unas semanas de práctica) terminar con sueño de nuevo y volver a la cama.

Cuando te despiertes por la mañana, levántate enseguida; tu cama no debe estar anclada a nada que no sea el sueño y, si duermes con otra persona, al sexo. Punto.

- **La regularidad** es otra dimensión de la higiene del sueño. En la medida de lo posible, acuéstate y levántate siempre a la misma hora, incluso los fines de semana. Esto profundiza y fortalece el anclaje, mientras que mantener diferentes horas de acostarse lo dispersa y debilita considerablemente. Aunque nuestra cultura nos dice que está de moda y es apropiado quedarse despierto hasta tarde los fines de semana y dormir hasta tarde los sábados y domingos por la mañana, la realidad es que para quienes tienen problemas de sueño ese comportamiento es totalmente contraproducente, tanto a corto como a largo plazo.

- **Dormir en una habitación oscura y silenciosa,** con la temperatura por debajo de la temperatura ambiente normal, es otra dimensión de sentido común de la higiene del sueño.

- **Deshazte de todos los relojes** de tu dormitorio que puedas ver fácilmente. Por muy contraintuitivo que esto pueda parecer, la división artificial de las horas y los minutos a lo largo de la noche es lo que más obsesiona a la mayoría de los insomnes. Deshacerse de los relojes puede ser el consejo más útil de todo este capítulo.

- **Las mantas** con peso son un último recurso, utilizado sobre todo para niños autistas, pero muchos cazadores afirman que estas les ayudan a dormir. Puedes conseguirlas fácilmente en internet, donde la propia manta acolchada tiene incorporadas 20 o 30 libras de cuentas metálicas o de piedra que hacen que descanse pesadamente sobre el cuerpo.

- **La rumiación** es una de las cosas más difíciles de superar para los cazadores al momento de intentar conciliar el sueño. Rumiar es la forma en que la mente puede desbocarse. Es prima de la preocupación y la ansiedad, y se define en términos generales como la obsesión por pensamientos de angustia o desastre, normalmente de cara al futuro, sin ninguna consideración por soluciones y, a menudo, sin situar esas preocupaciones obsesivas en un contexto menos amenazador.

Solemos rumiar cosas terribles que pueden ocurrir en el futuro con base en cosas que hemos hecho en el pasado, por lo que a menudo hay un componente de culpa, vergüenza o bochorno en la mezcla. Cuando intentamos conciliar el sueño, la rumiación suele centrarse en el desastre que ocurrirá al día siguiente si nos presentamos en el trabajo privados de sueño o incluso si nos quedamos dormidos al volante al intentar ir o regresar del trabajo.

La terapia cognitivo-conductual ha adoptado una serie de técnicas básicas de PNL para tratar la rumiación que funcionan en gran medida.

La primera consiste en interrumpir la propia rumiación con una autoconversación interna. Cuando empieces a preocuparte por lo mal que te irá esa presentación de ventas por la mañana si tu cerebro no funciona porque no has dormido lo suficiente, dite literalmente a ti mismo (dentro de tu cabeza) algo como: "¡Un momento! Puedo sobrevivir a esto. He hecho cosas antes cuando estoy cansado o privado de sueño, y solo en contadas ocasiones han salido mal. Incluso puedo utilizar el viejo método de Claude Bristol de mirarme al espejo justo antes de la presentación y decirme a mí mismo que estoy despierto y alerta". (Está descrito en mi libro *ADD Success Stories*). Puede que no funcione todo el día, pero funcionará para las cosas importantes.

Tal vez la parte más importante para acabar con la rumiación sea cambiar tu propia tonalidad interna; es decir, cómo escuchas tu propia voz interna cuando "piensas" o, esencialmente, hablas contigo mismo mientras intentas conciliar el sueño o mantenerte dormido. A medida que nos esforzamos más y más, nuestra tonalidad tiende a subir de volumen, tono y velocidad. Muy pronto estamos hablando con nosotros mismos en un tono que suena y provoca algo parecido a una respuesta de pánico.

Así que puedes probar a repetir las mismas palabras que acabas de decir en tu cabeza, pero de forma diferente.

Por ejemplo, fíjate en este diálogo interno típico de los insomnes: "Tengo que levantarme a las 7, así que necesito estar dormido a las 11 para cumplir mis ocho horas, pero ya son las 10:30 y aún no me he dormido, así que empiezo a preocuparme por si no me duermo a tiempo, de modo que cuando suene el despertador me despertaré con sueño y mi presentación de mañana será un fracaso".

Si el tuyo es así, prueba este poco de magia de la PNL. En lugar de cambiar las palabras, simplemente baja el tono de tu voz interna una octava, habla despacio como si estuvieras en una película ralentizada y suaviza el volumen con grandes espacios entre las palabras. Como la tonalidad comunica más significado que las palabras (que no son más que representaciones abstractas, mientras que la tonalidad es una conexión directa con el cableado de tu cerebro), estos cambios pueden funcionar como magia. Pruébalo, te sorprenderá.

También puedes recordarte a ti mismo que, aunque la mayoría de la gente piensa que su falta de sueño es obvia para todo el mundo en el trabajo o en situaciones sociales, la realidad es que casi nadie se da cuenta, y tu rendimiento rara vez disminuye de forma significativa. Para demostrártelo a ti mismo y tener algo de lo que hablar cuando empieces a asustarte por la falta de sueño, prueba a dormir solo cinco horas a propósito una noche esta semana y, al día siguiente, afronta el día con entusiasmo y una sonrisa y no se lo digas a nadie. Tendrás una nueva herramienta para acabar con esa forma de rumiación que tanto perturba el sueño.

Otra forma de interrumpir la rumiación es resolver problemas tumbado en la cama con los ojos cerrados. Cuando escribía mi primera novela, hace treinta años o más, descubrí que, si me acostaba e intentaba trazar el arco de la novela en mi mente, desde los incidentes incitadores hasta las complicaciones progresivas, la crisis, el clímax y la resolución, la complejidad de todo ello abrumaba tanto a mi cerebro que se rendía y se iba a dormir. A lo largo de los años, he descubierto que puedo hacer lo mismo simplemente intentando esquematizar el argumento del último programa de televisión o película que he visto. Casi siempre hace que mi cerebro diga: "¡Compadre! ¡Me rindo! Yo me voy a dormir".

El propio Thomas Edison practicaba este tipo de juegos mentales para conciliar el sueño.

Tal y como anotó en su diario el 12 de julio de 1885: "Desperté a las 5:15 a.m. Mis ojos estaban desconcertados por los rayos del sol. Les di la espalda e intenté sumergirme de nuevo en el olvido. Lo conseguí. Desperté a las 7 a.m. Pensé en Mina, Daisy y Mamma G. Puse a las tres en mi caleidoscopio mental para obtener una nueva combinación *a la* Galton. Tomé a Mina como base, traté de mejorar su belleza descartando y añadiendo ciertos rasgos prestados de Daisy y Mamma G. Una especie de belleza *rafaelizada*, me sumergí por completo en ello, mi mente fluyó y me volví a dormir".

Una forma externa y más moderna de interrumpir la rumiación es oír un pódcast. Para cada uno de nosotros el contenido será diferente. Sin embargo, aunque no parezca, escoger un pódcast sobre un tema que te interese o del que necesites saber suele ser lo mejor. Como hago un programa de radio de tres horas todos los días, necesito estar al día de las noticias, y como la ciencia también suele formar parte de mi programa, suelo escuchar el pódcast diario de la BBC o uno de los muchos y magníficos pódcasts científicos que existen. Al principio, me fascina, lo que rompe al instante el hábito de rumiar. Una vez que eso desaparece, mi cerebro se apaga y cuando me despierto solo recuerdo los primeros cinco o diez minutos del pódcast.

Aunque la rumiación es un tema que merece su propio libro, es importante señalar que la rumiación excesiva o diaria también se asocia con la depresión clínica y los trastornos de pánico, y romper el hábito de la rumiación, especialmente por la noche, es una de las técnicas más utilizadas para tratar estas dos afecciones. Sustituir la rumiación nocturna no solo facilita el sueño, sino que es una gran ayuda para la salud mental en general.

- **Hipnosis.** El doctor Milton Erickson fue uno de los hipnotizadores más famosos de mediados del siglo XX, y su trabajo constituyó gran parte de la base del método de Richard Bandler y John Grinder llamado programación neurolingüística (PNL). Su mujer, Betty, ideó lo que Milton denominaba "la técnica Betty" para dormirse a sí misma y a los demás. Se trata de una inducción de patrones muy sencilla para la autohipnosis que conduce al sueño.

El sistema de Betty utiliza tres de nuestros sentidos y funciona así: primero, tumbado en la cama con los ojos cerrados, fíjate en lo que "ves" luego de cerrar los párpados. Después de prestarle atención durante unos instantes, cambia tu atención a lo que oyes, aunque la habitación esté en silencio. Unos instantes después, desplaza tu atención hacia las sensaciones corporales, tu sentido cinestésico. A continuación, repite la secuencia una y otra vez hasta que te quedes dormido. Normalmente se necesitan entre tres y siete repeticiones para lograrlo.

Trabajar con un hipnotizador real es una buena forma de aprender autohipnosis con más complejidad que la técnica Betty. Por lo general, una persona puede aprender autohipnosis en pocas sesiones.

Otra opción es utilizar una de las aplicaciones para dormir disponibles para teléfonos inteligentes. El hipnoterapeuta clínico escocés Andrew Johnson tiene algunas de las más populares y efectivas de estas aplicaciones, en las que te guía a través de una ligera inducción hipnótica hacia un sueño profundo y reparador.

- **Máquinas de luz y sonido.** Ciertas frecuencias de la actividad cerebral se asocian a determinados estados de ánimo. Las frecuencias beta se asocian al pensamiento e incluso a la ansiedad, mientras que las frecuencias alfa a veces se denominan estados de "felicidad". Theta es lo que experimentamos al dormirnos y despertarnos, y parece tener una fuerte asociación con la creatividad. Delta se asocia a las ondas profundas y lentas del cerebro, las ondas del sueño.

Los neurocientíficos han descubierto que es posible inducir determinadas frecuencias de ondas cerebrales al estimular los ojos y los oídos con esas frecuencias específicas. Varias empresas fabrican gafas y auriculares que se conectan a miniordenadores hechos a medida para producir las frecuencias en una secuencia que imita el proceso normal de conciliar el sueño, y los ofrecen tanto para uso profesional como de consumo.

Las personas con alguna posibilidad de epilepsia deben evitar por completo estos dispositivos, ya que pueden estimular los ataques. En cambio, para una persona normal y sana puede ser una forma útil de entrenamiento para conciliar el sueño rápidamente.

Otro producto destacado de gran ayuda en el entrenamiento con meditación y retroalimentación de las ondas cerebrales (en forma de sonidos del clima—tormenta cuando estás distraído, calma con pájaros cuando estás meditando profundamente—) es el dispositivo Muse.

Como ya se ha señalado, el dispositivo Muse lleva gran parte de la tecnología de neurorretroalimentación EEG a una sencilla diadema que interactúa con un *Smartphone* y que cuesta menos de 300 dólares.

Considero que es una herramienta muy valiosa de enseñanza para la meditación, así como un potente relajante.

LA IMPORTANCIA DEL SUEÑO

Aunque Thomas Edison estaba convencido de que dormir era "tiempo perdido", ahora sabemos que es esencial para el funcionamiento mental y físico normal. Durante el sueño, el cerebro se limpia de las toxinas acumuladas durante el proceso metabólico del día, lo que permite un funcionamiento más eficaz. Durante el sueño, integramos las actividades y recuerdos del día y formamos la memoria a largo plazo, razón por la cual alterarlo con medicamentos o alcohol suele producir fallos en la memoria a largo plazo.

En resumen, el sueño es importante, incluso crítico. Dicho esto, la ansiedad en torno a la falta de sueño es quizá más destructiva que la propia falta de sueño. Es importante desarrollar una autoconversación interna que impida que te angusties por no dormirte lo suficientemente rápido o por no despertarte por la noche, y que te asegures que, independientemente de cuánto duermas, estarás bien a largo plazo.

Conocer cuál es tu patrón de sueño "normal" y qué puedes hacer para adaptarlo no solo te ayudará a dormir, sino también a despertarte.

En este país hay aproximadamente cinco millones de niños considerados hiperactivos. Existe una gran preocupación e interés sobre cómo y con qué medios tratar a estos niños pequeños de la mejor manera.

En los últimos tiempos se ha llamado la atención de las subcomités sobre ciertos medicamentos que se exigía administrar a los niños para que pudieran ir a la escuela...

Entiendo que son los profesores de estas escuelas los que deciden sobre la necesidad de que los niños tomen ese medicamento en concreto (metilfenidato o Ritalin). Este fármaco se administra para que el niño pueda continuar en el aula. Así es como yo lo entiendo.

No son los médicos los que están tomando esta decisión (aunque son los que recetan). Independientemente de la opinión que tú y yo tengamos acerca de la sobreutilización de esos fármacos entre los niños, ni siquiera es un médico, sino un docente quien está exigiendo a los padres que administren ese fármaco al niño para poder participar en clase.

La pregunta sobre los propios profesores que toman esas decisiones es muy interesante. Creo que cualquiera de nosotros que ve niños, que tiene hijos o que tiene muchos sobrinos, sabe que están inquietos, ansiosos y quizá aburridos en algunas de sus aulas. Ahora nos encontramos con una situación, al menos en este ámbito, en la que un profesor que tiene algunos niños que quizá no estén tan interesados, que quizá se aburran un poco en clase, tienen la potestad para exigirles que tomen un medicamento para permanecer en el aula.

No estoy seguro de que sea una señal muy esperanzadora o útil.

Senador Edward M. Kennedy, presidente del Comité de Salud, Educación, Trabajo y Pensiones del Senado, en su discurso de apertura y debate con el Dr. Ben Feingold antes de las audiencias sobre "Examen de las causas de los niños hiperactivos...". 1975

CAPÍTULO DIECISÉIS

Cazadores medicados

La vida es un éxtasis. La vida es dulce como el óxido nitroso.

RALPH WALDO EMERSON
("ILLUSIONS," *THE ATLANTIC*, NOVIEMBRE DE 1857)

¿Es posible que los fármacos sean la "cura" para el trastorno por déficit de atención con hiperactividad?

La famosa novela de sir Arthur Conan Doyle *El signo de los cuatro* comienza con un tema que los seguidores de Sherlock Holmes reconocerán:

Sherlock Holmes cogió su frasco del rincón de la repisa y su jeringuilla hipodérmica de su pulcro estuche de marruecos. Con sus dedos largos, blancos y nerviosos ajustó la delicada aguja y se remangó el puño izquierdo de la camisa. Durante un rato, sus ojos se detuvieron pensativos en el antebrazo y la muñeca nervudos, llenos de innumerables marcas de pinchazos. Finalmente, clavó la afilada punta, apretó el pequeño pistón y se hundió en el sillón de terciopelo con un largo suspiro de satisfacción...

"¿Cuál es hoy?", pregunté. "¿Morfina o cocaína?".

Levantó los ojos lánguidamente del viejo libro de letras negras que había abierto. "Es cocaína", dijo, "una solución al siete por ciento. ¿Te gustaría probarla?".

"No, desde luego que no", respondí con brusquedad. "Mi constitución aún no ha superado la campaña afgana. No puedo permitirme sobrecargarla".

Sonrió ante mi vehemencia. "Tal vez tengas razón, Watson", dijo. "Supongo que su influencia es físicamente mala. Yo lo encuentro, sin embargo, tan trascendentalmente estimulante y clarificadora para la mente que su acción secundaria prácticamente no tiene importancia".

Cuando Watson continuó protestando por el consumo de cocaína de Holmes, este le replicó unos párrafos más tarde:

"Mi mente", dijo, "se rebela ante el estancamiento. Denme problemas, denme trabajo, denme el criptograma más abstruso, o el análisis más intrincado, y estoy en mi propio ambiente, solo así puedo prescindir de estimulantes artificiales; pero aborrezco la aburrida rutina de la existencia. Anhelo la exaltación mental. Por eso he elegido mi profesión particular...".

(Si hay un arquetipo literario del cazador con TDAH, ese es sin duda Sherlock Holmes, que se fija en todo lo que le rodea y salta de pensamiento en pensamiento con la gracia de una gacela).

Hace poco visité una reunión de un grupo de apoyo para adultos con TDAH en una gran ciudad estadounidense. El orador, un psiquiatra, pidió que levantaran la mano:

"¿A cuántos de ustedes se les ha diagnosticado TDAH?". Aproximadamente la mitad de la sala levantó la mano. (Había muchos recién llegados esa noche, fruto de un reciente programa de televisión sobre el TDAH y este grupo de apoyo en particular).

"¿Cuántos de ustedes toman medicación para su TDAH?". Prácticamente todos los adultos que habían levantado la mano para la pregunta "diagnosticado" levantaron la mano. "¿Cuántos de ustedes, en un momento u otro de su vida, se han automedicado?". Más de cuatro quintas partes de la sala levantaron la mano. Los que no lo hicieron miraron a su alrededor, cohibidos, y pensé que lo más probable es que lo hubieran hecho, pero tuvieran miedo de admitirlo.

El psiquiatra continuó con la historia de cómo él mismo había sobrevivido a la Facultad de Medicina. "Black Beauties (una forma ilegal de anfetamina que se vendía en la calle en los años setenta como pastillas para adelgazar) fue lo que me ayudó a salir adelante", dijo. "Aumentaban mi capacidad de concentración y estudio, y muchos de mis amigos de la facultad también las tomaban".

EL CONSUMO DE DROGAS A LO LARGO DE LA HISTORIA

Consumir drogas para superar un trabajo difícil que requiere gran concentración no es nada nuevo: durante la Operación Tormenta del Desierto, la operación de las Naciones Unidas contra Irak en 1991, un reportaje de la CNN reveló que los pilotos de cazas y bombarderos de las Fuerzas Aéreas de Estados Unidos tomaban anfetaminas de forma rutinaria para mantenerse alerta durante sus vuelos, y así ha sido desde antes de la Segunda Guerra Mundial. (La práctica se suspendió oficialmente en abril de 1992, al parecer debido al reportaje de la CNN y a otra publicidad adversa en medio de la "guerra contra las drogas" de la administración Bush). Los registros también muestran que John F. Kennedy tomaba a menudo metanfetamina, una droga similar al Ritalin, mientras era presidente de los Estados Unidos.

Sigmund Freud, durante varios años de ejercicio de la psicología, opinó que la cocaína era una droga milagrosa que abriría las puertas del inconsciente y devolvería la "capacidad funcional" a las personas "disfuncionales". Freud, quien consumía cocaína él mismo, incluso compuso un poema en alabanza de la droga, y sugirió que a *todo* paciente en terapia se le diera cocaína. No fue hasta años más tarde, cuando algunos de sus pacientes empezaron a sufrir sobredosis o a mostrar signos de drogadicción y adicción (y un amigo íntimo suyo se suicidó en un momento de psicosis por cocaína), cuando cambió de postura y sugirió que las drogas en terapia debían administrarse con cuidado, caso por caso.

En Estados Unidos, un farmacéutico de Atlanta (Georgia) llamado John Stith Pemberton inventó en 1886 la fórmula de un tónico "curalotodo". Afirmaba que curaba la depresión, la falta de concentración, los dolores de cabeza y una serie de dolencias menores. Cinco años más tarde, Asa Griggs Candler, otro farmacéutico, compró la fórmula del tónico y la añadió al agua carbonatada, con lo que produjo una bebida gaseosa. Con el cambio de siglo, la Coca-Cola podía comprarse prácticamente en todas las ciudades de América, Hawái, Canadá y México, y contenía como principal ingrediente activo la sustancia que le dio nombre: la cocaína. No fue hasta la segunda década del siglo XX cuando la cocaína fue sustituida por otra droga estimulante, la cafeína. El consumo de drogas lleva con nosotros mucho, mucho tiempo.

Las pruebas del uso de alcohol producido por fermentación están bien documentadas en la Biblia, y algunos arqueólogos afirman que los humanos usaban esta droga mucho antes de la llegada de lo que llamamos civilización. Otras culturas han optado por el opio, la coca, el tabaco o la marihuana. El psiquiatra Andrew Weil postula que el "impulso de alterar la consciencia" es una pulsión humana básica, igual que los impulsos de comida, sexo y seguridad, y para ejemplificar dicho instinto menciona los juegos infantiles en los que los niños giran en círculos hasta marearse y la forma en que los animales buscan fruta fermentada o plantas psicoactivas.

Cuando el Dexedrine se comercializó por primera vez en 1938, su promotor, el doctor Bradley, la calificó de "píldora matemática milagrosa" por su capacidad para ayudar a los estudiantes a realizar proyectos matemáticos difíciles. Nancy Reagan, al mismo tiempo que hacía declaraciones públicas de que la gente debería "simplemente decir no" a las drogas, tomaba ella misma drogas psicoactivas, aunque con receta médica. Y en 1992, la Casa Blanca confirmó que tanto el presidente George H. W. Bush como el secretario de Estado James Baker consumían ocasionalmente Halcion, un controvertido y potente tranquilizante de la familia del Valium, prescrito sobre todo como somnífero.

¿Quién de nosotros no bebe de vez en cuando una taza de café, té o refresco de cola con cafeína? Y cualquiera que haya asistido a una reunión de Alcohólicos Anónimos (AA) sabe muy bien que la mayoría de los asistentes no llevan una vida libre de drogas: consumen café en cantidades prodigiosas, a menudo fuman tabaco y algunos toman medicamentos recetados que incluyen tranquilizantes o estimulantes. (Con esto no quiero minimizar los extraordinarios beneficios de la participación en AA, ni los efectos increíblemente destructivos de la adicción al alcohol; está claro que es una de las drogas más peligrosas que existen, y su consumo por parte de un alcohólico equivale al suicidio. AA probablemente ha salvado más vidas, tanto directa como indirectamente, que cualquier otra organización en América).

Dada la omnipresencia del consumo de drogas en la historia de la humanidad, y la forma en que los medicamentos de venta libre se promocionan en televisión como curas rápidas para todo, desde la artritis hasta el resfriado común, no debería sorprender a nadie que una primera respuesta de nuestra cultura al "trastorno" del TDAH sea administrar fármacos.

FÁRMACOS PARA EL TDAH

Las historias de personas que beben de cinco a veinte tazas de café al día para sobrevivir a sus desagradables trabajos agricultores son habituales en cualquier reunión de adultos con TDAH o de psiquiatras especializados en TDAH. Sustituir estas cantidades masivas, y a menudo ineficaces, de cafeína por una pequeña dosis de Ritalin o Dexedrine suele producir una transformación asombrosa, al "curar" el trastorno mientras la persona siga tomando el fármaco.

No funciona para todo el mundo, pero sí produce resultados para muchos. Las esposas cuentan historias de sus maridos recién medicados "prestándome atención, sentándose realmente en un sitio y escuchándome durante media hora, por primera vez en años". Las relaciones mejoran, las personas son más funcionales en el trabajo, los empresarios se convierten en directivos, los niños con problemas pasan a ser buenos estudiantes. Incluso algunos alcohólicos y drogadictos (muy probablemente, cazadores TDAH entre esa subpoblación) afirman que su atracción por el alcohol o las drogas fue para "acabar con el aburrimiento" o "cerrar todas las entradas", y descubren que su ansia de alcohol y/o drogas disminuye drásticamente cuando comienzan la terapia con Ritalin o Focalin. También hay cada vez más pruebas anecdóticas de que los problemas de control de los impulsos, como la promiscuidad sexual, son controlables cuando la persona está medicada con Ritalin u otras sustancias.

Sentado en la última fila del grupo de apoyo para adultos con TDAH, mientras escuchaba a la gente contar historias sobre cómo el Ritalin, el Focalin o el Dexedrine les habían salvado la vida, me hizo preguntarme si habría escuchado historias similares de Arthur Conan Doyle, quien afirmaba que la cocaína le dio el genio para escribir las historias de Sherlock Holmes.

¿Habría ofrecido los mismos informes a un grupo de pacientes cocainó-manos de Freud? ¿O un grupo de señoras del siglo XIX que bebieran el tónico de Lydia Pynkham, uno de los muchos tónicos de venta libre que contenían cocaína, opio o ambos, y que se vendieron durante más de 150 años en Estados Unidos, consumidos por personas tan respetables como senadores, presidentes y sus esposas? La heroína también se introdujo por primera vez en el mercado como jarabe para la tos, y estuvo disponible durante años en los mercados de barrio y en las farmacias sin receta. Muchas personas afirmaban que les curaba algo más que la tos, y el consumo del "elixir" se hizo muy popular entre las clases cultas en los primeros años del siglo XX.

Así que, de nuevo, la pregunta: ¿podrían *ser* los fármacos la "cura" para el trastorno por déficit de atención con hiperactividad?

Ciertamente hay un enorme cuerpo de evidencia médica y anecdótica que dice "Sí". Pregunte a cualquier profesor: el Ritalin está tan omnipresente en nuestras escuelas ahora que es casi imposible encontrar un profesor que no pueda contar historias de Jekyll y Hyde sobre niños difíciles o problemáticos que se convirtieron en estudiantes con calificaciones sobresalientes o notables luego de empezar a tomar Ritalin.

Y es que, cuando observamos nuestras poblaciones penitenciarias, con su enorme porcentaje de adultos con TDAH entre los reclusos, uno se ve obligado a preguntarse cómo habrían resultado estas personas si hubieran tenido acceso a esa medicación cuando eran jóvenes. Las estadísticas indican que el TDAH es mucho más una "enfermedad" de los niños blancos de clase media que de los negros pobres u otros grupos minoritarios. Sin embargo, muchos argumentan que en lugar de que esto represente una diferencia genética, esto solo refleja la diferencia en el acceso a la atención médica y los recursos disponibles para llegar al diagnóstico entre estos dos grupos.

También es interesante observar que la gran mayoría de los presos han experimentado, usado o abusado de las drogas durante mucho tiempo antes de ser encarcelados. (Muchos siguen abusando de las drogas mientras están en prisión, pero esa es otra historia). ¿Podrían ser intentos de automedicarse como forma de "curar" el TDAH? ¿Podrían ser intentos de resolver una "disfunción" médica, un "mal funcionamiento del cerebro", con el camello de la esquina desempeñando el papel que un psiquiatra desempeñaría para una persona más acomodada?

ALTERNATIVAS SIN MEDICAMENTOS

Visto en este contexto, la terapia con Ritalin/Focalin para el TDAH parece una medida adecuada, y posiblemente incluso conservadora. Y puede que lo sea, sobre todo para aquellos cazadores que están atrapados en situaciones vitales difíciles y no tienen forma de salir de ellas, o cuya impulsividad es una amenaza para sí mismos o para los demás.

Pero un punto de vista diferente puede decir:

1. Las personas consumen drogas para hacer frente a la dificultad de ser un cazador en una sociedad de agricultores.
2. La solución no es cambiar o aumentar la frecuencia de la medicación, sino encontrar trabajos de cazador, situaciones escolares y situaciones vitales para estas personas, y enseñarles las habilidades vitales básicas mencionadas en capítulos anteriores que les permitan tener éxito como cazadores.

Un momento especialmente conmovedor se produjo en una reunión de un grupo de apoyo a la que asistí, cuando un hombre que llevaba nueve meses tomando Ritalin, con resultados espectaculares, se levantó y dijo: "Con lo que tengo que lidiar ahora es con mi rabia. Mi rabia por el hecho de que tengo cuarenta años y he desperdiciado mi vida. Si hubiera conocido el TDAH cuando estaba en el instituto, y hubiera tenido Ritalin entonces, podría haberlo superado; podría haberme graduado en la universidad con matrícula de honor. Ahora podría ser un profesional de éxito, en lugar de alguien que ha tenido diez trabajos en veinte años. Siento que mi vida ha sido totalmente desperdiciada, y no hay forma de que pueda volver atrás". Tenía lágrimas en los ojos mientras pronunciaba esas palabras.

El paradigma que presentó fue: "He estado enfermo y defectuoso todos estos años y no sabía por qué. Ahora estoy curado tomando Ritalin, pero he desperdiciado todos esos años en los que no sabía cuál era mi enfermedad". Y, por supuesto, está enfadado por ese tiempo perdido: enfadado consigo mismo, enfadado con los médicos que no le diagnosticaron, enfadado con las escuelas y los profesores que se limitaron a llamarle alborotador.

Sin embargo, un paradigma alternativo podría ser: "He sido cazador todos estos años, con una serie de habilidades ideales para ser empresario, escritor o detective. En lugar de eso, me pasé veinte años intentando ser agricultor, en trabajos que requerían un día entero de concentración en un escritorio para una sola tarea, y fue un desastre. Ojalá me hubiera dado cuenta hace años de que era un cazador, me hubiera inscrito en una escuela de cazadores y hubiera encontrado trabajos de cazador; pero ahora que ya lo sé, ¡nunca es tarde para empezar!".

Probablemente, la realidad práctica se encuentre en algún punto intermedio entre ambas. He hablado con muchas personas sin TDAH que han experimentado con fármacos, incluido el Ritalin, y los han encontrado útiles a la hora de trabajar en una tarea o proyecto. Puede ser, como el doctor Bradley dijo del Dexedrine en 1938, o como Freud creyó de la cocaína, que todo el mundo obtenga algún beneficio de estimulantes suaves (en relación con la cocaína o la anfetamina) como el Ritalin o el Focalin. Eso es lo que nos dice la televisión sobre la otra droga estimulante tan utilizada en nuestra cultura: el café.

No obstante, como la legión de adictos al café se apresura a señalar, incluso las drogas estimulantes más extendidas tienen su lado negativo. Las personas que han consumido café o refrescos de cola durante años suelen presentar graves síntomas de abstinencia cuando dejan de consumirlos: dolores de cabeza, letargo, estreñimiento e incluso ataques de migraña.

Existen varias sustancias químicas que controlan o regulan la actividad del cerebro (neurotransmisores) y que se ven afectadas por el consumo de metilfenidato (Ritalin) y de la mayoría de los demás estimulantes. Los principales neurotransmisores son la dopamina, la norepinefrina y la serotonina, junto con las sustancias químicas en las que se descomponen (sus metabolitos). El aumento de los niveles de estos tres neurotransmisores (pero sobre todo de dopamina) afecta a la parte del cerebro que controla nuestra capacidad para pasar de un estado de concentración a un estado abierto de consciencia (los lóbulos frontales). También afectan a la parte del cerebro que controla nuestro sentido del tiempo (los ganglios basales, el cuerpo estriado).

Casi todo el mundo, cazador, agricultor o persona intermedia, ha experimentado la fluidez del tiempo en su vida, algo mediado por oleadas o cambios en estos neurotransmisores y sus relaciones entre sí. Para los cazadores, es algo cotidiano. En el caso de los agricultores, suele producirse por una crisis, como un accidente de coche. El torrente de adrenalina libera cantidades masivas de diversos neurotransmisores, lo que hace que el tiempo parezca ralentizarse. Innumerables testigos presenciales de accidentes o crímenes violentos han relatado que los hechos ocurrieron "como a cámara lenta".

Mientras que estar muy concentrado y no aburrirse (no tener la sensación de que el tiempo pasa lentamente) puede ser deseable en un aula o en la oficina, estos estados de consciencia pueden no ser los mejores si una persona estuviera, por ejemplo, caminando por un bosque o conduciendo un coche, donde la atención a muchos detalles a su alrededor es importante. Un adulto con TDAH que tomaba Ritalin me contó la historia de que estuvo a punto de provocar un accidente de auto porque estaba tan concentrado en el auto que tenía delante mientras cambiaba de carril que no se dio cuenta del que tenía al lado. "Cuando no tomo Ritalin, me fijo en todo. Camino por la casa y apago las luces, recojo las pelusas y examino constantemente mi entorno. Cuando tomo Ritalin, tiendo a hacer una cosa cada vez, muy concentrado".

Todo el mundo tiene la capacidad innata de pasar de un estado de consciencia a otro. Incluso los niños y adultos diagnosticados de TDAH son capaces de centrar su atención y acelerar su sentido del tiempo cuando trabajan en un proyecto que les interesa. También hay pruebas considerables de que las personas pueden entrenarse para alternar entre la consciencia abierta y la concentrada. Cuando logran este cambio, los escáneres PET muestran que los niveles de actividad química cambian en el cerebro. (Aunque los "cazadores extremos" suelen estar en estado abierto y los "agricultores extremos", en estado concentrado).

Así pues, el primer inconveniente del uso de fármacos para controlar el TDAH es que la persona empieza a perder su capacidad de activar y desactivar un estado de consciencia.

El segundo inconveniente es más una posibilidad que una certeza: el uso prolongado de medicación puede provocar cambios duraderos en la química cerebral.

La clorpromazina, vendida como Thorazine, es un tranquilizante que reduce funcionalmente los niveles de serotonina en el cerebro (un antagonista dopaminérgico). Hace años se prescribía sistemáticamente para la esquizofrenia. Desgraciadamente, también se utilizó mucho de forma inadecuada para controlar a los pacientes psiquiátricos, porque los volvía muy pasivos.

En un artículo para el *Journal of Orthomolecular Psychiatry* en 1981, informé sobre un niño de doce años que fue remitido a un centro residencial de tratamiento del que yo era director ejecutivo. Este niño había estado en el hospital psiquiátrico estatal durante dos años y había tomado Thorazine casi todo el tiempo. Le retiramos el fármaco, pero durante tres años experimentó convulsiones periódicas conocidas como discinesia tardía.

Los ataques de discinesia tardía se debían a la respuesta del cerebro al Thorazine. Al percibir que los niveles de serotonina eran anormalmente bajos, el cerebro desarrolló nuevos receptores de serotonina para intentar obtener más. Cuando se retiró el Thorazine, el cerebro se sobrecargó con su propia serotonina, y se produjeron los ataques. (Más tarde supimos que el niño no padecía ninguna enfermedad mental y que tenía una inteligencia superior a la media. Había sido "abandonado" en el hospital psiquiátrico debido a los malos tratos que sufría en su casa y a la falta de hogares de acogida. Al vivir sin drogas, pero con una extensiva terapia para su TDAH y otros problemas emocionales, se graduó en el instituto con matrícula de honor).

El mismo proceso ha sido bien documentado en docenas de estudios sobre opiáceos durante los últimos cien años: las personas que consumen narcóticos durante largos periodos de tiempo se vuelven en realidad más sensibles al dolor, porque la producción de opiáceos naturales del cuerpo ha disminuido permanentemente, y/o el número o la sensibilidad de los receptores del dolor ha aumentado en respuesta a la droga. Se han observado cambios permanentes similares en el número de sitios receptores, o en los niveles de neurotransmisores, en los cerebros de animales de laboratorio a los que se administró cocaína durante largos periodos de tiempo.

Algunos investigadores afirman que el TDAH es el resultado de bajos niveles de dopamina en el cerebro. El Ritalin y otros estimulantes aumentan los niveles de este neurotransmisor, lo cual parece ser la forma en la que "curan" el TDAH. Si el cerebro reacciona al aumento de los niveles de dopamina inducido por los estimulantes de la misma manera que lo hace a los cambios en los niveles de serotonina inducidos por la Thorazine, o a los cambios en los niveles de endorfinas y en la frecuencia de los receptores de opiáceos inducidos por los mismos opiáceos, entonces el resultado del uso prolongado de estimulantes sería que, al suspenderlos, el paciente tendría más TDAH que antes de comenzar la terapia. Los niveles internos "normales" de dopamina serían más bajos, como resultado de haber tomado el fármaco, porque el mecanismo de compensación del cerebro se habría puesto en marcha para intentar deshacerse o ignorar la dopamina extra. Es importante subrayar que, aunque este efecto se ha documentado con otras dos grandes familias de drogas, y las investigaciones indican cambios a largo plazo y posiblemente permanentes en la química cerebral por el uso prolongado de cocaína, no se han realizado estudios que documenten (o refuten) la posibilidad de que esto ocurra con el Ritalin.

Dado que los trastornos dopaminérgicos en la vejez están en el origen de la enfermedad de Parkinson, y que el metilfenidato (Ritalin) afecta a los niveles de dopamina, se ha expresado cierta preocupación por la posibilidad de que el uso de este fármaco durante años pueda tener efectos secundarios negativos en la vejez.

También existe la preocupación de que pueda desarrollarse tolerancia al Ritalin y a otros estimulantes, lo que indica cambios a largo plazo en el cerebro. Un grupo de investigadores, con el lenguaje de su oficio, informó que después de solo un régimen de tres semanas con metilfenidato "la desensibilización de la respuesta del cortisol y la prolactina [es decir, la supresión] a la reexcitación con metilfenidato podría indicar el desarrollo de subsensibilidad de los receptores de dopamina postsinápticos tras la actividad agonista dopaminérgica a largo plazo del metilfenidato". (Traducción: a lo largo de tres semanas las personas se volvieron progresivamente menos sensibles al metilfenidato en su torrente sanguíneo, y esto podría indicar que se están produciendo cambios físicos en las partes del cerebro que reaccionan al fármaco).

Los estudios con animales también han demostrado una tolerancia cruzada entre el metilfenidato, la cocaína y las anfetaminas, lo que indica que estas tres sustancias afectan al cerebro de forma similar.

Otros efectos secundarios del uso de estimulantes son el aumento de la tensión arterial, la pérdida de peso y, ocasionalmente, la caída del cabello. Afortunadamente, ninguno de ellos parece ser especialmente generalizado o problemático cuando las dosis se controlan cuidadosamente. Algunos expertos han expresado su preocupación por la posibilidad de que el metilfenidato afecte el crecimiento de los niños, pero estos estudios son demasiado recientes para considerarlos concluyentes. Por ahora, las pruebas son marginales. La producción de la hormona del crecimiento humano (HGH) por la glándula pituitaria parece producirse sobre todo durante las horas de sueño, y en estos momentos los niveles de metilfenidato son más bajos en el torrente sanguíneo.

En la década de 1980, un grupo afiliado a la Iglesia de la Cienciología lanzó una agresiva campaña contra el uso de Ritalin en niños por parte de la profesión psiquiátrica, planteando muchas de estas preocupaciones. Los psiquiatras se refieren a esa época como el "miedo al Ritalin", y a menudo desestiman las preocupaciones planteadas por este grupo debido al conocido desdén de la Iglesia de la Cienciología por la profesión psiquiátrica.

Sin embargo, ninguna de las dos partes de esta cuestión se ha demostrado como una certeza médica. Aunque el Ritalin se utiliza desde la década de 1950, tiene una vida media relativamente corta en el organismo y se considera relativamente seguro (hace poco oí a un psiquiatra referirse públicamente a él como "más seguro que la aspirina"), no se han realizado estudios bien controlados a largo plazo sobre sus efectos entre las personas que lo utilizan desde la infancia hasta la edad adulta y la vejez. Dado que el TDAH en adultos no fue reconocido por la profesión psiquiátrica en general hasta hace unos treinta años, todavía no se han realizado estudios a largo plazo sobre el uso de Ritalin en este grupo etario.

Por otro lado, existe poca evidencia de que el Ritalin plantee un riesgo grave de los problemas postulados anteriormente. Dado que no se han realizado estudios controlados en ninguno de los dos lados del tema, es difícil evaluar realmente su riesgo. Sin embargo, teniendo en cuenta lo fuerte que puede ser el síndrome de abstinencia de la cafeína, el tabaco y el alcohol, es posible que, en última instancia, el Ritalin se considere más bien benigno en comparación con estas drogas "normales y recreativas" de nuestra cultura.

La última pregunta, sobre todo para los escolares, es si el Ritalin constituye una ayuda para el aprendizaje o si es simplemente una forma de compensar las dificultades de comportamiento que dificultan el aprendizaje en un entorno escolar de agricultores.

Ciertamente, numerosos estudios demuestran que las notas de muchos niños mejoran cuando toman Ritalin. Pero, de nuevo, esto no prueba que el Ritalin esté ayudando al aprendizaje. Puede que solo esté compensando deficiencias en el aula que, de otro modo, dificultarían el aprendizaje de los niños con TDAH.

Algunas autoridades consideran que las personas aprenden mejor y más rápido cuando cambian constantemente de un estado de atención centrada a uno de atención abierta; es decir, cuando asimilan la información de forma focalizada y, a continuación, asocian esa información de forma libre y abierta y la conectan a varios focos de memoria del cerebro. Si esto es cierto, entonces el Ritalin (u otros fármacos que tienden a bloquear el cerebro en un único estado de atención) puede ayudar poco al aprendizaje, o incluso puede reducir la capacidad de aprendizaje pura.

Por otro lado, ¿cuánto puede aprender un niño cuando está interrumpiendo la clase, independientemente de su estado de consciencia? En el caso de muchos niños, si la escuela es incapaz de satisfacer sus necesidades de personalidad cazadora mediante un plan de estudios "orientado a la acción y basado en proyectos", el Ritalin puede ser la única opción para brindarles una oportunidad de aprendizaje. Una vez más, sin embargo, muchos educadores argumentarían que no se trata del fracaso del niño, ni se debe a una "deficiencia" o "trastorno" que tenga. Se trata, en cambio, de la incapacidad de la escuela para financiar y estructurar programas adecuados a las necesidades de los niños cazadores, por lo que es necesario medicarlos para que se adapten a los sistemas de enseñanza y aprendizaje de la escuela.

En la institución que dirigí, y en numerosas escuelas privadas de todo el país, se ha demostrado repetidamente que los niños cazadores con TDAH no son incapaces de aprender, pero sí suelen necesitar una estructura diferente a la que se ofrece en las aulas, normalmente superpobladas y con escasos recursos. Diversos factores como aulas más pequeñas, información presentada en segmentos de veinte a treinta minutos en lugar de una hora, ayudas visuales, instrucción en visualización (enseñanza del procesamiento auditivo, como se mencionó anteriormente), tiempos de silencio obligatorios en los que no se permiten interrupciones mientras los niños hacen tarea, y mucho trabajo práctico experimental, pueden combinarse para proporcionar un entorno de aprendizaje poderoso para los niños cazadores con TDAH, incluso en ausencia de Ritalin u otros fármacos.

Para los adultos cazadores (que son más conscientes de sí mismos que los niños y es más probable que sepan cuándo es apropiado tomar, o no, un medicamento) la disponibilidad de Ritalin, Focalin o Dexedrine bien puede ser análoga a la disponibilidad de café o alcohol. La gran mayoría de los adultos se automedican con café y alcohol para conseguir fines específicos. Un cazador que debe desempeñar un trabajo de agricultor puede descubrir que el uso ocasional de estos estimulantes farmacéuticos resulta útil. Si no perjudica su rendimiento en otros ámbitos, no produce efectos secundarios negativos y puede dejarse de lado en épocas de vacaciones, fines de semana o cuando no sea absolutamente necesaria una consciencia tan concentrada, en realidad puede ser una herramienta psicofarmacológica útil.

LA OPCIÓN DEL CONSUMO PERIÓDICO DE DROGAS

Otra opción sería usar Ritalin o Focalin durante tres a doce meses para desarrollar nuevos patrones de conducta, y luego abandonar el uso del fármaco, o reducirlo drásticamente. Varios adultos con TDAH que probaron Ritalin o Focalin me han dicho: "Qué shock fue pensar así. Nunca supe que otras personas pudieran concentrarse de esa manera". Con el tiempo, muchos han aprendido con éxito habilidades de concentración que pueden trasladar a épocas sin fármacos.

Es útil señalar a las personas que consumen drogas las diferencias aparentes en sus estados de consciencia y concentración antes y después del consumo de drogas. Esta toma de consciencia puede ayudarles a aprender a desarrollar los comportamientos de concentración de Ritalin/agricultor durante los momentos en los que no consumen drogas. Una analogía sería el uso de rueditas de entrenamiento en una bicicleta: un niño las usa hasta que ha aprendido las habilidades necesarias para andar sin ellas. Una vez incorporadas las habilidades, pueden desecharse las rueditas de forma segura.

El paso importante en este proceso es ayudar al niño (o al adulto) a identificar su comportamiento bajo medicación. Esto debe ir seguido de un esfuerzo consciente para transferir esos comportamientos a periodos sin medicación. Este proceso puede servir como término medio útil entre los dos extremos de "medicar siempre" y "no medicar nunca".

En última instancia, el consumo de drogas es una decisión que cada individuo o padre debe tomar por sí mismo, pero nunca debe considerarse la única forma para que un cazador desarrolle las habilidades de agricultor.

TERAPIAS ALTERNATIVAS

El debate sobre los tratamientos no farmacéuticos para el TDAH ha pasado recientemente de las publicaciones "marginales" sobre salud y alimentación a las revistas y periódicos de gran tirada. Cada vez aparecen más artículos en la prensa popular sobre hierbas, homeopatía, vitaminas y neurorretroalimentación EEG como métodos para tratar el TDAH. Muchas personas están experimentando con estas terapias no tradicionales. Aunque ninguna puede igualar el importante corpus de investigación científica que respalda el Ritalin, es importante abordar estos temas, ya que su popularidad está creciendo y muchos cazadores o padres de niños cazadores pueden considerarlas como una opción terapéutica, bien sea para el presente o el futuro.

- **Los tratamientos a base de plantas para el TDAH** suelen centrarse en la categoría de hierbas "de ayuda para los nervios"; es decir, aquellas que contienen un ingrediente activo tradicionalmente considerado "relajante" o "curativo" para el sistema nervioso. Entre ellas se incluyen la escutelaria de Virginia (*Scutelleria lateriflora*), la valeriana (*Valeriana officinalis*), el lúpulo (*Humulus lupulus*), el basónimo (*Caulophyllum thalictroides*), la cimífuga (*Actaea racemosa*), la manzanilla (*Anthemis nobilis*) y la gran zapatilla de dama amarilla (*Cypripedium pubescens*). A veces los herbolarios recomiendan hierbas estimulantes, como el jengibre (*Zingiber officinale*) o la regalicia (*Glycyrrhiza glabra*) para el TDAH.

  Cabe destacar que las hierbas contienen principios activos que pueden ser tóxicos en dosis elevadas o tener efectos secundarios. Hasta ahora, ninguna ha sido sometida a los rigurosos estudios doble ciego revisados por expertos que demostrarían su viabilidad como terapia para el TDAH.

- **La homeopatía** presenta menos riesgos de efectos secundarios que las hierbas, dado que los remedios homeopáticos actúan a través de la "fuerza vital" o "esencia vital" de un medicamento.

Los homeópatas sostienen que las sustancias homeopáticas, cuando se trituran adecuadamente, están investidas de un poder sutil que la ciencia aún no ha aprendido a medir, pero que funciona. Al señalar el hecho de que la ciencia todavía tiene que producir una explicación para la naturaleza dual de las ondas y partículas de la electricidad y, por lo tanto, no puede explicar cómo funciona la electricidad, los homeópatas sugieren que sus remedios funcionan con estos mismos tipos de energías sutiles ahora inexplicables. (La mayoría de los médicos no están convencidos).

Los remedios homeopáticos sugeridos para el tratamiento del TDAH incluyen *Tarentula hispanica, Nux-vomica, Lycopodium, stramonium, Chamomilla, Tuberculinum* y *Veratrum album*. Por supuesto, estos remedios deben administrarse bajo el cuidado de un homeópata licenciado.

- **Las vitaminas y los suplementos nutricionales** han sido objeto de reivindicaciones médicas desde 1912, cuando los bioquímicos Casimir Funk y Frederick G. Hopkins desarrollaron la teoría de las enfermedades por déficit de vitaminas y denominaron a estas sustancias "aminas vitales".

El complemento alimenticio que más interés ha suscitado en el contexto del TDAH es la colina. Se trata de uno de los pocos nutrientes que pueden atravesar la barrera hematoencefálica, con lo que se convierte en el neurotransmisor acetilcolina directamente en el cerebro. Varios estudios recientes relacionan los niveles elevados de acetilcolina con una mejora en la función de la memoria e implican beneficios para la capacidad de atención. La colina está disponible como suplemento nutricional, y se encuentra en grandes concentraciones en las yemas de huevo, el germen de trigo, los cereales integrales, las legumbres, las espinacas, la batata y la lecitina.

- **La neurorretroalimentación EEG** implica el uso de una máquina bastante compleja que, antes de 2014, se vendía por un valor de entre 10.000 y 30.000 dólares. El dispositivo es un electroencefalograma modificado que monitoriza las intensidades relativas de varias ondas cerebrales. Al sentarte frente a un monitor o una pantalla de computadora conectada al dispositivo de electroencefalograma puedes ver tus ondas cerebrales gracias a los electrodos que te pones en la cabeza y, según la teoría, tienes el poder de entrenar tu cerebro para aumentar los niveles de ondas cerebrales de "consciencia concentrada" a la vez que disminuyes la potencia de ondas cerebrales de "consciencia distraída".

Los dispositivos de neurorretroalimentación EEG son utilizados principalmente por profesionales sanitarios, aunque ahora existe una diadema EEG de uso doméstico llamada Muse, que cuesta menos de 300 dólares. Esos estudios iniciales afirman que la tecnología puede "entrenar" muchos de los déficits asociados al comportamiento del TDAH, e indican que pueden ser necesarias entre treinta y cincuenta sesiones de quince minutos a media hora de duración cada una.

Mientras que la comunidad científica tradicional se interesa poco por la eficacia de las hierbas, las vitaminas y la homeopatía (algunos argumentarían que porque se obtienen pocos beneficios vendiéndolas), las máquinas de neurorretroalimentación EEG son actualmente objeto de varios estudios científicos. En el momento de escribir estas líneas, los resultados parecen prometedores. Si estos dispositivos realmente consiguen ayudar a las personas a entrenar sus cerebros para que se comporten de una manera que no se asemeje al TDAH, se plantea la pregunta: ¿podría producirse el entrenamiento sin la máquina?

Cuando se conozca el veredicto final sobre la neurorretroalimentación EEG, puede que se trate simplemente de una validación de las técnicas de meditación y concentración que se tratan en otras partes de este libro.

En resumen, dado el reciente "descubrimiento" del TDAH, es difícil afirmar el éxito total de una sola terapia. Fármacos como Ritalin, Focalin y Dextroanfetamina tienen sus defensores, al igual que hay personas que afirman beneficiarse de las hierbas, la homeopatía, las vitaminas, la dieta, la meditación, la quiropráctica o la neurorretroalimentación EEG.

En mi opinión, es importante reconocer y comprender los puntos fuertes y débiles intrínsecos a una mentalidad innata de cazador. Ya al saber esto, podemos modificar nuestro comportamiento y crear nuevas situaciones vitales que compensen o se adapten a nuestra "cazadoridad".

CAPÍTULO DIECISIETE

A mitad de camino de la cima

Cómo un TDAH no diagnosticado puede limitar una vida aparentemente exitosa

Si sigues tu estrella, no te faltará un puerto glorioso.

DANTE ALIGHIERI
(*LA DIVINA COMEDIA*, 1310)

El cine y la literatura están plagados de historias de personas que superaron obstáculos aparentemente insuperables para llegar a un nivel de éxito que incluso una persona "normal" difícilmente consideraría alcanzable. Algunos ejemplos son Terry Fox, el hombre con una sola pierna que corrió de costa a costa para dar a conocer la lucha contra el cáncer; Helen Keller, la mujer ciega y sorda de nacimiento que escribió literatura inspiradora y revolucionó la visión que el mundo tenía de las personas "discapacitadas"; y Pete Gray, el jugador de béisbol manco que jugó en las Grandes Ligas.

Al igual que estas personas superaron sus discapacidades para alcanzar sus metas, muchos adultos cazadores también han superado las limitaciones de su capacidad de atención y han triunfado en el mundo y en la sociedad. Para empezar, algunos son tan genios que, al igual que lo hizo Thomas Edison, son capaces de superar sus cortos periodos de atención.

Muchos, sin embargo, se describirían a sí mismos como heridos ambulantes. Han tenido éxito utilizando muchos de sus talentos de cazadores, pero también, a menudo, *a pesar de* sus instintos de cazadores. Al igual que en el caso del atleta manco, se enfrentan a un obstáculo personal en el mundo de los negocios o la educación y, sin embargo, aparentemente siguen teniendo "éxito".

Cuando estas personas, que aparentemente pueden ser "normales", leen este libro (u otros) y se reconocen como adultos con TDAH, es posible que busquen ayuda profesional y se estrellen contra una pared.

Los trastornos, por definición, significan que una persona no puede funcionar bien, que de algún modo está dañada. Por eso, cuando una persona con éxito aparente entra en la consulta de un médico o psiquiatra y dice: "Creo que tengo TDAH" (y, sobre todo, si pide Ritalin u otros fármacos para ello), la respuesta del médico puede ser: "Usted parece ser exitoso. ¿Qué podría ir mal en su salud?". El resultado es que personas que son funcionales pueden ser diagnosticadas erróneamente como que no tuvieran TDAH.

La ironía aquí es el frecuente fracaso de profesores, padres, empleadores y profesionales a la hora de ver la minusvalía invisible con la que la persona con TDAH debe trabajar. Y muchos cazadores, con inteligencia lo suficientemente alta como para desarrollar estrategias de afrontamiento, son incluso capaces de "engañar" a las pruebas de atención (que están diseñadas en gran medida para niños), y salir como "normales".

Estas personas tienen el potencial, el talento y la inteligencia bruta para llegar a la cima, pero como cazadores que habitan este mundo de agricultores, solo suelen llegar a mitad de camino.

"TE ENCUENTRAS BASTANTE BIEN"

En una reciente reunión de un grupo de apoyo para padres de niños con TDAH, varios padres se levantaron para contar historias de niños que creían que tenían TDAH, pero a los que los médicos no querían tratar porque "el niño va bien en el colegio; ¿cuál es el problema?".

El problema, a ojos de estos padres, es que sus hijos son capaces de hacer un trabajo *extraordinario,* y "va bien" no es un reflejo fiel de la inteligencia de su hijo, ni una realización de su potencial. Uno de los padres contó que sacó a su hijo de un colegio público con una media de treinta y cinco alumnos por aula, lo metió en un colegio privado con dieciséis alumnos por aula y vio cómo sus notas pasaron de aprobado a sobresaliente. El niño tenía una inteligencia innata que le calificaría de genio, pero este genio no era aprovechado porque sus características de cazador se interponían en su capacidad de aprendizaje en un entorno de escuela pública para agricultores.

Brad, que se había graduado en el MIT y, según todas las apariencias, triunfaba en el mundo con sus diversas aventuras empresariales, se dio cuenta de que era un cazador y pensó que el Ritalin podría ayudarle a tener más éxito a la hora de enfrentarse a proyectos detallados que requerían largas horas de concentración. Cuando visitó a un psiquiatra local, el médico le dijo que no mostraba ningún síntoma de "disfunción cerebral mínima" e insinuó que solo buscaba traficar drogas. Ante la insistencia de Brad, el psiquiatra le realizó una batería de pruebas de atención y memoria, y obtuvo una puntuación "media". Su éxito en las pruebas se debía a que se había entrenado a sí mismo, a lo largo de los años, de forma tal de evitar su corta capacidad de atención. Mediante algunas de las técnicas de memoria clásicas de Harry Lorayne, Brad creaba imágenes absurdas en su mente u organizaba listas de cosas en categorías específicas. Eso le daba una ventaja en el examen, ya que permitía que su escasa capacidad de atención resultara media, igual que su altísimo coeficiente intelectual, que a veces resultaba medio cuando se aburría con los exámenes en la escuela.

Dado que los profesionales de la psicología y la medicina están formados en gran medida para buscar problemas, si la vida de una persona no es un caos total, a menudo se descarta la necesidad de ayuda. Esto es especialmente cierto si el médico está bajo presión para limitar las visitas de los pacientes (como en una organización de mantenimiento de la salud) o está preocupado por la presión de las autoridades gubernamentales por prescribir excesivamente sustancias controladas como Ritalin o Dexedrine.

LAS LIMITACIONES INNECESARIAS SON UN PROBLEMA

Los movimientos en favor de los derechos civiles y de las mujeres han sensibilizado a la mayoría de nosotros sobre la noción de que una persona puede tener un enorme potencial, pero verse impedida de realizarlo debido a sutiles impedimentos integrados en el tejido de nuestra sociedad. "Techos de cristal" y "barreras invisibles" son frases habituales para describir estas situaciones. Si no fuera por los esfuerzos de personas heroicas como Martin Luther King Jr. y Gloria Steinem, nuestra sociedad actual sería tan felizmente ignorante de las terribles barreras a las que se enfrentan los negros y las mujeres como lo éramos en la década de 1950, cuando las empresas y el gobierno trabajaban tan duro para mantener la segregación en escuelas, restaurantes y otras instalaciones públicas frente a la "creciente intranquilidad entre los negros" y las mujeres en el lugar de trabajo se mantenían en categorías laborales estrechas y generalmente subordinadas.

El TDAH está empezando a ser reconocido por el gobierno y los organismos educativos como un obstáculo para el éxito en las aulas de los colegios públicos y en el mundo laboral. Los tratamientos, incluidos los programas educativos especiales diseñados para niños con TDAH, se incluyen ahora, a veces, en la gama de servicios que ofrecen algunas escuelas. El Departamento de Educación de Estados Unidos también recibe cada vez más presiones para que aborde el problema.

Un potencial no realizado, además de producir víctimas humanas, es también una pérdida para nuestra sociedad. Cuántos de nosotros hemos conocido a un taxista, obrero o a un exconvicto tan elocuente y bien informado que te preguntas: "¿Qué hace este hombre conduciendo un taxi?".

En trabajos como el de taxista o el de vaquero, las habilidades de cazador son en realidad una ventaja. Por desgracia, muchas de estas personas, a pesar de percibir su propio potencial innato, renunciaron a intentar ir más allá de la conducción de taxis debido a todos los obstáculos con los que se encontraron. Si pudieran: (a) ser pareja de un agricultor, o (b) aprender nuevas habilidades de afrontamiento (posiblemente incluyendo medicación) específicas para sus áreas de debilidad, podrían acabar siendo brillantes estadistas, abogados litigantes, empresarios, consultores, vendedores o detectives.

Un adulto con TDAH que hablaba conmigo sobre esta situación (la dificultad para llegar al diagnóstico, la confusión en torno a la enfermedad, la variedad de opciones de tratamiento y, lo que es más importante, las desafortunadas circunstancias de aquellos que lo padecen pero que son ignorados o rechazados al pedir ayuda) compartió esta perspectiva muy elocuente sobre la situación, extraída de su propia experiencia: los que tienen éxito con el TDAH (especialmente los adultos) ya tienen toda una vida de experiencia en burlar su propia falta de atención. Han aprendido a arreglárselas, a hacer las cosas, aunque a veces no sea agradable de ver. Imagínate a tres personas haciendo el mismo examen. Tienen que ver una larga y aburrida serie de números que parpadean en la pantalla y pulsar un botón cuando aparece un número determinado. La idea es que las personas con problemas de atención se distraigan, no se fijen en el número y obtengan una puntuación baja.

El primer sujeto es un adulto típico sin TDAH. Mientras observa, simplemente se da cuenta de cuándo aparece el número y pulsa el botón.

El segundo sujeto es todo lo contrario: una persona con TDAH grave. Por mucho que lo intente, no puede prestar atención. Puntuación: baja. Es probable que esta persona tenga todos los problemas cotidianos que se derivan de no poder centrar la atención.

La tercera persona, sin embargo, tiene TDAH, pero ha aprendido a sobrellevarlo. En primer lugar, sabe que le van a examinar y, a lo largo de los años de escolarización, ha aprendido a superar los exámenes. (Si no, no habría sacado buenas notas para tener éxito) Así que empieza por ponerse en el estado de ánimo de "examíname".

A medida que pasan los números, se da cuenta de que su atención se desvía y se detiene, como un ciclista que se da cuenta de que se está cayendo y se levanta de un tirón.

Pero, aun así, a pesar de sus esfuerzos conscientes por prestar atención y hacer bien el examen, se despista y pierde uno. ¿Qué ocurre? El examinador extiende la mano y hace una marca en la hoja de calificaciones, y la distracción "despierta" instantáneamente al sujeto, que escanea constantemente.

Fíjate en la diferencia: la primera y la tercera persona obtienen puntuaciones similares, pero su experiencia es muy diferente. El primero simplemente lo hace, el tercero se enfrenta constantemente a una tendencia a "caerse" y obtiene una puntuación similar mediante un proceso muy diferente.

Y para colmo, después de que le digan que no tiene problemas de atención, la persona número tres le cuenta a la recepcionista que tiene que pasar por la tintorería que está muy cerca, se sube al auto y pasa de largo.

Así que ahí lo tienen: el profesor despistado, el genio desordenado, el haz de las matemáticas al que siempre le devuelven los cheques. Miles de personas que podrían haber alcanzado la grandeza se han conformado con sobrevivir. Todas estas personas con mentes rápidas, de conexión rápida, que saltan con facilidad de un tema a otro.

Las personas que se han adaptado tienen el mismo problema de fondo. Sin embargo, hemos tejido una red de trucos que nos ayuda a "mantenernos a flote" día a día. Puede que hagamos las cosas como locos para entregar a tiempo; puede que seamos expertos en echar la culpa de los problemas a los demás; puede que nos hayamos automedicado el cerebro con cafeína, alcohol y un sinfín de rituales ajetreados; y, muy en el fondo, puede que nos sintamos absolutamente desesperanzados frente a la idea de algún día ganar el control sobre nuestras vidas.

Espero sinceramente que los profesionales de la salud abran los ojos a los rasgos de esta modalidad de problema de atención. Los signos son fáciles de detectar. Si los programas de tratamiento pueden reducir todo el tiempo y el esfuerzo dedicado simplemente a sobrellevar la situación, y dirigirlo en su lugar a estrategias de éxito, se desbloquearía una enorme cantidad de potencial humano. La persona que ya ha recorrido la mitad del camino hacia las estrellas podría llegar hasta el final...

CAPÍTULO DIECIOCHO

Colección aleatoria de anécdotas de "cazadores en un mundo de agricultores"

La mente no es un recipiente que hay que llenar, sino madera que hay que encender.

PLUTARCO (46–119 CE),
MORALIA, "SOBRE LA ESCUCHA"

Muchos libros sobre el TDAH, en especial los tomos académicos, contienen algunas historias de casos que pretenden dar ejemplos clínicos de esta condición. En lugar de aburrir a los muchos lectores cazadores de este libro con historias detalladas de casos, este capítulo ofrece una colección de anécdotas, cada una diseñada para dar un breve vistazo al mundo de otros cazadores. Los cazadores reconocerán muchas de estas historias, y los agricultores pueden obtener una nueva visión del mundo de sus amigos cazadores, cónyuges y compañeros de trabajo.

Algunas de estas historias son tristes, otras alentadoras, y muchas demuestran cómo el conocimiento de sus propios instintos puede ayudar a los cazadores a enfrentarse a la vida en esta sociedad y cultura mayoritariamente agricultora. Los cazadores han heredado un estado de ánimo, una forma de responder al mundo, que tiene una herencia muy sensata.

No son personas débiles, malas o desconsideradas. Sin embargo, ser cazador sin saberlo ha incapacitado a muchos en su trabajo y en sus relaciones, mientras que aprender a gestionar sus propensiones ha regresado a otros al mundo funcional.

Algunas de las siguientes anécdotas proceden de entrevistas realizadas por el autor; otras son la síntesis que hace el autor de la historia de un cazador, una narración "objetiva" de lo que puede haber sido una conversación o cita larga o enrevesada; otras proceden de declaraciones públicas de cazadores o son resúmenes de conversaciones en línea en el foro "TDA" de CompuServe, que dirigí en los años noventa.

Cada uno ilustra una faceta común de la personalidad única de cazadores.

UN MILLÓN DE PROYECTOS INICIADOS, PERO NINGUNO TERMINADO

"Hasta que conocí a mi segunda mujer, nunca había terminado nada. No terminé el bachillerato, el apartamento siempre estaba lleno de proyectos de carpintería a medio terminar, tenía una docena de aficiones diferentes y abandoné tres escuelas de formación profesional. Dejé mi primer matrimonio al cabo de un año.

"Nunca he podido terminar un libro y creo que nunca he leído una revista hasta el final. Sabía que era inteligente, pero siempre acababa en trabajos sin futuro y nunca he tenido lo que la gente 'normal' llamaría una carrera.

"Cuando me casé con mi segunda mujer, me presionaba para que completara cosas, y se lo resentía profundamente. A menudo la llamaba bruja y gruñona, independientemente de si me instaba a seguir con mi trabajo o a recoger mis calcetines. Pero, de alguna manera, seguimos juntos unos cuantos años, y gracias a ella me mantuve en el mismo trabajo.

"No fue hasta que me di cuenta de que tengo TDAH, y de que los dos vemos el mundo de forma diferente, que empecé a terminar las cosas y a prestar atención a los detalles. Ahora me doy cuenta de lo tremendamente difícil que debió haber sido vivir conmigo todos esos años".

SOLTERA CON HIJOS

"Soy una madre soltera que trabaja. Es muy duro. La casa siempre está hecha un desastre. Empiezo a limpiar la cocina y luego me distraigo buscando algo y me voy por otra tangente. O uno de los niños me interrumpe y arruina todo lo que estoy intentando hacer.

"A veces me enfado tanto con mis hijos que los trato muy mal. Les he pegado algunas veces, me enfado tanto. Lo único que quiero es un poco de paz y tranquilidad, pero siempre están encima de mí, siempre quieren esto o lo otro, y me resulta imposible hacer nada.

"Como si mi TDAH no fuera suficientemente malo, dos de mis hijos también lo tienen.

"Todas las noches, cuando me acuesto, le pido a Dios que me dé fuerzas para no volver a alterarme o descontrolarme al día siguiente, y todos los días, al parecer, lo vuelvo a hacer mal".

UN DÍA EN LA OFICINA,
YENDO AL DISPENSADOR DE AGUA

"Empecé sentado en mi escritorio, sabiendo que tenía que revisar este contrato. Escuché un ruido fuera y miré por la ventana: se produjo un pequeño accidente en la calle. Mientras volvía la vista hacia el contrato, me fijé en mi frasco de vitaminas, lo que me recordó que hoy no me las había tomado. Busqué el vaso de agua que tengo en la mesa, pero los de la limpieza debían de haberlo vaciado y dejado en la sala de descanso, así que me levanté para ir a buscar mi vaso.

"En la sala de descanso, me di cuenta de que el dispensador de agua estaba prácticamente vacío. Fui al almacén por una nueva jarra de cinco galones y allí me di cuenta de que la lucecita roja de la radio con música en espera del sistema telefónico estaba parpadeando. Puse la música en espera y noté que la emisora de radio aparecía y desaparecía, así que empecé a sintonizar una emisora con mayor señal.

"En ese momento, mi representante entró en el almacén. '¿Cómo va el contrato?', me preguntó, mirándome fijamente mientras yo jugueteaba con la radio. '¿Y por qué está la puerta abierta con esta botella de agua?'.

"¿Sabes qué es lo irónico? Ni me acordé de tomarme la vitamina".

DIAGNOSTICADO ERRÓNEAMENTE COMO
MANIACO-DEPRESIVO (BIPOLAR)

"Parecía que nunca conseguía controlar la vida. Me enamoré de docenas de hombres, pero nada parecía durar. Al cabo de unos meses perdía el interés por ellos. Podía enamorarme de alguien desde el otro lado de la habitación (solo tenía que captar esa mirada larga y particular y, zas, sabías que eso era todo) durante unas pocas semanas.

"Cuando llegué a los treinta, empecé a deprimirme. Había cambiado de trabajo una docena de veces, había pasado probablemente por cien o más hombres, y a menudo me preguntaba si era alcohólica porque bebía mucho. Nunca me emborrachaba, pero bebía dos o tres copas casi todas las noches. Viviendo sola, me hacía dormir.

"Así que fui a ver a un psiquiatra, que me dijo que era maniaco-depresiva y me dio litio. Dos días después me quedé dormida mientras volvía a casa del trabajo y me desperté en el hospital. Mi auto se había salido de la carretera y había chocado contra la defensa de la autopista. Gracias a Dios no atropellé a nadie.

"Así que empezaron a bajarme la dosis, cada vez más, hasta que no tomaba casi nada, y me seguía durmiendo, y seguía deprimida. Así que me dio Valium, y luego otro tranquilizante, Prozac. Nada de eso parecía ayudar.

"No fue hasta que vi un programa de televisión sobre el TDAH y dije: '¡Espera! ¡Esa soy yo!'. Fue ahí cuando supe lo que me pasaba.

"Pero cuando volví al médico, me dijo que solo los niños tienen TDAH, y que casi siempre son varones. 'El TDAH se supera al crecer', dijo. 'Las mujeres no lo tienen'.

"Así que pasé por tres psiquiatras hasta que encontré uno que me dijo: 'Sí, los adultos pueden tener TDAH, y muchas mujeres también'. Esa validación, aunada a los nuevos conocimientos, terapias y estrategias que vinieron con ella, le dieron un vuelco total a mi vida".

EL INTERRUPTOR

"Toda mi vida, mi madre me ha llamado 'el interruptor'. 'Interrumpes constantemente a todo el mundo', solía decir, y tenía razón.

"De lo que no se daba cuenta era de que *tenía* que interrumpirles. Si no lo hacía, para cuando hubieran terminado su frase, me habría olvidado de lo que yo iba a decir. Me habría distraído con otra cosa que decían y mi mente se habría ido a otro tema, y nunca habría aclarado mi punto de vista.

"Cuando entré en la universidad, aprendí a tomar notas. Ahora, en los negocios, siempre que tengo una reunión tomo notas de lo que quiero decir, para no tener que interrumpir a la gente. Puedo retomar la mirada a lo que escribí y así volver a las cosas en las que estaba pensando. Sin embargo, es difícil hacerlo en una situación social. A veces, con mi novia, tomo notas mientras hablamos. Me ayuda.

"Otras personas con TDAH me dicen que también son interruptores; o, si son tímidos, que quisieran interrumpir, que tienen esas conversaciones intensas en su mente. Supongo que es parte del TDAH, porque la gente más agricultora que conozco me dice que no necesitan interrumpir, que pueden recordar un pensamiento durante unos minutos seguidos, y me dejan terminar mis frases".

SOLO DEJA EMBARAZADA A TU MUJER Y DEJARÁ DE MOLESTARTE

"Antes de que me diagnosticaran TDAH y empezara a trabajar en ello como un problema 'propio', mi mujer y yo atravesábamos terribles dificultades. Ella sentía que yo no la quería porque me olvidaba de su cumpleaños o me levantaba y me iba mientras ella estaba a mitad de conversación. 'Nunca me prestas atención', se quejaba. Yo intentaba decirle que estaba siendo sobredemandante y neurótica, pero ella insistía en que había algo malo en mí.

"Así que fuimos a ver a un consejero matrimonial. Le expliqué todo el asunto. ¿Sabes cuál fue su solución? 'Déjala embarazada', dijo. 'Eso le dará otra cosa en la que centrar su atención, y no te molestará tanto'.

"Ella no estaba preparada para ese paso, así que probamos con otro consejero que nos dijo que yo tenía TDAH y me envió a un psiquiatra que me dio Ritalin. Ahora me siento a hablar con ella, a veces durante más de una hora, algo que no creo haber hecho con nadie más en toda mi vida. Nuestro matrimonio va mejor de lo que ninguno de los dos creía posible".

APLICAR NUEVAS COMPETENCIAS AL TRABAJO

"Hoy tuve un buen día de soporte técnico-informático en una importante revista nacional.

"De camino a casa desde San Francisco, me di cuenta de que había manejado esta situación de manera distinta a la que lo hubiera hecho normalmente, simplemente siendo consciente de mis tendencias de TDAH y de cómo soy diferente de las masas. Verás, normalmente mientras trabajo en comprender todo lo relativo al sistema que dejó de funcionar de algún cliente, notaré millones de cosas que requieren simples ajustes. Entonces hago estos pequeños cambios en esos breves espacios de tiempo que surgen entre que termino un paso y comienzo el siguiente de la tarea principal.

"Pero a la gente le terminan molestando estos cambios adicionales, así que hoy los deshice. Resultado: cambié solo lo necesario para responder a la necesidad puntual comunicada por el cliente. Esto significó menos seguimiento, menos reportes, menos depuración, menos esfuerzo y más resultados.

"Un cambio positivo en mi comportamiento, un aumento de mi eficacia, sin medicación, solo por ser consciente de las perspectivas cazador versus agricultor. Como verás, *sí se puede lograr*. Ni siquiera supuso un gran esfuerzo por mi parte. Solo con ser consciente de ello, fui capaz de ver la situación desde otra perspectiva".

SIEMPRE ME HE SENTIDO UN FRAUDE
Y UN FARSANTE

"Mucha gente en mi vida me ha comentado lo inteligente que soy, y como vendedora soy exitosa, muy exitosa. Aún así, lo pasé fatal en la escuela, nunca pude memorizar las cosas ni entender nada que requiriera concentración, como la física. Aunque hasta entonces me había ido bien, estuve a punto de suspender en el último año de instituto. Así que nunca me creí tan inteligente como todo el mundo decía, porque no podía con nada que realmente requiriera concentración y un aprendizaje intenso.

"Toda mi vida me he sentido como un farsante. No fue hasta que supe que tengo TDAH cuando me di cuenta de que es posible ser inteligente *y a la vez* incapaz de concentrarse el tiempo suficiente para entender la física...".

BAILANDO CON LAS ESTRELLAS
(TRANSCRIPCIÓN EN LÍNEA)

Mensaje de CompuServe: #201867

Fecha: Sábado 11 de abril de 1992 5:26:12 AM

Asunto: #201735—trastorno por déficit de atención

De: Marsha

A: Robert

Yo tampoco he pensado nunca que el TDA sea un trastorno. Mi hijo tiene un don (y mi hermana). Sus mentes pueden ir a lugares donde la mía no puede, y eso me da envidia. Por desgracia, todos los dones tienen un precio, y el de ellos es la falta de atención a los detalles. Pequeño precio a pagar por poder bailar en el cielo durante el transcurso de tu día, ¿no crees?

—Marsha

Mensaje de CompuServe: #201884

Fecha: Sábado 11 de abril de 1992 7:01:15 AM

Asunto: #201867—trastorno por déficit de atención

De: Robert

Para: Marsha

Bueno, estimada, para *ti* puede asemejarse a bailar en el cielo y puede ser solo un pequeño precio a pagar. Si es así, puedo decirte que en el cielo hay muchas cosas filosas y puntiagudas con las que toparse.

Lo duro, para algunos niños, debe ser que les traten como que "no están bien" cuando la ciencia apenas comienza a descubrir cómo funcionan realmente. La "mala" noticia es que estos descubrimientos no se produjeron en el siglo XIX. La buena noticia es que estos descubrimientos no tuvieron que esperar al siglo XXI.

De hecho, en la larga historia de este tipo de niños, yo diría que los nacidos entre 1975 y 1995 se encuentran en una posición particular y crucial. Creo que son los primeros en tener la oportunidad de ser vistos de una forma nueva. Son pioneros; sus contribuciones a nuestro conocimiento beneficiarán a la gente para siempre, especialmente a sus propios descendientes (y, por tanto, a los tuyos).

¿Te sientes bien contribuyendo a esto, ahora mismo? (sonrisa)

—Robert

Mensaje de CompuServe: #202429
Fecha: Lunes 13 de abril de 1992 6:21:09 AM
Asunto: #201884—trastorno por déficit de atención
De: Marsha
A: Robert

Cuando dije "bailar entre los cielos" me refería a la capacidad de captar conceptos abstractos (celestiales). Las personas que tienen esta capacidad no se dan cuenta de lo difícil que nos resultan las abstracciones a algunos de nosotros. Por ejemplo, yo era una gran estudiante de matemáticas hasta que llegué a cálculo, donde también saqué buenas notas, pero estrictamente por memorización. Nunca llegué a entenderlo: demasiada abstracción. A mi hijo, sin embargo, le cuesta lo rutinario, lo "fácil", y los conceptos abstractos le resultan instintivos.

Sé que la vida está llena de filos para las personas con déficit de atención (créeme, lo sé), pero sigo pensando que, con el paso del tiempo, llegaremos a considerar esta "aflicción" como un "efecto secundario" (si se quiere) del pensamiento creativo y abstracto.

Y sí, creo que esta generación está en la cúspide. De hecho, a menudo le digo a mi hijo que será su generación (la primera en llegar a la escuela en masa) la que realmente cambiará las cosas para las generaciones venideras.
—Marsha

ÉL ES RÁPIDO, YO NO. . .
Y LOS DOS TENEMOS DÉFICIT DE ATENCIÓN

"Cuando a mi marido le diagnosticaron TDA, pensé: 'Claro, es esto'. Es hiperactivo. Siempre está en movimiento, siempre haciendo algo nuevo, siempre buscando un reto diferente. Tiene sentido que sea una de esas personas hiperactivas, de esas personas con TDA.

"Pero entonces hice el test y me di cuenta de que yo también tengo déficit de atención. Se me olvidan las cosas constantemente. Conduzco hasta la tienda y al llegar me doy cuenta de que he olvidado lo que quería comprar. Mientras la gente habla, estoy pensando a mil por hora en esto y aquello, pensamientos que salen disparados en alguna dirección por algo que han dicho. Y entonces, unos minutos más tarde, me doy cuenta de que no estoy prestando atención en absoluto.

"No soy hiperactiva, de hecho, soy bastante tranquila, pero tengo déficit de atención. Nunca pensé que fuera posible".

"LA RUBIA TONTA"

"Soy la rubia sobre la que hacen chistes, excepto que no soy un chiste.

"Soy inteligente y estoy consciente de ello, pero, antes de darme cuenta de que tenía déficit de atención y aprender los ejercicios de memoria y organización, siempre hacía el papel de rubia tonta y nadie más que yo sabía que era inteligente.

"Para mí era fácil ser una tonta porque nunca podía concentrarme en nada y era un estereotipo socialmente aceptable. Me olvidaba una lista de la compra con tres cosas. No sé cuántas veces me he quedado sin batería en el coche porque me he dejado las luces encendidas. Alguien dirá algo que desencadenará un pensamiento, y, puf, me voy. Y luego dicen: 'Ahí iba Debby. Las luces están encendidas, pero no hay nadie en casa'.

"Ahora ya nadie me llama rubia tonta. Incluso estoy pensando en teñirme el pelo oscuro".

TRABAJAR CON EL TDA

"Un consejo (antes de que se me olvide) para los TDA: ¿perder las cosas constantemente? Elimina la ambigüedad. Pon siempre las cosas en un sitio, o como mucho en uno de dos.

"Mi cartera siempre está en el bolsillo derecho de la cadera o en mi armario.

"Mis billetes de avión, cuando viajo, siempre están en el bolsillo izquierdo de mi abrigo.

"Mis llaves siempre están en el gancho de la pared de la cocina o en mi bolsillo.

"Cuando viajo (solía perder cosas en los hoteles), todo lo que sale de mis bolsillos va encima del televisor. ¡Esto disminuye enormemente mi confusión por las mañanas!

"Mi vida personal está ahora organizada por una pequeña agenda/

calendario. Lo importante es que es muy pequeña y no tiene espiral, así que la llevo en el bolsillo izquierdo de la cadera. Siempre está ahí.

"Con esta previsibilidad constante, si algo no está donde tiene que estar, sé enseguida que tengo que buscarlo. No hay posibilidad de que esté en una decena de sitios distintos".

ADOLESCENTES SUICIDAS CON TDA

"Como profesor, puedo decirte que casi siempre que me he encontrado con un adolescente suicida, ha sido un niño muy brillante, o superdotado, o un genio con TDA. No pueden manejar la dicotomía de saber que son brillantes, pero incapaces de hacer sus tareas escolares, y las distorsiones del sentido del tiempo con el TDA hacen que sus momentos bajos parezcan tan dolorosamente bajos que se vuelven suicidas".

UN ALCOHÓLICO QUE ENCONTRÓ ALIVIO

"A los diecisiete años encontré por fin algo que apagaba el constante rechinar de los engranajes de mi cerebro: el alcohol. A los veintitrés ya era un borracho empedernido. Toqué fondo y lo recuperé con la ayuda de Dios y de Alcohólicos Anónimos.

"Pero no fue hasta que cumplí los treinta y empecé con la neurorretroalimentación EEG que cesó ese parloteo constante en mi cabeza, las distracciones persistentes que venían de todas las direcciones. Es ahí cuando, por primera vez, pude detenerme a oler las flores, pude experimentar la vida, pude escuchar a otras personas y entender lo que decían. Además, pasé de luchar contra las ganas de beber, a no tener más ganas de hacerlo".

LIMPIAR EL ESCRITORIO CON MI MUJER AGRICULTORA

"Esta mañana, mi extremadamente estable esposa-socia-agricultora se sentó pacientemente conmigo y sacó papeles de la enorme pila de mi escritorio, uno por uno, e hizo que les prestara atención, poniéndolos en mi mano. Le encontró un lugar a cada uno de ellos: los archivaba adecuadamente, los ponía en la carpeta de facturas por pagar o gastos, los desechaba, y así sucesivamente. Al cabo de una hora, saqué mi maletín (por una muy buena razón, por supuesto) y empecé a buscar algo importante; encontré otra cosa y recordé que tenía que enviar a alguien un mensaje sobre algo de hacía tres semanas. Así que me senté en la computadora para enviar un correo electrónico… ¡Alarma! Me dice: '¿Te estoy perdiendo?'.

"Ya hemos hecho antes esto de 'pásame cada papel' unas cuantas veces, pero siempre me he sentido fatal haciendo el papel del niño a quien tienen que cuidar. Ella también se ha sentido bastante disgustada, y *realmente* disgustada cuando empezaba a 'perderme'. ¡Vaya!', piensa, 'si voy a hacerle de niñera de esta forma, ¡lo *menos* que puede hacer es no ignorarme! Si no me va a hacer caso, ¡me voy!'.

"Pero esta vez, cuando me dijo '¿Te estoy perdiendo?', dejé el correo electrónico, dejé la tarea del maletín y volví a sentarme en la silla del 'siguiente papel, por favor'.

"El escritorio está despejado por primera vez en meses. (Aún quedan otros montones por ordenar, pero el escritorio está despejado).

"Qué regalo es tener un socio agricultor dispuesto a ayudar, y que ambos entendamos ahora las diferencias entre cazadores y agricultores".

CAPÍTULO DIECINUEVE

El rasgo Edison

Cazadores que han cambiado el mundo

Represento a un partido que aún no existe: el partido de la revolución, de la civilización. Este partido hará el siglo XX. De él saldrán primero los Estados Unidos de Europa y luego los Estados Unidos del Mundo.

EN LA PARED DE LA HABITACIÓN DE VICTOR HUGO
CUANDO MURIÓ EN PARÍS, 1885

Los cazadores a veces tienen dificultades para responder a la pregunta "¿A qué se dedica?". No es que no haya respuesta, es que hay demasiadas respuestas. Los cazadores con una inteligencia por encima de la media o de genio suelen tener currículos sorprendentes por su diversidad y sus logros, aunque hayan luchado simplemente para terminar el bachillerato.

Del mismo modo, el estereotipo del genio excéntrico o del tipo creativo chiflado se aplica a menudo a los inventores, artistas, escritores y diseñadores tipo cazador. En muchas agencias de publicidad, a los "tipos creativos" se les permite (o incluso se les anima) a tener un aspecto excéntrico, con camisas floreadas, pelo largo, *jeans* y cosas por el estilo.

Como se señaló en el capítulo sobre TDAH y creatividad, la capacidad de pensar de forma innovadora está intrínsecamente ligada a un estado de consciencia abierto (y, por tanto, sujeto a distracciones). A la inversa, para hacer uso de las inspiraciones obtenidas de tal asociación libre típica de cazador, debe haber una ráfaga compensatoria de energía enfocada en el propósito de llevar estos conceptos a la realidad. Aprender a canalizar estas ráfagas es el reto de todo cazador.

Cuando los cazadores fracasan en la vida suele ser porque su autoimagen se distorsionó a una edad temprana, cuando se les etiquetó como un "problema". También se descuidan sus activos si se insertan en un trabajo o en un segmento de la sociedad que requiere habilidades de agricultor, en lugar de cazador.

Pero echemos un vistazo a algunos cazadores exitosos de la historia que han demostrado un tremendo poder de transformación, vitalidad y energía dinámica, y cuyas biografías parecen ajustarse a los criterios DSM del TDAH de la Asociación Americana de Psiquiatría. Si bien nos resulta imposible remontarnos a figuras históricas y pedirles que respondan a las preguntas que podrían conducir a un diagnóstico de TDAH con respaldo médico, sus historias de vida muy a menudo nos dan esas respuestas de una manera bastante evidente. Pensemos en lo siguiente:

La vida de **Thomas Alva Edison** ha servido de inspiración a los chicos cazadores durante casi un siglo. Nacido en el Medio Oeste antes de la Guerra Civil, Edison escribió: "Recuerdo que nunca me llevaba bien con la gente en la escuela; siempre estaba al final de la clase; solía sentir que no era del agrado de los profesores, y que mi padre pensaba que era estúpido...".

Edison se quejaba de las distracciones que le producían otros niños en su escuela, y del hecho de que el aprendizaje era "abstracto" y no "real". Poder *hacer* algo realmente, probar una teoría o descubrir un hecho a través de *la experiencia* (escribió en su diario), "por un instante, era mejor que aprender durante dos horas sobre algo que nunca había visto".

Como creía que su hijo tenía potencial, la madre de Edison se hizo cargo de su educación. En lugar de exigirle que aprendiera de memoria un plan de estudios concreto, le animó a explorar las cosas que le interesaban. Pronto se convirtió en un lector voraz y adquirió una gran cantidad de conocimientos sobre una gran variedad de temas.

Edison se fue de casa a los doce años e inició una larga procesión de empleos de corta duración. A los diecisiete años, tuvo cuatro empleos diferentes, y fue despedido de cada uno de ellos por su falta de atención a las obligaciones o a la rutina del trabajo. Cuando tenía quince años, trabajaba de señalero ferroviario durante la noche y tenía que fichar por telégrafo cada hora. Fue despedido cuando sus superiores se enteraron de que su señal de registro puntual era transmitida en realidad por un sencillo invento que había creado a partir de un reloj despertador, que enviaba la señal del código Morse cada hora. Ese invento le llevó a desarrollar el primer telégrafo automático, y luego el primer teletipo bursátil, aunque tuvo una decena de empleos más antes de recibir 40.000 dólares (10 millones de dólares en dinero de hoy) por su teletipo bursátil, a los veintiún años, y poder establecer un laboratorio donde dedicarse a inventar.

Como un cazador clásico, Edison solía trabajar en muchos proyectos al mismo tiempo. En el año 1877, por ejemplo, sabemos que tenía más de cuarenta inventos en proceso a la vez dentro de su laboratorio. Tenía su propio horario y a menudo trabajaba toda la noche. Cuando se aburría o se saturaba con un invento, pasaba rápidamente a otro.

Edison definió su *incapacidad* para ceñirse a una tarea durante mucho tiempo como el poder de sus iniciativas creativas. Decía: "A ver, yo empiezo aquí con la intención de llegar hasta allá", trazando una línea imaginaria, "en un experimento, por dar un ejemplo, para aumentar la velocidad del cable atlántico, pero cuando llego a un punto X en mi línea recta, me encuentro con un fenómeno que me lleva en otra dirección a algo totalmente inesperado".

Thomas Edison transformó el siglo XX con la invención de la bombilla eléctrica, la central eléctrica, el fonógrafo, la película de celuloide flexible y el proyector de cine, la pila alcalina y el micrófono (solo algunas de las más de mil patentes importantes que registró antes de su muerte en 1931).

La mayor parte de lo que se ha escrito sobre la pionera de la aviación **Amelia Earhart** (la primera mujer en cruzar el Atlántico y la primera *persona* en volar de Háwai a California) es acerca de su vida adulta, lo cual es comprensible. Sin embargo, en las pinceladas de su infancia que han quedado registradas, hay claros signos de rasgos familiares: asunción de riesgos, hiperfocalización, pensamiento poco convencional y más de una pizca de búsqueda de novedades.

El Museo Amelia Earhart relata que, "aunque las normas sociales de la época exigían que las jóvenes se comportaran de forma gentil y femenina, a la joven Amelia le interesaba la aventura. Recordaba que le fascinaban las cosas mecánicas, y una vez diseñó una trampa para atrapar gallinas callejeras. Como hija de un empleado del ferrocarril, viajaba a menudo y así descubrió la fascinación por la gente y los lugares nuevos".

La siguiente historia muestra su tendencia cazadora a actuar impulsivamente. Un día, cuando era pequeña, su perro (que al parecer se llamaba Feroz) se soltó y persiguió a unos vecinos hasta lo alto de un cobertizo. Ella se despertó de la siesta, salió corriendo y tomó las riendas del asunto, al mantenerse firme en su posición. Cuando más tarde su madre le preguntó si tuvo miedo, Amelia respondió: "No había tiempo para tener miedo".

La autodeclarada marimacha no era ajena a la acción. Para desafiar el comportamiento femenino convencional, la joven Earhart trepaba a los árboles, se lanzaba de cabeza en su trineo y cazaba ratas con un rifle del 22. Según el Salón Nacional de la Fama Femenina, "fue una enérgica marimacha durante su infancia en Kansas". Sin embargo, a diferencia de las mujeres americanas de generación en generación, Amelia Earhart no tuvo que renunciar a la acción y la audacia en la edad adulta. Trabajó como voluntaria en un hospital de la Cruz Roja durante la Primera Guerra Mundial, estudió brevemente Medicina y enseñó inglés a obreros inmigrantes". Está claro que no era una persona que se conformara con quedarse quieta y, como demuestra la siguiente historia, siempre buscaba cambios.

"En mi vida", dijo, "me había dado cuenta de que cuando las cosas iban muy bien era el momento de anticiparse a los problemas. Y, a la inversa, aprendí por grata experiencia que, en momentos de crisis más desesperada, cuando todo parecía agrio, alguna deliciosa 'ruptura' se encontraba a la vuelta de la esquina".

Dos buenos consejos para convertir el estilo cazador en una gran vida proceden de Amelia Earhart. "La preparación, he dicho a menudo, representa con razón las dos terceras partes de cualquier empresa", y "decide si el objetivo merece o no los riesgos que conlleva. Si lo vale, deja de preocuparte".

Benjamin Franklin fracasó en la Academia de George Brownell tras solo dos años de educación formal. Se decía que era "lento haciendo sumas" y que fracasaba totalmente en aritmética. Su profesor se quejaba de que nunca prestaba atención a sus lecciones. Pasó dos años como aprendiz de fabricante de velas de su padre, pero las frustraciones de este con el joven Ben eran infinitas. El chico siempre se escapaba para explorar la ciudad, las salinas y los barcos que llegaban.

Tras demostrar su incapacidad para ser un erudito en las escuelas formales de la época, Franklin se convirtió en uno de los hombres más instruidos (en términos de habilidades prácticas) de la historia de Estados Unidos. Aunque no pudo dedicarse a un solo trabajo, Franklin es hoy célebre por sus logros en *decenas* de funciones: fue impresor, moralista, líder cívico, ensayista, inventor, científico, diplomático, editor, estadista, jefe de correos, fabricante de velas, mecánico y filósofo, entre otros.

Su vena impulsiva, en gran parte responsable de la creación de unos Estados Unidos de América independientes, se manifestó tempranamente cuando, a los dieciséis años, escribió varios artículos para el *Courant,* un periódico de Boston, en los que se burlaba de las autoridades y las personalidades de la sociedad bostoniana. Su persistencia en escribir tales artículos condujo al encarcelamiento de su hermano, James, encargado de publicar el periódico. Tras dirigir la empresa hasta que James salió de la cárcel, Ben dejó su trabajo en el *Courant.*

Asumiendo un enorme riesgo, Ben Franklin se marchó a Inglaterra en 1724 sin un centavo. Allí pronto se convirtió en maestro impresor y escritor. Dos años más tarde, a su regreso a Filadelfia, empezó a publicar su propio periódico, la *Pennsylvania Gazette,* y también fundó, escribió, editó, diseñó, imprimió y distribuyó una publicación periódica titulada *Poor Richard's Almanack.*

Una vez que estas dos empresas editoriales funcionaron bien, Franklin, que ahora se encontraba aburrido y en busca de un nuevo reto, creó una red de imprentas en todas las colonias para realizar la impresión del gobierno. Durante este tiempo también abrió una librería, luego fue secretario de la Asamblea de Pensilvania y el primer administrador de correos de Filadelfia.

Con negocios en marcha e ingresos asegurados, traspasó la gestión de su negocio editorial, su librería y otros emprendimientos a personas agricultoras de confianza y partió en busca de otros retos. Se mantuvo durante más de veinte años gracias a los ingresos de estas primeras empresas. Fundó la Royal Society, que creó una de las primeras bibliotecas de Estados Unidos (1731), el primer parque de bomberos de Filadelfia (1736), la Universidad de Pensilvania (1749) y, en un solo año, una compañía de seguros y un hospital (1751). También organizó el primer departamento de obras públicas de Filadelfia, donde supervisó la iluminación, pavimentación y limpieza de las calles, y organizó una milicia de voluntarios. En 1763, Franklin se encargó de reorganizar todo el sistema postal estadounidense.

Durante su "jubilación", Franklin también se dedicó a muchos intereses privados. En 1740 inventó la estufa Franklin, la cual se usa en millones de hogares estadounidenses hasta la fecha. En 1752 propuso que el rayo era una forma de electricidad y, con la impulsividad que le caracterizaba, se arriesgó a volar una cometa en medio de una tormenta para demostrar su tesis. Sus teorías y descubrimientos científicos le hicieron mundialmente famoso y, en 1756, fue elegido miembro de la Royal Society, que cuenta entre sus miembros a Newton, Einstein y Hawking. En 1772 ingresó en la Academia Francesa de Ciencias. Fue el primero en medir la corriente del Golfo. Fue pionero en la ciencia del seguimiento de las trayectorias de las tormentas (que dio lugar a la meteorología predictiva moderna); diseñó veleros e inventó las lentes bifocales. Un hombre que de niño fue expulsado de tercer grado recibió títulos honoríficos de St. Andrews (1759) y Oxford (1762).

En 1751, Franklin se presentó y fue elegido miembro de la Asamblea de Pensilvania. En 1754, presentó un plan al Congreso de Albany para el autogobierno parcial de las colonias americanas. No contento con quedarse tranquilamente en el mundo legislativo, el propio Franklin dirigió una expedición de militares al valle del Lehigh, en donde luchó contra franceses e indios y construyó fuertes para proteger a sus hombres.

La vida personal de Franklin reflejaba ese espíritu a veces imprudente que se observa en tantos adultos con TDAH. Tuvo un hijo ilegítimo, una esposa en Filadelfia, una amante en Londres y se rumoreó que varias otras mujeres le hicieron compañía a lo largo de los años, sobre todo durante el tiempo que pasó en París, donde su apodo era *le Bonhomme Richard*.

A los setenta años, en 1776, Franklin firmó la Declaración de Independencia que había ayudado a redactar. Ese mismo año también formó parte del Congreso Continental, propuso una nueva constitución para el estado de Pensilvania y redactó los Artículos de la Confederación para las Colonias Unidas, que pronto se convertirían en los Estados Unidos de América.

Diez años más tarde, tras regresar de Francia, se convirtió en presidente de Pensilvania y asistió a la Convención Constitucional de 1787, donde se redactó, con su ayuda, el borrador final de nuestra Constitución.

Sir Richard Francis Burton, quien no debe confundirse con el difunto actor galés y marido de Elizabeth Taylor, es quizá uno de los cazadores más fascinantes de la historia reciente.

En su primera infancia, Burton, nacido en 1821, fue descrito por quienes le conocieron como un "terror". Una vez, cuando su madre lo llevaba por la ciudad, a los siete años, rompió el escaparate de una tienda para coger un pastel que ella le dijo que no podía comer. Aterrorizaba con frecuencia a las niñeras, y fue un fracaso total en la escuela, donde se peleaba constantemente con otros chicos y describía a su profesor como "menos indicado para maestro de escuela que el Gran Cham de Tartaria".

Con el tiempo, Burton ingresó en la Universidad de Oxford, pero abandonó los estudios para conseguir un puesto en la Infantería Nativa de Bombay en 1843. Fue soldado durante los cinco años siguientes en lo que hoy es Pakistán. Tras su breve carrera como soldado, se convirtió en un explorador de fama mundial. Burton se disfrazó del musulmán "Sheikh Abdullah", y se convirtió en el primer occidental que visitó La Meca y Medina con motivo del Hach, la fiesta sagrada musulmana. Si hubiese sido descubierto en este viaje, seguramente habría sido condenado a muerte. Tras ese éxito, del que se informó ampliamente en Inglaterra, hizo una incursión igualmente peligrosa a la ciudad prohibida etíope de Harar.

Su mayor exploración, y la que emocionó al mundo de la sociedad europea, fue la de Tanzania en 1857. En 1858 se convirtió en el primer blanco en ver el lago Tanganica. Tras explorar África, cruzó más tarde el continente americano hasta Salt Lake City, y luego cartografió el territorio hasta Panamá.

Tras esta oleada de éxitos exploratorios, Burton fue nombrado cónsul británico en Fernando Poo, frente a la costa de Nigeria, fue el primer blanco que visitó Benín (entonces llamado Dahomey) y uno de los primeros blancos que remontó el río Congo. Más tarde fue cónsul británico en Damasco, Trieste y Santos (Brasil).

Por si sus exploraciones no bastasen para consolidar la reputación de Burton, también escribió veintiún libros que aún se conservan (tras su muerte, su esposa quemó varios de sus manuscritos, posiblemente unos cincuenta,) de temas varios como relatos de sus viajes, libros sobre cetrería y un tomo esotérico sobre esgrima (de la que era maestro). Era un lingüista brillante y fue el primer europeo en traducir *Las mil y una noches* del árabe al inglés, además de traducir en secreto varios manuales orientales sobre posturas y perversiones sexuales. En la época en que escribía, su fácil distracción le llevaba a buscar habitaciones en monasterios lejanos, retiros en la montaña y otros lugares donde podía trabajar durante días o semanas en total aislamiento.

Burton tenía una vena impulsiva que estuvo a punto de cobrarle la vida varias veces. Se vio envuelto en varios duelos y peleas a muerte como resultado de comentarios que hizo sin pensar antes en sus consecuencias. Aunque estaba casado, tuvo numerosas amantes por todo el mundo y defendió públicamente la poligamia.

Sus intereses iban de lo racional a lo espiritual, pasando por lo extraño. Se convirtió en una autoridad mundialmente respetada en reptiles, minería y alpinismo. Escribió mucho sobre la esclavitud, la religión y extrañas prácticas sexuales. Le fascinaban las diferentes culturas y trajo de sus viajes a África numerosas ilustraciones que conmocionaron y asombraron a los antropólogos occidentales.

Su biógrafo, Byron Farwell, al señalar la amplitud de la carrera de Burton y su asombrosa gama de intereses, lo llamó "una de las personalidades más raras que se han visto en la Tierra".

Cuando murió en 1890, Burton había amasado y perdido varias fortunas, ocupado decenas de puestos y cargos, escrito al menos cincuenta libros, cambiado la perspectiva del mundo occidental sobre la arqueología y la antropología africana, y se había convertido en uno de los hombres más respetados, y difamados, de su época.

Ernest Hemingway luchó por abrirse camino en la escuela, donde se graduó finalmente en 1917 en el Oak Park High School de Petoskey, Michigan. Estas experiencias escolares poco gratas, fruto de su escasa capacidad de atención y su "aburrimiento", le convencieron de que ir a la universidad sería un esfuerzo sin sentido. En lugar de ello, aceptó un trabajo como reportero novato en *The Kansas City Star*. Tras solo siete meses de trabajo, Hemingway se impacientó e intentó alistarse en el ejército de EE.UU. para poder luchar en la Primera Guerra Mundial. Cuando el ejército le rechazó por su debilidad visual, su deseo de correr riesgos y su ansia de estímulos le impulsaron a alistarse en la Cruz Roja como conductor voluntario de ambulancias y fue enviado a Italia.

Tras una grave herida de metralla y una breve recuperación en Milán, Hemingway regresó a Norteamérica y consiguió un trabajo a tiempo parcial como articulista en el *Toronto Star*. Al cabo de un año se cansó de ese trabajo y se trasladó a Chicago en 1920 para trabajar como redactor colaborador de una revista especializada, donde conoció a su primera esposa y se casó con ella en un romance relámpago. Viajaron a Francia en su luna de miel, donde Hemingway decidió quedarse y consiguió ser corresponsal en el extranjero para su antiguo empleador, el *Toronto Star*. En 1923, Hemingway se trasladó a Toronto (donde nació su hijo John) para intentar tener un trabajo fijo en el periódico canadiense, pero la rutina y las muchas distracciones propias de la redacción le llevaron a dejar el trabajo y regresar a París en medio de un impulso, sin empleo, donde pretendía iniciar una carrera como escritor serio y con éxito económico.

Hemingway tardó cuatro años en alcanzar su objetivo. Su primera publicación en Estados Unidos fue un pequeño volumen de relatos cortos, *En nuestro tiempo*, que se publicó en 1925 (aunque en 1923 y 1924 se publicaron en París dos pequeños cuadernos de prosa y poesía). En 1927, Hemingway ya había consolidado su reputación como escritor (y se ganaba la vida con ello). Había publicado *Aguas primaverales, Fiesta* y *Hombres sin mujeres*. Ese año también se divorció de su primera esposa y se casó con Pauline Pfeiffer.

En 1928, la inquietud característica del TDAH tocó a su puerta nuevamente. Se trasladó a Cayo Hueso con Pauline, y luego comenzó una serie de viajes por el mundo, desde la ganadería en Wyoming hasta la pesca en alta mar en Cuba, pasando por extensos viajes por Europa y África, donde disfrutó de la caza mayor.

En 1940, su segundo matrimonio se había desintegrado y Hemingway, quien buscaba alejarse del constante flujo de visitas que le distraían de su trabajo, se casó con su tercera esposa, Martha Gellhorn, y se trasladó a una remota granja en las afueras de La Habana, Cuba. Al año siguiente, volaron a China para informar sobre los ataques japoneses a ese país.

Cuando Estados Unidos entró en la Segunda Guerra Mundial, Hemingway armó su crucero con camarote, "Pilar", y recorrió el Caribe durante los dos años siguientes, a la caza de submarinos alemanes.

Justo antes de la invasión aliada de Normandía, un nuevo impulso llevó a Hemingway a Londres, donde conoció a Mary Welsh, su cuarta esposa. Se alistó en la Cuarta División de Infantería en el verano y el otoño de 1944, persiguió a las fuerzas nazis que huían durante la liberación de París y luchó en la Batalla de las Ardenas.

Tras la guerra, Hemingway se retiró de nuevo a Cuba, donde alternó rachas de brillante escritura con borracheras salvajes en su remoto escondite. Tan grande era su necesidad de soledad para concentrarse, que a menudo disparaba a los visitantes que llegaban en busca de autógrafos o queriendo conocer al "gran escritor". En otras ocasiones, si estaba bebiendo en lugar de escribiendo, podía recibir a los visitantes con los brazos abiertos y dedicarse a beber y hablar durante toda la noche, además de proporcionar un entretenimiento maravilloso con sus asociaciones libres y las historias errantes de su vida. (Este es un patrón que varios alcohólicos con TDAH me han relatado de sus propias vidas).

Finalmente, incapaz de conciliar su impulsividad, su alcoholismo y su fácil distracción que, agravados por la fama que siguió a su obtención del Premio Nobel de Literatura en 1954, le provocaron graves dificultades para escribir, Hemingway siguió los pasos de su padre y se suicidó en 1960.

Thomas Carlyle, cuya cita da inicio al prefacio de este libro, nació hace unos doscientos años en Escocia, en el seno de una familia de campesinos severamente calvinistas. Era descrito como escéptico y empirista y, como muchos adultos con TDAH, pasó por muchos intentos diferentes de labrarse una carrera. Empezó en derecho, luego pasó por el periodismo, el sacerdocio, la enseñanza y las matemáticas, antes de decidirse, en 1821, por ser escritor. Tenía cuarenta y dos años al momento de publicación de su primera obra, *La Revolución Francesa*, la cual lo sacó de la pobreza e introdujo en el mundo de los escritores publicados. Muchas de sus obras, como *Folletos de los últimos días* (1850) y *Shooting Niagara: And After?* (1867) eran esencialmente diatribas sobre la sociedad moderna, una sociedad de agricultores que, con un umbral bajo de frustración y una gran capacidad de distracción, características típicamente cazadoras, en su opinión, le habían impedido alcanzar el éxito. La obra de Carlyle es descrita alternativamente por sus biógrafos como "desigual", "retóricamente audaz" y "llena de energía".

(Ciertamente, hay muchas personas modernas que son a la vez exitosas y cazadoras. En los debates informales sobre el TDAH se menciona a menudo a un famoso cómico y actor de gran energía, así como al brillante fundador de una importante cadena de televisión. Sin embargo, dado que el TDA o TDAH está clasificado actualmente como un "trastorno" mental por la profesión psiquiátrica, sería poco caritativo en el mejor de los casos, y arriesgado en el peor, revelar o especular sobre el estado mental de personas vivas).

Culturas antiguas y jóvenes

Reflexiones sobre la
antropología cultural y nuestro futuro

En todos mis libros sobre el TDAH, he señalado que las habilidades de supervivencia que persisten desde la prehistoria, cuando nuestros antepasados eran cazadores-recolectores y carroñeros, son un problema en muchas escuelas o lugares de trabajo modernos. Esta percepción para algunas personas puede representar una historia en la que los nobles cazadores han sido sistemáticamente destruidos por la invasión de los innobles agricultores*.

Si bien es cierto que ahora quedan muy pocas sociedades cazadoras en la tierra, el paradigma real es más profundo que simplemente cazadores versus agricultores.

Este modelo explica muy bien por qué algunos niños sobresalen o fracasan en la escuela, o por qué las personas que buscan mucha estimulación se sienten atraídas por trabajos como el de técnico médico de urgencias, mientras que las personas que buscan poca estimulación se sienten atraídas por trabajos como la contabilidad, pero pasa por alto un aspecto más amplio e importante. Los profetas, desde Jeremías a Jesús, pasando por Nostradamus y Edgar Cayce, nos han señalado que la humanidad "moderna" (posterior a

---

* Mucho de este material apareció por primera vez en mis libros *The Prophet's Way* and *The Last Hours of Ancient Sunlight*.

la Revolución Agrícola, desde 10.000 a. C.) está destruyendo el mundo en el que vivimos.

En distintos contextos se puede encontrar una explicación común que indica que existe un defecto básico en la naturaleza humana. Se dice que este concepto de pecado original está representado en la historia bíblica de Eva y la manzana en el Edén, donde supuestamente se originó tal defecto.

Uno de los problemas de este concepto es que ha habido sociedades humanas durante cientos de miles de años (gente no muy diferente de ti y de mí), que no han actuado de forma destructiva. Por el contrario, han vivido en armonía con la naturaleza.

La primera vez que me topé con esta idea fue hace más de cincuenta años, leyendo el libro de Margaret Mead *Adolescencia y cultura en Samoa*. Sin embargo, hay buenos argumentos en contra de su visión del primitivo noble, y entonces me pareció que su pueblo "primitivo" de Samoa carecía de cosas básicas e importantes como la atención médica avanzada y las comunicaciones, cosas que habrían mejorado sus vidas.

Mi suposición entonces era que nuestra cultura, lo que llamamos civilización occidental, era inherentemente mejor y más valiosa que las culturas "primitivas" que la precedieron.

Hace poco conocí la cultura de la antigua tribu kogi, que vive en lo alto de la cordillera de los Andes. Los kogi se llaman a sí mismos "hermanos mayores" y llevan miles de años viviendo en armonía con el mundo. Su huella sobre la tierra es casi imperceptible y ni siquiera su arquitectura ha dañado los ecosistemas locales. En términos de la metáfora cazador/agricultor, los "hermanos mayores" presentan características de agricultores. Pero yo había estado culpando mentalmente a los agricultores de gran parte del desorden de la civilización moderna.

Si algunas culturas agrícolas han vivido pacíficamente y han actuado como cuidadoras de la tierra, aparentemente poseen conocimientos o sabiduría que nosotros los modernos no tenemos. Pero, ¿cómo puede ser que unos pueblos primitivos que sobrevivieron con simples cultivos de cereales tengan algo que enseñarnos a nosotros, los hombres y mujeres civilizados? Después de todo, hemos conquistado la tierra, hemos conquistado la enfermedad, el hambre, el espacio e incluso el átomo.

Si algunas civilizaciones antiguas han vivido de acuerdo con el mundo como agricultores, sin crear una "civilización" que (como otras sociedades agricultoras de Europa, África y Asia) conduciría finalmente a la muerte del mundo, ¿qué tenían de diferente?

¿Cómo es posible que algunos pueblos agricultores dejaran atrás un planeta relativamente indemne, mientras que otros causan daños tan increíbles que ponen en peligro toda la vida en la tierra?

Me planteé preguntas igualmente paradójicas sobre los cazadores. Muchos cazadores primitivos (utilizando mi metáfora) solo dejaron suaves huellas en el planeta. Sus vestigios son elaboradas pinturas rupestres de hace 30.000 años en Francia y 20.000 años en Australia, en vez de montones de residuos nucleares que serán letales durante más de un millón de años.

Sin embargo, otros cazadores eran explotadores. Quemaban los bosques para ahuyentar a los animales o, más comúnmente, volvían sus esfuerzos cinegéticos contra sus vecinos y se convertían en cazadores de humanos. Los mongoles y los tártaros, tribus cazadoras nómadas en sus orígenes, conquistaron la mayor parte de Europa y la gobernaron con mano de hierro durante siglos, con tanta crueldad como el Imperio Romano, que había evolucionado a partir de una sociedad agrícola.

El TDAH puede ser, en gran medida, algo tan simple como un remanente de material cazador y agricultor en nuestro código genético, pero se puede saber más y diferenciar mejor si se tiene en cuenta que las culturas pueden caracterizarse como "antiguas" y "jóvenes". Las primeras, ya sean agrícolas o cazadoras-recolectoras, vivieron con una conexión intrínseca con la tierra. Para ellas, el planeta en el que vivimos es en sí mismo un organismo vivo, tiene su propia vida, su propio destino y, de un modo que las culturas más jóvenes nunca podrían comprender, su propia consciencia. Todo aquello que contraviene la naturaleza no funciona a largo plazo, aunque el daño puede ser demasiado lento para ser perceptible en la escala de tiempo de las culturas más jóvenes. Para saber qué cultura es cuál, basta con observar lo que ocurre en el planeta. Lo que he visto en mis propios viajes es muy inquietante.

Las culturas más jóvenes se ven a sí mismas como algo separado de la tierra, con "dominio" sobre ella. Ven los recursos de la tierra como cosas que se usan y luego se desechan. La naturaleza es a menudo el enemigo, no la madre, el padre, el hermano o la hermana de estos pueblos. Su desprecio por ella es tan visceral, tan intrínseco a su visión del mundo, que muchos viven toda su vida sin cuestionar ni una sola vez sus propios supuestos culturales sobre el lugar del hombre en el universo.

Los pueblos más antiguos tienen tan claro cuál es el lugar de la humanidad en la tierra que a menudo rezan por el alma de un animal cuando lo matan para alimentarse. Pueden dar gracias diariamente a Dios por la vida que les ha dado y por la vida que les rodea, todo ello contemplado con reverencia.

Los pueblos más jóvenes, por otro lado, son tan egocéntricos que han luchado tenazmente, matado y torturado, para preservar su creencia de que nuestro planeta es el centro de toda la creación. Para ellos, su dogma de fe consiste en convertir a las culturas antiguas a su visión del mundo... o borrarlas por completo, como se hizo con las tribus indígenas de gran parte de América del Norte y del Sur, África, Australia y Europa.

Actualmente, las culturas antiguas de todo el mundo están advirtiendo a las jóvenes del peligro y la estupidez de sus costumbres. Solo tenemos que escuchar.

Esto puede parecer muy alejado de un debate sobre el TDAH y sus causas, pero nadie puede viajar por el mundo de hoy con los ojos abiertos y no ver una escalada continua de destrucción social y ecológica. Se necesitan soluciones drásticas. Tenemos que cambiar nuestro modo de vida o perecer. Históricamente, los inadaptados, los descontentos y los marginados han provocado los cambios transformadores necesarios en nuestra cultura: gente como Thomas Edison y Benjamin Franklin. Quizá algunos de nuestros jóvenes cazadores, a los que hoy vemos con dificultades en la escuela y para adaptarse a nuestra sociedad, sean los que nos muestren nuevos caminos hacia un nuevo futuro.

Agradecimientos

Damos las gracias a los muchos adultos con TDAH que compartieron sus historias de vida, lo que nos permitió preparar este manuscrito, para que otros pudieran aprender de sus éxitos y fracasos.

Dianne Breen, que ayudó a dar a luz a este libro, y Dirk E. Huttenbach, M.D., experto en el campo del TDA en niños y adultos, fueron inestimables a la hora de proporcionar anécdotas, información y algunos de los conceptos básicos que dieron forma a las ideas que aquí se presentan. G. W. Hall y Carla Nelson hicieron un maravilloso trabajo de edición del manuscrito inicial, y Fran y toda la gente de CompuServe fueron de gran ayuda.

Debo un reconocimiento especial a Dave deBronkart, que compartió generosamente sus conocimientos y experiencia con el TDA, y corrigió este libro tan a fondo que no sería inexacto decir que escribió partes del mismo. Sobre el tema del TDA, Dave es el profano más versado que he conocido, además de un orador elocuente y un defensor a ultranza de los cazadores de este mundo.

También estoy inmensamente agradecido a mis queridos amigos: Andrea Bilbow de ADDISS en el Reino Unido, Sari Solden y Ellen Littman, Ph.D., por su brillante trabajo sobre el TDAH y las mujeres y niñas, y Richard Silberstein, Ph.D., por su innovador trabajo de investigación sobre el TDAH y la creatividad. Además, el doctor Edward Hallowell y el doctor John Ratey han hecho mucho por popularizar estas ideas y hacer creíble la idea de que *somos diferentes*, pero no *estamos rotos*.

Un agradecimiento especial a Susan Barrows, una de las mejores correctoras del mundo, que corrigió al menos un centenar de erratas en el primer borrador de este libro, al tiempo que ofrecía una valiosa ayuda editorial y nuevas e importantes ideas sobre el TDA.

Gracias también a Kyle Roderick y Alexis Fischer por sus útiles sugerencias, que han enriquecido el contenido de este libro.

Mi agente, Bill Gladstone, y Ehud Sperling, Jon Graham, Jeanie Levitan, Patricia Rydle y Kayla Toher, de InnerTraditions, hicieron un gran trabajo para que este libro volviera a imprimirse en un formato nuevo y mejorado. Muchas gracias.

Y un agradecimiento especial a mi mujer, Louise, cuya paciencia y apoyo han contribuido a que esta obra (y tantos otros proyectos) fructifiquen.

Un legado de esperanza

Dra. Ellen B. Littman

Cuando el TDAH hizo su debut en el escenario mundial de la conciencia pública a finales de la década de 1980, fue patologizado como un defecto genético, ya no denominado "daño cerebral mínimo", sino claramente como una devastadora sentencia de vida para las familias. En medio de ese oscuro espíritu de nuestra era llegó el valiente replanteamiento de Thom Hartmann. Se atrevió a decir en voz alta lo que muy pocos de nosotros pensábamos en secreto: que estos rasgos, en niños y adultos, podían ser adaptativos, incluso extraordinarios.

Cuando conocí a Thom en 1993, acababa de publicar *Attention Deficit Disorder: A Different Perception*. En el interior de la portada figuraba el gráfico que personifica uno de los puntos fuertes característicos de Thom: destila un concepto complejo y desconocido en un formato accesible y económico. Para aquellos cuya curiosidad superaba su resistencia a lo desconocido, expuso con asombrosa claridad lo que parecía un argumento innegable. Los rasgos del TDAH no son intrínsecamente buenos ni malos; el contexto ha definido su valor.

Desde su publicación, muchos han intentado desacreditar tanto el mensaje como al mensajero. No obstante, la investigación científica ha ido respaldando, poco a poco, las teorías de Thom, aunque rara vez lo reconozca por su nombre. Por ejemplo, las mutaciones genéticas asociadas al TDAH se dan con más frecuencia en poblaciones con una fuerte historia de migraciones. Esos genes también aparecen con más frecuencia en los hijos de supervivientes del Holocausto, donde la asunción creativa de riesgos puede haber aumentado las posibilidades de supervivencia. Sin embargo, los rasgos que permitían a los cazadores prosperar en tiempos turbulentos eran menos deseables en las sociedades agricultoras. Y quizá el péndulo esté volviendo a oscilar: los cerebros de los cazadores parecen mejor adaptados a la actual cultura de inundación de datos y reacción rápida.

Soy ante todo una profesional clínico. A lo largo de los años, he ofrecido constantemente el paradigma cazador/agricultor para su consideración. Cuando el TDAH da cabida a la autoestima, permite entonces zafarnos de las garras del estigma, la vergüenza, la desmoralización y la desesperanza que pueden ser paralizantes y debilitantes. En su lugar, existe una narrativa alternativa que destaca un camino hacia la validación, el respeto, la aceptación y la esperanza. Las personas que se enfrentan a un diagnóstico de TDAH se empoderan cuando entienden que la evaluación de "discapacitado" frente a "capacitado con habilidades diferentes" es, en gran parte, producto del cristal con que se les mira.

Veintiséis años después de su primera publicación, este libro, antaño revolucionario, es ahora un clásico. Thom amplió nuestra visión del mundo invitándonos a repensar el TDAH en el contexto de la adaptación evolutiva. Al reconocer los puntos fuertes y débiles de las tendencias del TDAH, hizo hincapié en la importancia de encontrar la mejor adaptación a un entorno amigable.

Hoy puede parecer obvio que, cuando los cazadores no soportan estar sentados todo el día en un cubículo o en un aula, la intervención se lleva a cabo dentro de un entorno más apropiado. Esta comprensión ha permitido a innumerables individuos liberarse de sus prisiones de expectativas socioculturales. Al identificar tanto los obstáculos como las recompensas, Thom ofrece una de las primeras imágenes longitudinales de cómo podría ser la gestión de este conjunto de habilidades a lo largo de la vida.

Quizá la pieza más importante de su increíble legado sea la siguiente: en lugar de individuos desesperados que imploran a los clínicos que los "hagan normales", lo más frecuente es que pidan ayuda para determinar qué carrera se adapta mejor a su perfil único. A pesar de que nuestra sociedad abraza el conformismo, la historia demuestra que hay un lugar para las contribuciones tanto de cazadores como de agricultores.

Lo que empezó como una metáfora compasiva destinada a ofrecer esperanza a su hijo se ha convertido nada menos que en un himno inspirador basado en la ciencia que ofrece esperanza a todos aquellos que padecen TDAH en sus vidas.

LA DOCTORA ELLEN B. LITTMAN es una psicóloga clínica del estado de Nueva York que lleva más de veintinueve años dedicada al campo de los trastornos de la atención. En su consulta privada al norte de la ciudad de Nueva York, Littman se centra en una población de adultos y adolescentes con TDAH de alto coeficiente intelectual. Está especializada en la identificación y el tratamiento de cuadros complejos de TDAH que pueden malinterpretarse o pasarse por alto. Descrita por la Asociación Americana de Psicología como pionera en la identificación de las diferencias de género en el TDAH, tiene una experiencia única en cuestiones femeninas y ha sido considerada como una líder en el campo por su reciente trabajo sobre el género. Littman es coautora del libro *Understanding Girls with ADHD* y colaboradora de numerosos libros, entre ellos *The Hidden Side of Adult ADHD, Understanding Women with ADHD* y *Gender Differences in ADHD.* Ha creado un programa de formación en formato de video sobre mujeres con TDAH para el programa de formación continua de la Asociación Médica Americana. Ampliamente publicada y entrevistada, escribe y da conferencias con frecuencia y ofrece formación profesional avanzada.

Sobre el autor

Dave deBronkart

En el primer párrafo del capítulo 19 de este libro, el autor escribe: "A veces, los cazadores tienen dificultades para responder a la pregunta '¿A qué se dedica usted?'. No es que no haya respuesta, es que hay demasiadas respuestas".

Esa afirmación se aplica fácilmente a su propia vida y demuestra que el TDAH no tiene por qué impedir que una persona triunfe.

Thom Hartmann es autor de veinticinco libros sobre psiquiatría, ecología, política y economía, galardonados cuatro veces con el Premio Proyecto Censurado y superventas de The *New York Times*, que se publican actualmente en más de una docena de idiomas de los cinco continentes.

Como periodista, Hartmann ha sido galardonado con el prestigioso premio Jesse H. Neal a la excelencia informativa y ha aparecido más de doscientas veces en más de cincuenta publicaciones nacionales e internacionales diferentes, desde la versión alemana de *International Business Week* y el *Christian Science Monitor* hasta *Popular Computing*.

En el campo del ecologismo, Thom ha coescrito y coprotagonizado cuatro documentales con Leonardo DiCaprio, y también aparece en *The 11th Hour* e *Ice on Fire*. El libro de Thom *The Last Hours of Ancient Sunlight,* sobre el fin de la era del petróleo e inspiración de *The 11th Hour,* es un superventas internacional y se utiliza como libro de texto en muchas escuelas.

Thom es también el presentador del programa de entrevistas progresista número uno en Estados Unidos.

Su programa diario de radio y televisión, de tres horas de duración, se emite en emisoras de radio de todo el país y en la radio por satélite SiriusXM, en todo el mundo a través de la red estadounidense American Forces Network, en Europa y África por Pacifica, y en su propio canal de YouTube, vía pódcast y a través de la aplicación Thom Hartmann. El programa también se emite simultáneamente por televisión en tiempo real en más de sesenta millones de hogares estadounidenses a través de la red Free Speech TV.

Thom ha trabajado con miles de niños y adultos con TDAH e hiperactividad durante los últimos cuarenta años. En 1978, él y su mujer, Louise, abrieron la Aldea Infantil Salem de Nueva Inglaterra (NESCV, por sus siglas en inglés), un centro residencial de tratamiento para niños situado en 132 acres arbolados en el lago Stinson, en New Hampshire. La aldea infantil se basó en el modelo familiar del programa internacional Salem ubicado en Alemania.

Como director ejecutivo de NESCV durante cinco años, Hartmann trabajó con numerosos psicólogos y psiquiatras, trabajadores sociales y tribunales, y con cientos de niños y padres. Impartió clases de crianza, ayudó a formar a cuidadores de niños, fue cofundador de la New Hampshire Group Home Association y colaboró estrechamente con el gobernador de ese estado en el desarrollo de programas para niños en crisis.

El NESCV se especializó en ofrecer a los niños previamente institucionalizados un modelo familiar, un entorno no institucional, y trabaja, por lo general, sin fármacos con niños que han estado sometidos casi todos a algún tipo de terapia farmacológica. Fue objeto de tres importantes reportajes en el programa de noticias vespertino *All Things Considered* de National Public Radio, así como de artículos de fondo en *Parenting, Prevention, East-West, Country Journal* y más de una docena de publicaciones y periódicos nacionales.

Viajero empedernido y a veces arriesgado, Hartmann se ha encontrado a menudo en zonas de conflicto, bien en representación de la organización Salem para poner en marcha programas de ayuda contra el hambre y otros similares, o como escritor; situación que hace que sus amigos se pregunten a veces en voz alta si trabaja para la CIA (no es así). Estuvo, por ejemplo, en Filipinas cuando Ferdinand Marcos huyó del país; en Egipto la semana en que Anwar el-Sadat fue fusilado; en Uganda durante la guerra de liberación de Tanzania; en Hungría cuando llegaron los primeros refugiados de Alemania Oriental; en Alemania cuando cayó el muro; en Perú cuando Sendero Luminoso bombardeó por primera vez el palacio presidencial; en Pekín, durante las primeras manifestaciones estudiantiles; en Colombia, durante la oleada de asesinatos de candidatos presidenciales; en Israel, en la ciudad cisjordana de Nablus, la semana en que comenzó allí la Intifada; en la frontera checa, la semana en que se fundió Chernóbil; y en Venezuela, durante el intento de golpe de Estado de 1991.

Fue invitado (y aceptó la invitación) a una audiencia privada con el papa Juan Pablo II en el Castillo de Gandolfo en 1998, y en 1999 pasó una semana con su santidad el Dalái Lama en su casa y monasterio de Dharamsala (India). Ese encuentro, con otros veinte "líderes del pensamiento" de todo el mundo, se convirtió en una película narrada por Harrison Ford titulada *El renacimiento del Dalái Lama*.

De 1972 a 1978, y de 1987 a 1991, enseñó técnicas de concentración y meditación a través de una serie de clases semanales, y habló sobre estos temas en numerosas conferencias en Estados Unidos y Europa. Hartmann es un practicante y formador de neurolingüística (PNL) certificado y autorizado. Su maestro fue Richard Bandler, cofundador de la PNL. Hartmann, fundador del Michigan HealingArts Center y estudioso de la medicina "alternativa", obtuvo el título de C.H. (herborista colegiado) en el Dominion Herbal College, un M.H. (máster en Herbología) en el Emerson College y un doctorado en Medicina Homeopática en Brantridge (Inglaterra). También realizó un curso residencial de posgrado en acupuntura en el Instituto Internacional de Acupuntura de Pekín, el mayor hospital acreditado del mundo para la enseñanza de la acupuntura, en 1986.

En septiembre de 2013, Hartmann recibió el Doctorado Honoris Causa en Letras Humanas del Goddard College, cerca de Montpelier (Vermont). Según la presidenta Barbara Vacarr, "el trabajo de Thom como periodista, autor y activista comunitario es un ejemplo vivo de la misión misma del Goddard College y de aquello con lo que nuestros estudiantes están comprometidos: promover culturas de investigación rigurosa, colaboración y aprendizaje permanente, en las que los individuos emprendan acciones imaginativas y responsables en el mundo".

Además, Hartmann ha creado con éxito siete empresas, una de las cuales apareció en la portada del *The Wall Street Journal*. Entre las empresas que ha puesto en marcha (y que, con dos excepciones, vendió más tarde) figuran una agencia de publicidad, una editorial de boletines y revistas, una empresa de fabricación de infusiones, un mayorista de viajes internacionales y una agencia de viajes, una empresa de formación que imparte seminarios por todo el país, una empresa de diseño y reparación de aparatos electrónicos y una empresa de venta de periféricos informáticos.

En el campo del mercadeo y la publicidad (su especialidad), es antiguo socio de una agencia de publicidad, consultor de cientos de empresas y ha impartido seminarios sobre publicidad y mercadeo a más de diez mil empresas y particulares durante los quince años que estuvo en este campo. Entre sus clientes figuran más de 470 de las 500 empresas de la lista Fortune, y ha sido ponente principal de grupos que van desde una reunión de banqueros de Hong Kong hasta un foro sobre viajes internacionales patrocinado por KLM Airlines y American Express en Ámsterdam, pasando por la conferencia anual de la Asociación de Profesores de California. Ha hablado ante más de 300.000 personas en cuatro continentes, y su programa de radio y televisión tiene una audiencia, según la revista *Talkers*, de más de cinco millones de personas.

Nacido en 1951, tiene licencia de piloto y de detective privado (ninguna de las cuales ejerce), y fue paracaidista. Padre de tres hijos, lleva más de cuarenta y cinco años casado con la misma mujer (muy paciente) que no padece TDAH.

DAVE DEBRONKART afirma que la visión empoderadora de Thom Hartmann sobre el TDAH como "un cazador en un mundo de agricultores" es una de las influencias más transformadoras de su vida. Tras conocerse en CompuServe en la década de 1990, Thom y Dave colaboraron en numerosos libros y comunidades *online* durante veinte años. Conferenciante público (con Thom como destacado mentor), deBronkart es superviviente de un cáncer casi mortal que se ha convertido en activista mundial para transformar el papel del paciente de receptor pasivo a participante activo. Conocido en internet como "e-Patient Dave" (*e* de *empowered, engaged, enabled*, etc.), su libro *Let Patients Help* se ha traducido a nueve idiomas y su charla TED del mismo título se ha traducido a veintiséis idiomas.

Otras publicaciones de Thom Hartmann[*]

Adult ADHD: How to Succeed as a Hunter in a Farmer's World. Rochester, Vt: Park Street Press, 2016.

Death in the Pines: An Oakley Tyler Novel. Chicago: Academy Chicago Publishers, 2015.

The American Revolution of 1800: How Jefferson Rescued Democracy from Tyranny and Faction. San Francisco: Berrett-Koehler Publishers, 2014. En coautoría con Dan Sisson.

The Crash of 2016: The Plot to Destroy America—and What We Can Do to Stop It. Nueva York: Twelve, 2013.

The Last Hours of Humanity: Warming the World to Extinction. Cardiff, California: Waterfront Digital Press, 2013.

The Thom Hartmann Reader. San Francisco: Berrett-Koehler Publishers, 2011.

Rebooting the American Dream: 11 Ways to Rebuild Our Country. San Francisco: Berrett-Koehler Publishers, 2010.

Unequal Protection: How Corporations Became "People"—And How You Can Fight Back. San Francisco: Berrett-Koehler Publishers, 2010.

Legacy of Secrecy: The Long Shadow of the JFK Assassination. Berkeley, California: Counterpoint, 2009. En coautoría con Lamar Waldron.

Threshold: The Progressive Plan to Pull America Back from the Brink. Nueva York: Viking, 2009.

Cracking the Code: How to Win Hearts, Change Minds, and Restore America's Original Vision. San Francisco: Berrett-Koehler Publishers, 2007.

---

[*]Esta lista refleja las fechas de impresión más recientes. Los libros pueden haber sido publicados con anterioridad.

Air America: The Playbook. Nueva York: Rodale Books, 2006. Colaborador.

Screwed: The Undeclared War against Middle Class—And What We Can Do About it. San Francisco: Berrett-Koehler Publishers, 2006.

Ultimate Sacrifice: John and Robert Kennedy, the Plan for a Coup in Cuba, and the Murder of JFK. Nueva York: Carroll & Graf Publishers, 2006. En coautoría con Lamar Waldron.

Walking Your Blues Away: How to Heal the Mind and Create Emotional Wellbeing. Rochester, Vt: Park Street Press, 2006.

The Last Hours of Ancient Sunlight: Revised and Updated; The Fate of the World and what We Can Do Before It's Too Late. Nueva York: Three Rivers Press, 2004.

The Prophet's Way: A Guide to Living in the Now. Rochester, Vt: Park Street Press, 2004.

We, the People: A Call to Take Back America. Portland, Oregón: CoreWay Media, 2004.

What Would Jefferson Do? A Return to Democracy. Nueva York: Harmony Books, 2004.

From the Ashes: A Spiritual Response to the Attack on America. Nueva York: RodaleBooks, 2001. Colaborador.

The Greatest Spiritual Secret of the Century. Charlottesville, Virginia: Walsch Books, 2000.

Thom Hartmann's Complete Guide to ADHD: Help for Your Family at Home, School and Work. Grass Valley, California: Underwood Books, 2000.

Healing ADD: Simple Excercises that Will Change Your Daily Life. Grass Valley, California: Underwood Books, 1998. *Living with ADHD: Simple Exercises to Change Your Daily Life.* Rochester, Vt.: Healing Arts Press, 2023.

Attention Deficit Disorder: A Different Perception. Grass Valley, California: Underwood, 1997. Actualizado y reeditado como este libro.

Beyond ADD: Hunting for Reasons in the Past and Present. Grass Valley, California: Underwood Books, 1996.

Think Fast: The ADD Experience. Grass Valley, California: Underwood, 1996. Editado con Janie Bowman y Susan Burgess.

ADD Success Stories: A Guide to Fulfillment for Families with Attention Deficit Disorder. Grass Valley, California: Underwood Books, 1995.

The Best of the Desktop Publishing Forum on Compuserve. San Francisco: Peachpit, 1993.

Bibliografía

Sitio web del Museo Amelia Earhart. Páginas "Infancia", "Historias" y "Biografía". Consultado el 24 de enero de 2019.

Asociación Americana de Psiquiatría. *Diagnostic and Statistical Manual of Mental Disorders.* 3ª ed. Washington, D.C.: American Psychiatric Association, 1987.

Asociación Americana de Psiquiatría. "Tics Disorders". En *Treatments of Psychiatric Disorders.* Vol. 1. Washington, D.C.: American Psychiatric Association, 1989.

Asociación Americana del Sueño. "Delayed Sleep Phase Syndrome". Sitio web de la Asociación Americana del Sueño. Consultado el 24 de enero de 2019.

Anderson, J. C., et al. "DSM-III Disorders in Preadolescent Children. Prevalence in a Large Sample from the General Population". *Archives of General Psychiatry* 44 (1987): 69–76.

Arcos-Burgos, Mauricio, y María Teresa Acosta. "Tuning Major Gene Variants Conditioning Human Behavior: The Anachronism of ADHD". *Science Direct* 17, no. 3 (junio de 2007): 234–238.

Barkley, R A, et al. "Development of a Multimethod Clinical Protocol for Assessing Stimulant Drug Response in Children with Attention Deficit Disorder". *Journal of Clinical Child Psychology* 17 (1988): 14–24.

——.*Hyperactive Children: A Handbook for Diagnosis and Treatment.* Nueva York: Guilford, 1981.

——. "The Social Behavior of Hyperactive Children: Developmental Changes, Drug Effects and Situational Variations". En *Childhood Disorders: Behavioral-Developmental Approaches.* Editado por R. J. McMahon y R. D. Peters. Nueva York: Brunner/Mazel, 1985.

Bowen, Catherine Drinker. *The Most Dangerous Man in America: Scenes from the Life of Benjamin Franklin.* Boston: Little, Brown & Company, 1974.

Brown, Ronald T., et al. "Effects of Methylphenidate on Cardiovascular Responses in Attention Deficit Hyperactivity Disordered Adolescents". *Journal of Adolescent Health Care* 10 (1989): 179–183.

Buckley, W. F., Jr. *Overdrive: A Personal Documentary.* Nueva York: Doubleday & Company, 1983.

Burdett, Osbert. *The Two Carlyles.* N.p. 1930. Repr. 1980.

Campbell, Ian. *Thomas Carlyle.* Nueva York: Charles Scribner's Sons, 1975.

Centros para el Control y la Prevención de Enfermedades. "Hallazgos clave: Tendencias en el informe de los padres sobre el diagnóstico del proveedor de atención médica y el tratamiento con medicamentos para el TDAH: Estados Unidos, 2003–2011". Sitio web de los CDC. Página actualizada por última vez el 7 de septiembre de 2017.

Clubbe, John, ed. *Froude's Life of Carlyle.* Columbus: Ohio State University Press, 1979.

Comings, D. E., et al. "The Dopamine D2 Receptor Locus as a Modifying Gene in Neuropsychiatric Disorders". *Journal of the American Medical Association* 266 (1991): 1793–1800.

Comings, D. E., y Comings, B. G. "Tourette Syndrome and Attention Deficit Disorder with Hyperactivity: Are They Genetically Related?" *Journal of the American Academy of Child Psychiatry* 23 (1984): 138–146.

Congreso de los EE.UU. Senado. *Examination into the Causes of Hyperactive Children and the Methods Used for Treating These Young Children. Joint Hearing Before a Subcommittee on Health of the Committee on Labor and Public Welfare and the Subcommittee on Administrative Practice and Procedure of the Committee on the Judiciary of the United States Senate,* 94th Cong. (11 de septiembre de 1975). U.S. Government Printing Office.

Diamond, Jared. "How Africa Became Black". *Discover,* febrero de 1994.

Doyle, Sir Arthur Conan. "El signo de los cuatro". *Lippincott's Monthly Magazine.* Londres: Editorial Vicens Vives, 1890.

Einstein, Albert. *Out of My Later Years.* 1956. Nueva York: Bonanza, 1990.

Eisenberg, Dan, y Benjamin Campbell. "Evolution of ADHD: The Social Context Matters". *San Francisco Medicine, Journal of the San Francisco Medical Society* 84, n° 8 (octubre de 2011): 21–22. Disponible en el sitio web de San Francisco Medicine.

Ekirch, Roger. "Sleep We Have Lost: Pre-Industrial Slumber in the British Isles". *American Historical Review* 106, n° 2 (2001): 343–386.

Evans, R. W., et al. "Carbamazepine in Pediatric Psychiatry". *Journal of the American Academy of Child Psychiatry* 26 (1987): 2–8.

Farwell, Byron. *Burton: A Biography of Sir Richard Francis Burton.* Londres: Penguin, 1990.

Feingold, Benjamin. *Why Your Child is Hyperactive.* Nueva York: Random House, 1975.

Fergusson, David M., et al. "Maternal Smoking Before and After Pregnancy: Effects on Behavioral Outcomes in Middle Childhood". *Pediatrics* 92, no. 6 (diciembre de 1993): 815–822.

Garber, S. W., et al. *Is your child hyperactive? Inattentive? Impulsive? Distractible? Helping the ADD/Hyperactive Child.* Nueva York: Villard Books, 1990.

Gittelman-Klein, R. "Pharmacotherapy of Childhood Hyperactivity: An Update". En *Psychofarmacology: The Third Generation of Progress.* Editado por H. Y. Meltzer. Nueva York: Raven, 1987.

Goleman, Daniel. *Inteligencia emocional.* Londres: Editorial Vergara, 1995.

Goyette, C. H., et al. "Normative Data on Revised Conners Parent and Teacher Rating Scales". *Journal of Abnormal Child Psychology* 6, no. 2 (1978): 221–236.

Greenhill, Laurence, et al. "Prolactin: Growth Hormone and Growth Responses in Children with Attention-Deficit/Hyperactivity Disorder Treated with Methylphenidate". *Journal of the American Academy of Child Psychiatry* 23, no. 1 (1984): 58–67.

Hallowell, Edward M., y John J. Ratey. *Driven to Distraction: Recognizing and Coping with Attention Deficit Disorder from Childhood through Adulthood.* Nueva York: Simon & Schuster, 1995.

Hartmann, Thom. "A Nutritional Model for Effecting Change in Behavior-Disordered and Severely Emotionally Disturbed Victims of Child Abuse: The experiences of Salem Children's Villages". *Journal of Orthomolecular Psychiatry* 10, no. 1 (1er Trimestre 1981): 35–38.

Hayes, Peter L. *Ernest Hemingway.* Nueva York: Continuum, 1990.

Henker, B., y C. K. Whalen, eds. "The Changing Phases of Hyperactivity: Retrospect and Prospect". En *Hyperactive Children: The Social Ecology of Identification and Treatment.* Nueva York: Academic, 1980.

Hoffman, Edward. "Overcoming Evil: An Interview with Abraham Maslow, Founder of Humanistic Psychology". *Psychology Today* Enero de 1992.

Holland, Kimberly, y Elsbeth Riley. *ADHD Numbers: Facts, Statistics and You.* Sitio web del Centro de Recursos para el TDAH. 11 de octubre de 2017. (Este sitio web infográfico cita la estimación de la Asociación Americana de Psiquiatría de que la incidencia del TDAH ronda el 5% de la población infantil de Estados Unidos).

Jensen, Peter, et al. "Evolution and revolution in child psychology: ADHD as an adjustment disorder". *Journal of the American Academy of Child and Adolescent Psychiatry* 36, no. 12 (diciembre de 1997): 1672–1679.

Josephson, Matthew. *Edison: A Biography.* 1959. Nueva York: John Wiley & Sons, 1992.

Kahn, Robert S., et al. "Women's Health After Pregnancy and Child Outcomes at Age 3 Years: A Prospective Cohort Study". *American Journal of Public Health* 92, no. 8 (2002): 1312–18. Disponible en el sitio web de la American Public Health Association a partir del 10 de octubre de 2011.

Kelly, Kevin L., et al. "Attention Deficit Disorder and Methylphenidate: A Multistep Analysis of Dose-Response Effects on Children's Cardiovascular Functioning". *International Clinical Psychopharmacology* 3, no. 2 (1988): 167–181.

Kinsbourne, M., y P. J. Caplan. *Children's Learning and Attention Problems.* Boston: Little, Brown and Company, 1979.

———. "Overfocusing: An Apparent Subtype of Attention-Deficit Hyperactivity Disorder". En *Pediatric Neurology: Behavior and Cognition of the Child with Brain Dysfunction.* Editado por N. Amir, I. Rapin y D. Branski. Basilea: Karger, 1991.

———. "Overfocusing: Attending to a Different Drummer". *Boletín CHADDER* (primavera-invierno 1992): 23–33.

Klein, R. G., et al. "Hyperactive Boys Almost Grown Up: Methylphenidate Effects on Ultimate Height". *Archives of General Psychiatry* 45, no. 12 (1988): 1131–1134.

Klein, Rachel G., et al. "Methylphenidate and Growth in Hyperactive Children: A Controlled Withdrawal Study". *Archives of General Psychiatry* 45, no. 12 (1988): 1127–1130.

Kuczenski, R., et al. "Effects of Amphetamine, Methylphenidate, and Apomorphine on Regional Brain Serotonin and 5-hydroxyindole acetic acid". *Psychopharmacology.* 93, no. 3 (1987): 329–335.

Lief, Erik. *Mutated gene keeps nocturnal owls awake.* Sitio web del Consejo Americano sobre Ciencia y Salud. 7 de abril de 2017.

Lorayne, H., y J. Lucas. *The Memory Book.* Nueva York: Ballantine, 1986.

Maslow, Abraham. *Motivation and Personality.* Nueva York: Harper & Brothers, 1954.

McClendon, Francis Joseph, y Scott Haden Kollins. "ADHD and Smoking: From Genes to Brains to Behavior". Anales de la Academia de Ciencias de Nueva York 1141 (2008): 131–147.

McGuinness, Diane. "Attention deficit disorder, the emperor's suit, Animal Pharm, and Other Fictions". En *The Limits of Biological Treatment for Psychological Distress.* Editado por S. Fisher y R. Greenberg. Nueva York: Erlbaum, 1989.

————. *When Children Don't Learn.* Nueva York: Basic Books, 1985.

Mendelsohn, Rohen S. *How to Raise a Healthy Child in Spite of Your Doctor.* Chicago: Contemporary Books, 1984.

Mlodinow, Leonard. "In Praise of ADHD". *New York Times,* 17 de marzo de 2018.

Moss, Robert A., y Helen H. Dunlap. *Why Johnny Can't Concentrate.* Nueva York: Bantam Books, 1990.

Moyzis, Robert. "Attention Deficit Hyperactivity Disorder Related to Advantegous Gene". *Science Daily* (9 de enero de 2002).

Murray, John B. "Psychological Effects of Methylphenidate (Ritalin)". *Psychological Reports* 61, no. 1 (1987): 315–36.

Nesse, Randolph, y George Williams. *Por qué enfermamos: la nueva ciencia de la medicina darwiniana.* Nueva York: Editorial Grijaldo, 1996.

Página web del Salón Nacional de la Fama de la Mujer. "Amelia Earhart". Consultado el 24 de enero de 2019.

Peters, Tom, y Robert H. Waterman. *En busca de la excelencia.* Nueva York: Editorial HarperCollins, 1982.

Pomerleau, O. F. "Nicotine and the Central Nervous System: Biobehavioral Effects of Cigarette Smoking". *American Journal of Medicine* 93, no. 1A (15 de julio de 1992): 2S–7S.

Popova, Maria. "Thomas Edison, Power-Napper: The Great Inventor of Sleep and Success". Sitio web de BrainPickings. Consultado el 24 de enero de 2019.

Rapoport, J. L., et al. "Dextroanphetamine: Its Cognitive and Behavioral Effects in Normal and Hyperactive Boys and Normal Men". *Archives of General Psychiatry* 37, no. 8 (1980): 933–943.

Rapport, M. D., et al. "Attention Deficit Disorder and Methylphenidate: A Multilevel Analysis of Dose-response Effects on Children's Impulsivity Across Settings". *Journal of the American Academy of Child Psychiatry* 27, no. 1 (1988): 60–69.

Ratey, John J. "Prólogo" en *ADD Success Stories.* Nevada City, California: Underwood, 1995.

Safer, Daniel J., et al. "A Survey of Medication Treatment for Hyperactive/ Inattentive Students". *Journal of the American Medical Association* 260, no. 15 (1988): 2256–2258.

Satterfield, J. H., et al. "Growth in hyperactive children treated with methylphenidate". *Archivos de Psiquiatría General* 36, no. 2 (1979): 212–217.

Satterfield, J. H., et al. "Therapeutic Interventions to Prevent Delinquency in Hyperactive Boys". *Journal of the American Academy of Child Psychiatry* 26, no. 1 (1987): 56–64.

Scarnati, Richard. "An Outline of the Dangerous Side Effects of Ritalin (Methylphenidate)". *The International Journal of Addictions* 21, n° 7 (1986): 837–841.

Shaffer, D., et al. "Neurological soft signs: Their relationship to psychiatric disorder and intelligence in childhood and adolescence". *Archives of General Psychiatry* 42, no. 4 (1985): 342–351.

Sharma, Rajiv P., et al. "Pharmacological Effects of Methylphenidate on Plasma Homovanillic Acid and Growth Hormone". *Psychiatry Research* 32, no. 1 (1990): 9–17.

Shelley-Tremblay, J. F., y L. A. Rosén. "Attention Deficit Hyperactivity Disorder: An Evolutionary Perspective". *Journal of Genetic Psychology* 157, no. 4 (diciembre de 1996): 443–453.

Sokol, Mae S., et al. "Attention Deficit Hyperactivity Disorder and the Dopamine Hypothesis: Case Presentations with Theoretical Background". *Journal of the American Academy of Child and Adolescent Psychiatry* 26, no. 3 (1987): 428–433.

Sternberg, Robert J., y Todd L. Lubart. "Creating Creative Minds". *Phi Delta Kappan* 72, no. 8 (abril de 1991): 608–14.

Stevens, Anthony, y John Price. *Evolutionary Psychiatry: A New Beginning.* Londres: Routledge, 1996.

Stewart, A. *Severe Perinatal Hazards. Developmental Neuropsychiatry.* Editado por M. Rutter. Nueva York: Guilford, 1983.

Strauss, C. C., et al. "Overanxious Disorder: An Examination of Developmental Differences". *Journal of Abnormal Child Psychology* 16, no. 4 (1988): 433–443.

Swanson, James M., et al. "Dopamine Genes and ADHD". *Neuroscience and Biobehavioral Reviews* 24, no. 1 (2000): 21–25.

Swanson, James M., y M. Kinsboume. "The Cognitive Effects of Stimulant Drugs on Hyperactive Children". En *Attention and Cognitive Development.* Editado por G. A. Hale y M. Lewis. Nueva York: Plenum, 1979.

Taylor, E., et al. "Which Boys Respond to Stimulant Medication? A Controlled Trial of Methylphenidate in Boys with Disruptive Behavior". *Psychological Medicine* 17, no. 1 (1987): 121–143.

Ullmann, R. K., y E. K. Sleator. "Responders, Nonresponders and Placebo Responders Among Children with Attention Deficit Dissorder". *Clinical Pediatrics* 25, no. 12 (1986): 594–599.

Van Veen, Maaike M., et al. "Delayed Circadian Rhythm in Adults with Attention-Deficit/Hyperactivity Disorder and Chronic Sleep-Onset Insomni". *Biological Psychiatry* 67, no. 11 (1 de junio de 2010): 1091–1096.

Walker, Matthew. *Why We Sleep: Unlocking the Power of Sleep and Dreams.* Nueva York: Scribner, 2018.

Wehr, Thomas. Citado en Natalie Angier, "Modern Life Suppresses an Ancient Body Rhythm". *New York Times,* 14 de marzo de 1995.

Weiss, G., y L. T. Hechtman. *Hyperactive Children Grown Up: Empirical Findings and Theoretical Considerations.* Nueva York: Guilford, 1986.

Weiss, Lynn. *Attention Deficit Disorder in Adults.* Dallas: Taylor Publishing, 1992.

Weitzman, Michael, et al. "Maternal Smoking and Behavior Problems of Children". *Pediatrics* 90, no. 3 (1992): 342–349.

Weizman, Ronit, et al. "Effects of Acute and Chronic Methylphenidate Administration of B-Endorphin, Growth Hormone Prolactin and Cortisol in Children with Attention Deficit Disorder and Hyperactivity". *Ciencias de la Vida* 40, no. 23 (1987): 2247–2252.

Wender, P. H. *Minimal Brain Disfunction in Children.* Nueva York: Wiley, 1971.

Whalen, C. K., et al. "A Social Ecology of Hyperactive Boys: Medication Effects in Structured Classroom Environments". *Journal of Applied Behavior Analysis* 12, no. 1 (1979): 65–81.

Wilson, John *Thomas Carlyle: The Iconoclast of Modern Shams.* Folcroft, Pensilvania: Folcroft Library Editions, 1973.

Winn, Marie. *The Plug-In Drug.* Nueva York: Bantam, 1978.

Wolkenberg, Frank. "Out of a Darkness". *New York Times Magazine,* 11 de octubre de 1987.

Wright, Robert. "Can Machines Think?". *Time* 147, nº 13 (25 de marzo de 1996).

———. *The Moral Animal.* Nueva York: Vintage, 1995.

Wynchank, Dora, et al. "Adult Attention-Deficit/HyperactivityDisorder and Insomnia: an Update of the Literature". *Current Psychiatry Reports* 9, nº 12 (2017): 98.

Índice analítico